"十三五"学术文库系列

汉语"其"之研究

马梅玉 著

图书在版编目(CIP)数据

汉语"其"之研究/马梅玉著. 一西安:西安交通大学出版社,2016.12(2017.9 重印)
ISBN 978-7-5605-9247-3

Ⅰ.①汉… Ⅱ.①马… Ⅲ.①汉语-词语-研究
Ⅳ.①H136

中国版本图书馆 CIP 数据核字(2016)第 303402 号

书　　名　汉语"其"之研究
著　　者　马梅玉
责任编辑　赵怀瀛

出版发行　西安交通大学出版社
　　　　　　(西安市兴庆南路 10 号　邮政编码 710049)
网　　址　http://www.xjtupress.com
电　　话　(029)82668357　82667874(发行中心)
　　　　　　(029)82668315(总编办)
传　　真　(029)82668280
印　　刷　虎彩印艺股份有限公司

开　　本　720mm×1000mm　1/16　**印张** 11.5　**字数** 208 千字
版次印次　2016 年 12 月第 1 版　2017 年 9 月第 2 次印刷
书　　号　ISBN 978-7-5605-9247-3
定　　价　52.00 元

读者购书、书店添货,如发现印装质量问题,请与本社发行中心联系、调换。
订购热线:(029)82665248　(029)82665249
投稿热线:(029)82668133
读者信箱:xj_rwjg@126.com

序

马梅玉博士，来信嘱我为她的新著《汉语“其”之研究》作序。

“其”是古代汉语中极为重要的一个虚词，用法极为复杂，解读难度不小；时间跨度甚长，早在三千多年前的甲骨文时代就有使用，“其”的人称代词用法，还延续到了现代汉语中。

本书以虚词“其”为中心展开研究，探究虚词“其”的源义，继而考察“其”衍生出语气副词、指示代词、人称代词、定指词、连词等用法的过程，并进而探讨“其”的每一种虚词用法的来源和功能及其相互关联，并对“其”语法化及“反语法化”（即“其”由语气副词“实化”为指示代词）之动因进行阐释。综观这部学术新著，至少具有以下几个鲜明的特点：

一、对研究现状之得失，有细致的梳理，精当的剖析

前人的相关研究，材料甚多，可谓众说纷纭。作者对此进行耐心的梳理，归纳出 12 个问题，然后逐一加以分析、评论。作者除了考察《汉语大字典》、《汉语大词典》等大型字典辞书中的相关材料之外，还深入考察了国内外诸如白平、陈梦家、陈奇猷、崔蕊、崔永琳、董秀芳、方梅、管燮初、郭锡良、何继军、何乐士、洪诚、黄珊、黄盛璋、姜宝琦、吕叔湘、骆锤炼、马汉麟、马建忠、毛毓松、梅祖麟、裴学海、裘燮君、屈承熹、王克仲、王力、王念孙、王述峰、王天佑、王先慎、王兴才、王引之、王云路、吴可颖、吴金华、解惠全、熊焰、徐仁甫、杨伯峻、杨逢彬、姚振武、于省吾、俞理明、张伯江、张谊生、张玉金、张振羽、赵宏、郑天一、周法高、朱冠明、Dobson、Nivison、Pulleyblank、Takashima 等数十位前修时贤的相关论述，并给出恰当的评论。由于采用了以问题为中心的梳理法，从而取得了化繁为简、条理明晰的效果。这 12 个问题是：①关于甲骨文中“其”的用法；②关于语气副词“其”所表达的语气；③关于虚词“其”各用法之间的关系；④关于指示代词“其”的来源；⑤关于“其＋形容词”用法中“其”的性质及功用；⑥关于“其”结构助词用法的产生及功能；⑦关于附属子句中“其”的性质与功能；⑧关于人称代词“其”的“活用”；⑨“其”的连词用法的产生及动因；⑩关于“其”定指标记功能的产生;⑪关于"其"功能的萎缩;⑫关于"其"的词素化。对于这些问题,一一查考清楚,哪些是以往学者"描述得较为详尽,阐释得也很妥帖"的,从而决定"对这些我们不再进行讨论";而对于那些前人"涉及较少"的,则决定"有必要对此进一步研究";对于那些"至今无人探讨"的,则确定"有进一步探讨的必要"。这样,就可以精准地找到自己研究的突破口,明确创新的侧重点。这也才是真正意义上的学术研究之开端。

二、对本题研究的方法,有谙熟的把握,有效的运用

任何一项学术研究,要想获得成功,必须运用科学的方法。梅玉博士自觉坚持了下列"五法"配合使用。

(一)句法、语义和语用三个平面相结合

梅玉博士在分析"其"字的用法时,不完全依赖训诂或翻译来规定"其"的词性及意义,而是将句法、语义和语用三个平面适当结合,将语义和句法分别开来,注重词义系统的引申发展,并结合"其"的句法地位来分析"其"的词性及意义。这样就有效地避免了仅凭翻译这一主观性过强的研究法可能带来的偏差。

(二)共时描写与历时分析相结合

作者清醒地认识到:语言是历史的产物,语言的共时状态是历时发展的结果,离开历时这一维度,很多共时现象就无法解释清楚。而本课题正是要研究"其"从古到今的整部发展史,所以作者一改以往点式研究的思路,而以历时研究为主线,并辅之以共时研究。语言具有层累性,所以就在做纵向考察的同时,还注意从共时平面上"其"的各用法去窥探"其"各用法之间的历时发展过程。

(三)描写与解释相结合

对语料分析的第一步是对语言事实的描写,而描写的目的是对语言现象进行更科学的解释。作者正确地指出,简单地从用例的罗列来得出的结论往往并不可靠,还要通过详细的分析来论证得出的结论是否符合语言实际发展过程。所以作者在对"其"字各时段用法进行描写、总结其发展变化规律的同时,还对此作出合理的阐释,力求得出的结论更加符合语言的实际发展状况。

(四)比较和分析相结合

比较,是学术研究的重要方法。在比较中分析,往往能揭示一些前人尚未发现并阐明的规律和道理。本书作者特别注重比较和分析的结合。比如说,在研究过程中,十分留意找到一些相似的句子,看有无"其"字或者将"其"字替换为其他语气副词,看句子所表达的语气是否改变,然后再判定"其"所表达的语

气。作者在研究甲骨文以后的语气副词“其”时，对此法的运用尤为出色。

(五)定性分析和定量分析相结合

作者认为，定量分析是基础，定性分析是目的。定性分析辅以抽样调查的定量分析，这样的结论才更为可靠，尤其是对“其”字各用法产生、消亡时代的判定，需要建立在对相应时期文献的统计基础之上，同时也要对与其功能相同的词作对比定量分析的研究。通过定量的比较分析，如此就能对“其”各用法有更为具体的认识。

这五种研究法，在作者手中成了庖丁的快刀，解牛的利器。再配合语法化及反语法化、焦点理论等，从而对“其”的各种用法衍化做出了深入的剖析和有力的阐明。

三、对谋篇布局的安排，有逻辑的考虑，巧妙的构思

“总——分——总”，这种布局，思路清晰，收放自如。第一章，纵向按阶段来总论；第二至第五章，分论“其”的副词用法、指示代词用法、人称代词用法和“×其”的词汇化；结论部分则对全文做出总概括，凝炼出21个重要的创新点。

四、对各期语料的选用，有严格的取舍，恰当的采用

作者在精选各期语料时，既考虑到了代表性、典型性，又不一味贪多，从而既确保了科学性，又具有很强的可操作性。

基于以上分析，可以说这是一部具有鲜明特色的学术新著。此书全面而深入地论述了“其”的副词用法、指示代词用法、人称代词用法和“×其”的词汇化，首次构建了一部完整的“其”的发展史，得出了不少新的更为合理的结论。其“结论”部分所列21条，大多为此书的重要创新之处。例如其中的第十条：

“藏之名山，传之其人”中“其”的特指代词用法，我们称作定指词用法，因为这种用法中的“其”已经没有了指别功能，其主要功能是定指，用以标明“人”的类别，是“志同道合的一类人”，而非其他。中古汉语时期“其”产生用于重出通名前的用法，有人认为这种用法的“其”是定冠词，我们认为修饰重出通名的“其”仍具有一定的指别功能，但指别功能已经比较弱化，这种用法的“其”我们称之为定指词，是由“其”指示代词用法虚化而来。指示代词“其”具备指别、定指功能、话语连接功能，而定指词“其”指别功能弱化或消失，凸显的是定指功能。“夫”、“这”、“那”及旁指代词“他”在汉语历史上都曾衍生出定指词用法。指示代词“其”衍生出定指词用法有语言类型学上的依据，英语中定指标记 the 即是由其指示代词用法语法化而来，梵汉对译对“其”的定指词用法的产生与发展也起到了不可估量的作用。

作者的此类富有新意的见解，令人称羡！因其书具在，兹不多引。

总之，这项汉语虚词专题研究，重视语言演变规律的探讨，创获甚夥；布局合理，重点突出。这一成果，同时关涉词汇研究和语法研究，可以丰富人们对古汉语虚词发展规律以及古汉语虚词研究方法的认识，为从历时纵向角度做好汉语虚词研究提供了一个富有价值的新样本。无论其研究方法，还是文章写法，均有可资借鉴之处。

所以本书的出版，必将获得广大读者的欢迎和青睐，是完全可以预期的！

还可以补说的是，此书的作者马梅玉同志，于2007年9月考入国家重点学科南京大学汉语言文字学专业攻读研究生，于2009年取得硕士学位；随即提前攻博，于2012年取得博士学位。她不但能坚持发扬母校南京大学"严谨、求实、勤奋、创新"的优良学风，而且能坚持教学相长。她在读研期间，曾担任南京大学中文系暑期"文学课题研究"课程的助教，后又担任国家精品课程"古代汉语"的助教，工作始终积极主动，敬业精神一流，教学效果优良，获得师生一致好评。当年导师为她写的姓名联是："暗香疏影品高洁；宝石清冰心润温。"此联特别夸奖了她高尚的人品和对学生的爱心。她博士毕业后，进入西安交通大学博士后流动站继续做研究工作并担任授课任务，教学上有理念、有条理、有重点、有激情。而这些教学活动反过来又很好地促进了她的修德进业和学术研究。前不久，我又有幸读到了由她与其夫君赵阳阳博士联手整理的《汪荣宝日记》，为其校点质量之高而欣喜不已。

我之所以要写到这些，当然是为了表示对本书作者马梅玉博士所获成绩的由衷赞佩，同时也希望她继续发扬谦虚谨慎、不骄不躁的作风，以此书的出版为新的起点，在祖国人才培养和学术创新的伟大事业中继续奋力拼搏，教学上建成更多的品牌课、精品课；科研上更上层楼，继续做出一系列的学术精品。这是我和广大读者一样殷切地期盼的！

最后再撰一联，以表示对马梅玉博士的嘉许与祝愿：

女娲自有补天手；

精卫长存填海心。

是为序。

高小方

2016年11月1日于南京大学和园

目录

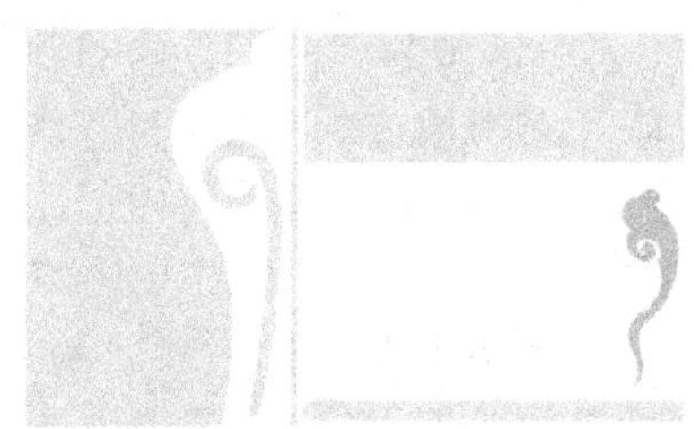

绪 论

一、选题意义和研究对象

汉语是缺乏形态标记和屈折变化的一种语言，虚词和语序是汉语表情达意的最主要语法手段。虚词在汉语中的数量多，在语言中的使用频率也非常高，用法更是灵活多变，对虚词的学习和掌握是语言学习和教学的重中之重。因此，对虚词的研究自然也就具有很大的价值。

“其”是古汉语使用频率很高的虚词之一。中国第一部虚词著作《助语辞》就归纳了“其”的一些用法，以后的字典、词典等也先后做了相关的整理汇集工作，但由于“其”用法的复杂性，以往的字典、词典甚至某些论著中也只是对“其”的义项进行简单的罗列，各义项之间的关系很难看清楚。“其”是古汉语中极为重要的虚词，对其源流的考察，有利于准确把握“其”的各种用法。

目前关于“其”的研究，论述较多，但不成系统，或就“其”在某一专书中的用法（如《诗经》中的“其”字用法、《论语》中的“其”字用法、《左传》中的“其”字用法等），或对“其”在某一时段的具体表现（如先秦汉语“其”字研究、汉语早期“其”字研究等）进行探讨，或对某些与“其”相关的词语的形成进行研究（如“与其”、“其实”、“极其”等的词汇化的研究），而对于“其”的系统研究，尤其是对“其”源流的探索以及“其”的演变发展规律的研究，还很不充分。因此我们认为有必要对现有的研究成果进行一次全面整理，以期对“其”的性质及用法的发展演变能有系统连贯的认识。这一工作不仅可以纠正现有某些观点的偏颇，而且可以避免对“其”的一些用法作无谓的辩论。从历时的线索出发，对“其”的各种用法进行归纳总结，并对其各种用法之间的关系进行探讨，不仅对汉语本体的研究有一定的作用，同时也能给汉语的教学提供有益的借鉴。

“其”在甲骨文中即已出现，上古汉语时期用法非常复杂，中古以后就逐渐带有文言色彩。"其"在上古时期产生的许多功能逐渐被其他新兴的指示代词、人称代词、语气副词等取代。我们探讨"其"的诸多用法,以上古汉语中"其"的多方面问题为主,如"其"的哪种用法是其各用法的源头,"其"的语气副词用法的产生,"其"作为指示代词用法的产生,"其"作为人称代词用法的产生。"其"作为指示代词用法及人称代词用法在口语中使用频率的降低主要是在中古时期发生的,因而中古汉语时期"其"的用法我们也要进行探讨,近代汉语是古汉语和现代汉语的过渡时期,"其"在上古时期已经衍生出的定指词用法经过中古时期的使用,又发生了进一步的虚化,在中古汉语时期衍生了话语标记功能;现代汉语中"其"仅留存第三人称代词这一用法,它与第三人称代词"他"有什么异同。这些都是我们要讨论的问题。

"其"除了语气副词、指示代词、人称代词、助词等用法之外,还有语气词、名词等用法,这些用法我们在此作出相应论述,正文中将不再予以专门探讨。

"其"有语气词用法,如:

(1)今尔无知告予,颠隮,若之何其?(《尚书·微子》)

(2)彼人是哉!子曰何其?(《诗经·魏风·园有桃》)

(3)征夫怀往路,起视夜何其?(《文选·苏武(诗四首)之三》)

以上三例中"其"是语气词,表疑问语气。王引之《经传释词》"其,问辞之助也"。例(1)郑玄注:"其,语助。齐鲁之间声如姬。《记》曰'何居'。"例(2)陆德明《经典释文》:"其,音基。"例(3)李善注:"毛诗曰'駪駪征夫',又曰'也如何其,夜未央'。毛苌曰'其,辞也'。"在jī这个读音上,"其"还有名词用法,义为"谋略"或"周年",当是假借字,这两个意义后来分别写作"基"、"期",如:

(4)夙夜其命宥密,无声之乐也。(《礼记·孔子闲居》)

(5)丧:父母三年,妻、后三年,父、叔父、弟兄、庶子其,戚、族人五月。(《墨子·非儒下》)

例(4)中"其"义为"谋略",郑玄注:"《诗》读其为基,声之误也。基,谋也;密,静也。言君夙夜为政教以安民,则民乐之,此非有钟鼓之声也。"例(5)中"其"义为"周年",毕沅校注:"其,与期同。"

"其"还有通假之用法,如:

(6)君子计行虑义,小人计行其利,乃不利。(《吕氏春秋·慎行》)

例(6)中"其"通"期",陈奇猷《吕氏春秋新校释》引陆德明《经典释文》云:"其借为期。《易·系辞》'死其将至',陆氏《释文》云:'其一作期',是其例也。'小人计行期利'与'君子计行虑义'文正相对。""其"的这种通假用法在元代时仍然存在,如元代无名氏《百花亭》第二折即有"自从与贺家姐姐作伴,半载其程,钱物使尽"。

二、研究现状述评

由于“其”是古汉语中一个极其重要的虚词,其用法丰富多样,部分用法延续至现代汉语,因此对于“其”的研究成果非常多。以下我们就对“其”相关的各方面重点问题的已有研究成果进行述评。

(一)关于甲骨文中“其”的用法

“其”字在甲骨文中是一个很常见的虚词,许多学者对此进行过讨论,但迄今未有定论。

陈梦家(1956:87)认为甲骨文中“其”具有加重疑问语气的作用,本身并不表疑问语气,而随后(1956:88)又说“卜辞中的‘其’字多用作疑惑不定之义”。陈梦家对“其”字看法的不一致性体现了他在语法研究上的不足[①]。尽管如此,其运用比较法得出“其”有加强疑问语气的作用的这种研究方法很值得我们学习和借鉴。但从甲骨卜辞实际情况来看,甲骨卜辞不用“其”字也能表达疑问语气。如“辛亥卜:𠂤,不雨?”(合集 20906)也就是说,“其”字并不是构成疑问语气的必要成分,如果“其”在甲骨文中均用作疑问副词的话,那么,疑问句中用与不用“其”字对表达疑问语气有何影响?

于省吾认为“其”是助动词,表“应、应该”之义。其所举例证中有这样一个例子,如:“𣪘贞,方允其来于沚〇不其来”(前七·二九·一),用“应该”并不能来解释这个例子,“𣪘”为武丁时代卜人,武丁时代,方是殷人的强敌[②]。朱歧祥也提到,方“卜辞用为殷武丁时西北强族”,“方,为外邦方国的泛称。若指特定的方国,则专称‘某方’。方国卜辞主要见于武丁及帝辛时代。诸方国集中在殷西面和北面,仍处于游牧部落的阶段,出没无常,构成殷人存亡的主要威胁”[③]。沚为国名,也称作沚𢦔,或省称为𢦔,是殷的属国[④]。按于省吾之意,“贞,方允其来于沚”义为“方果然应该来到沚地”,对于危及本国及附属国存亡的事情,殷人是绝对不可能允许这样的事情发生,因此“应该”义至少对这样的例子来说是不恰当的。

---

① 张玉金(2003:84)曾谈到了陈梦家在甲骨文语法研究上的不足,他认为:“应该说,陈梦家所采用的理论体系是不够科学,落后的。陈梦家不是个语法学家,他在语法方面没有下过多少功夫,因此,不但他所使用的理论术语有问题,就是一些具体的结论,也是不可信的。例如他认为‘㞢’是代词;‘乎、不、才(哉)’是句末语气词,这都不可信。他把‘受年商’分析为主词后置于动宾,但却把此句话译为‘授年于商’,这是前后矛盾的。”

② 董作宾.甲骨文断代研究例[M].台北:中央研究院历史语言研究所,1965:59-62.

③ 朱歧祥.殷墟甲骨文字通释稿[M].台北:文史哲出版社,1987:107、423.

④ 陈梦家.殷虚卜辞综述[M].北京:科学出版社,1956:312;董作宾.甲骨文断代研究例[M].台北:中央研究院历史语言研究所,1965:59.

还有一种观点认为"其"表"不愿"、"不希望"语气。这种观点亦不恰当。若"在一对正反对贞的卜辞里，如果其中一条用'其'字，而另一条不用，用'其'的那条所说的事，一般都是贞卜者所不愿看到的"①。当"其"字在对贞中皆不见，或"其"字重复出现在对贞或同一条卜辞中时，"不愿"、"不希望"这种观点就不能自圆其说了。张玉金(2000)对"其"表"不愿"、"不希望"语气这一观点进行了辩正，有理有据，令人信服。张玉金同时谈到自己对"其"的看法在1994年的《甲骨文虚词词典》中已经表明，他认为甲骨文中"其"字主要用作语气副词，能够表示以下五种意义：一表疑问语气，主要指贞词中的"其"；二表测度语气，主要指占辞中的"其"；三表动作发生在未来，可译为"将要"；四表劝令语气，可译为"要"；五是第三人称代词，可译为"他的"②。2001年他发表了题为《甲骨金文中"其"字意义的研究》一文中修正了之前的看法，认为：

卜辞中的"其"不能表示疑问和测度语气，原来我们认为是表示疑问和测度语气的"其"的意义也是将要或即将。

该说反驳了管燮初、陈梦家等提出的"其"是疑问副词或表疑问语气的看法。认为甲骨文中的"其"都是副词，有两个意义，一是表示即将的意思，二是表示命令的语气。这种观点也是不妥的。张玉金认为甲骨文"其"字表"将要、即将"意义的前提是他发现"甲骨卜辞中的'其'都出现在贞辞和占辞中，从不出现在验辞之中"，因为贞辞和占辞针对的都是未然事件，而"'验辞'是对已发生的事件的记述，所以其中不能用表示将要意义的'其'，否则会发生矛盾"。但张玉金这种观点不能对这样的用例进行解释，如：

(1)a. 贞：其雨遘？(合集 30089)
b. 贞：苗弗遘方？(佚 13)
(2)a. 王其兕获？(合集 10417)
b. 惠乙宁(风)？(合集 30260)

例(1)、(2)中 a 例句中均含有"其"字，并且宾语前置，b 句中不含"其"，宾语不前置。这说明，"其"的存在对宾语的前置具有一定的作用，如果认为甲骨文中"其"均为时间副词，则对这种现象不能进行解释。

近几年语法学界又产生了这样一种观点，即认为"其"表强调。杨逢彬(2003、2008)认为，甲骨卜辞中"其""本身可能并不表示任何语气，只是通过强调谓语来加强句子原有的语气，而不能改变原有的语气"。裘燮君(2008:212)认为卜辞、金文

---

① 裘锡圭.𠙵凡有疾[J].故宫博物院院刊，2000(1).

② 张玉金.甲骨文虚词词典[M].北京：中华书局，1994:140-175.

中“其”用来对句子的各种成分或整个句子内容加以肯定、提示或强调。姑且不论谁对“其”的性质定位更加准确，单从这个单功能这一提法上，我们也不敢苟同。从理论上来讲，由于语言的经济原则和省力原则的作用，虚词的各成员所承担的语法功能不能太多，一方面能避免交际上的混乱，另一方面可减轻语言使用者的记忆负担，因此汉语中表示语法意义的虚词之间应该是有区别的，从这个意义上来说，“其”的语法功能应该是单一的。但从历时的角度来看，一些虚词，尤其是经过语法化过程而形成的虚词，其单一性、专职性应该是经过一定时期语法化的结果，在其语法化的过程中可能存在表义多样化的现象。这种现象在汉语史上非常常见，比如语气副词“竟”，由时间副词语法化而来，在中古时期不仅可表“竟然”义，还可表“果然”、“究竟”等意义，如：

(3)诸将效首虏，毕贺，因问信曰：“兵法右倍山陵，前左水泽；今者将军令臣等反背水陈，曰：‘破赵会食。’臣等不服，然竟以胜，此何术也？”(《史记·淮阴侯列传》)

(4)鲁僖公二十九年，介葛卢来朝，舍于昌衍之上，闻牛鸣，曰：“是牛生三牺，皆已用矣。”或问何以知之？曰：“其音云。”人问牛主，竟如其言。(《论衡·实知》)

(5)人问抚军：“殷浩谈竟何如？”答曰：“不能胜人，差可献酬羣心。”(《世说新语·品藻》)

但语气副词“竟”随着语言表达的精密化实现了表义的精确性和功能的专一性，到近代汉语乃至现代汉语中“竟”仅留存“竟然”义。在大量的语言事实面前，我们应该承认语气副词“其”在历史上应该存在多义性的阶段，单独地“强调”这一语义功能并不能体现“其”实际情况。比如：

(6)我其丧众人。(合集 50 正)

(7)丙戌卜：告于祖乙三牛其往夔？(屯南 783)

若用杨逢彬或裘燮君的观点，“其”的作用是强调谓语的，若没有理解错的话，“其”是焦点标记，对于例(6)来说，“丧”的确是句子的焦点所在，而例(7)的焦点应该是“告”，而不是“往”，这说明这种观点也是不能说明甲骨文“其”的全部用法的。

关于甲骨文中“其”的性质及功能我们将在第一章第一节作出详细阐释。

(二)关于语气副词“其”所表达的语气

随着时代的发展，语气副词“其”也逐渐衍生出其他的用法，单对“其”的语气副词用法来说，学者们对传世文献进行研究时就提出了不同的观点。有的学者认为上古汉语中的语气副词“其”，用法多样，能表达多种语气。杨伯峻(1981：111－114)认为“其”能表估量、反诘、命令等语气，并有凑足音节的作用；张玉金(1994：141－175)认为它能表示疑问、测度、劝令等语气；王力(2000：59)认为“其”能表揣测语气、祈使语气，能表示强调，并有足句的功能。杨逢彬（2008）对上述几种观点提出了自己的看法，认为“其”做语气副词时，是一个单功能的虚词，其功用在于强调。“其”表疑问、揣测、祈使等语气的说法，是研究者将句子所表的语气强加给“其”而已。杨逢彬的提法很有新意，但其阐述则较简略，在某种程度上难以令人信服。

我们认为语气副词“其”表达的基本语气是“肯定”推断语气，进而衍生出强调等语气（详见第二章）。

（三）关于虚词“其”各用法之间的关系

尽管各家论述的标准不一，但虚词“其”的用法却基本上集中在指示代词、时间副词、语气副词、第三人称代词、连词、助词等几种用法上。大部分研究成果仅是简单罗列各义项，很少有人探讨“其”的各种用法之间的发展关系，因此对于虚词“其”的源义[①]鲜有论及。作为古汉语使用频率很高的“其”字，查明“其”的源头及其历史演变的轨迹，对于我们正确认识“其”字的性质以及各种格式中“其”的性质，无疑具有十分重要的作用。

从周代至春秋时期，“其”的用法近乎完备，其各种用法之间的关系尚须理清。由于历史留存下来的文献有限，我们无法清晰看出“其”各种用法之间的历时演化轨迹。俞理明（2005）说过：“语言有承袭性，某一语言成分在共时平面上的不同表现，是它以往发展变化的遗存。共时平面是历时演变造成的，蕴含着历时的因素，我们可以通过共时的材料展开历时的探讨。”因此从共时材料中，我们仍可追寻到“其”历时演变的踪迹。

《汉语大词典》将“其”的第三人称代词的用法列为第一个义项，也就是说，《汉语大词典》认为虚词“其”的源义是第三人称代词；黄盛璋（1983）认为虚词“其”的源义是时间副词；解惠全、崔永琳、郑天一（2008）认为虚词“其”的源义是指示代词，并认为其各种用法均是从指示代词发展而来；洪诚（1984：162）认为，“其”字用在谓语前面作语气副词，是它的初期用法。Nivison（1968，1992）对“其”所谓的代词用法和语气副词用法之间的关系进行了探讨，认为甲骨文中的“其”根本不存在语气副词用法，所谓的语气副词这种用法是代词“其”用法的另一呈现。此前 Nivison 的观点并没有得到大家的关注，直到 Takashima（1996）对 Nivison 的观点给予了支持。

---

① 我们所说的“源义”是指一个词的用法来源的那个基础义，与字的本义不同。“源义”有时和本义重合，如“往”本义是“去、至”义，其介词用法就是从此义虚化引申而来，其本义也就是介词“往”的源义。而“其”字不同，“其”字本义为“簸箕”，后假借为虚词“其”。虚词“其”有多种用法，究竟“其”最初的假借义是哪个，哪种用法是虚词“其”其他用法的源头，还有待进一步考察。

关于“其”语气副词的来源，洪诚（1984：162）认为语气副词是虚词“其”的最初意义，骆锤炼（2007）认为“其”的语气副词用法是由“其”指示代词用法发展而来。

若虚词“其”的各用法之间有关联的话，从理论上来讲，“其”的指示代词用法应是各用法的源义，因为语义的发展一般是从具体到抽象，“其”的指示代词用法比其他各意义更实在。但从现有的研究结果来看，“其”的语气副词用法在甲骨文时期就已产生，而指示代词用法的产生晚于“其”的语气副词用法。哪种观点较为符合“其”的真实发展轨迹，我们将作出考察。

（四）关于指示代词“其”的来源

关于上古汉语指示代词“其”的来源，关于指代词“其”的来源和发展，有多种说法。比较有影响的说法有：第一种观点是以周法高（1990：102）为代表的“领属说”。周法高在《中国古代语法·称代编》里曾说“‘其’可以代人、物或事，通常用于领位，也可在附属子句中作主语，和‘之’的用法互相补足，用作宾语的情形很少。有时用作远指代词，和‘之’字用作近指代词相当。实际上，这些用法都是由表示领属的用法引申出来的”。梅祖麟（2000）进而认为，“其字最早是表示领属关系的名词语尾，跟藏文的 gji 同源，也和汉语‘之’同源”。第二种观点是以吕叔湘为代表的“指示代词”说。吕叔湘（1985）认为“其”最早应是指示代词，他说：“古代多借指示代词为第三身代词，如‘之’原来是近指代词，其原来是中指（较近的远指）代词，彼原来是远指代词。”郭锡良（1980）也说：“总之，代词‘其’同‘之’一样，原本是指示代词，在先秦虽然已经由特指代词向第三人称代词转化，但也未完成它的转化过程。”但姚振武认为“按照这种观点，之、其、彼等‘原来’必须有过一段只有指示代词用法，没有单纯第三身称代用法的时期，然后才谈得上‘借’或‘转化’。可是这一时期并没有得到语言事实的证实”。他指出了吕叔湘的这种假设客观上存在的缺憾。第三种观点是“主格说”。这种说法以国外学者 Dobson 及屈承熹（1993）为代表，在前者所划定的汉语历史发展的四个时期中，“其”在第一个阶段——早期汉语（公元前 11 世纪和 10 世纪中国古代文献和铭文语言）中作为“前指代词”出现，它的主要用法是代词主格用法，但到了晚期古汉语（公元前 4 和 3 世纪诸如《孟子》和《左传》等古典作品的文学语言），前指代词“其”的主格用法完全消失，转而用于属有格。但对于这种突然转变的现象，他们也感到很疑惑。显然他们认为，指代词“其”很早就已有，并且最初的形态便是主格代词，先秦文献中的领格性质的代词“其”是从主格用法的“其”发展过来，至于如何发展过来的，他们无法解释。第四种观点是以黄盛璋为代表的“时空引申说”，他认为“指示词大部分来源于时间词，一部分来源于空间词”。“指示词远近对待，一是利用时间上的‘今’与‘未’的观念；一是利用空间上基点与方向的观念。”

我们认为“其”的指示代词用法来源于语气副词（详见第三章第一节）。

(五)关于"其＋形容词"用法中"其"的性质及功用

关于"其＋形容词"格式中"其"的词性，人们的解释并不一致，主要有以下四种观点：

第一种观点认为"其"是形容词词头。王引之《经传释词》云："其，状事之词也，有先言事而后言其状者：若'击鼓其镗'、'雨雪其雱'、'零雨其蒙'之属是也。"后来裴学海承袭了王引之"状事之词"之说，但裴学海所举之例皆为"先言其状而后言其事"者。裴学海《古书虚字集释》承袭了《经传释词》的说法，进一步认为："其，犹然也。"王力、郭锡良将这种格式中的"其"解释为"形容词词头"。王力(1990：165)早期认为"其"是类似词头的附加成分，他说："上古汉语的形容词也像动词一样，有些类似词头的附加成分。但是，某些附加成分是否应认为词头，比动词的'词头'更成疑问。因为它们不是专用作形容词的附加成分的。现在举出一个'其'字为例：'北风其凉，雨雪其霏。'(《诗经・邶风・北风》)'静女其姝，俟我于城隅。'(《诗经・邶风・静女》)'蟋蟀在堂，岁聿其莫。'(《诗经・唐风・蟋蟀》)'我来自东，零雨其蒙。'(《诗经・豳风・东山》)……既然还不能断定这些附加成分和形容词的性态有关，所以我们不详细讨论。"后来，王力在他主编的《古代汉语》中则明确指出"其"是词头。郭锡良(1999：360)说："'其'字用作词头，一般用于不及物动词和形容词的前面。"

第二种观点是将形容词前的"其"看作助词，但在"助词"说的内部又存在两种不同的观点。一种观点认为"其"作为助词在句中只起一种陪衬的作用，与构词形态没有什么关系。如杨伯峻(1981：112)即持此类看法，并认为"其"用于句中，既无意思，作用也不明显，仅仅多一个音节罢了。另一种观点则认为"其"作为助词与"重言"形态有一定的关系。如何乐士即持此看法。《汉语大词典》、《汉语大字典》将这种"其"解释为"助词"。《汉语大词典》说："用于句中，无意义。"《汉语大字典》说："用于形容词前，有加强形容的作用。"无论是将"其"视为助词还是当作形容词词头，他们均认为这种"其"在句中没有明确的词汇意义。

第三种观点认为"其"是副词，意为"甚、极"。《汉语大字典》又进一步立了一个义项，认为形容词前的"其"字有"极、甚"义，并举《韩非子・初见秦》中的例子作为佐证，所引例为"是故秦战未尝不克，攻未尝不取，所当未尝不破，开地数千里，此其大功也"。并引王先慎对此的解释作为"其"有"极、甚"义的证据。王克仲、黄珊(1995)认为用于形容词前面的"其"字是"助词"。徐仁甫《广释词》亦云："'其'犹'甚'，程度副词。"白平(1996)对形容词前面的"其"字词性问题进行了探讨，认为"其"字相当于"极"、"甚"的用法，是一个副词。王云路(2002：187)、王兴才(2007)认为"其"借作"綦"，与"甚"同义。从语义上讲，"其"字训为"极、甚"能讲得通，但我们无法找到"其"与"极、甚"之间的引申之理据。白平运用了大量的异文、互文来考证形容词前“其”的意义，这种做法得出的结论看似很妥当，很严谨，但这种研究方法得出的结论往往不可靠。郭锡良(2003)曾谈到，“把考异文、据互文当做解决疑难、作出结论的办法，是很不妥当的。即使把它用于考察实词的词义，也是不可靠的，至于用它来考察虚词的训释，更是找不到成功的例证”。因此，我们对古汉语虚词的研究必须摆脱传统训诂学影响，尽量避免用传统训诂学的方法研究虚词。我们认为对于形容词前“其”的研究仍须从“其”的用法引申线上来寻找答案。由于不能对“其”修饰形容词作出解释，很多人便认为古书中一些用于形容词前的“其”是“甚”字之误写。尽管“其”、“甚”二字形体十分相近，二者因形近而误写的可能也不是没有。但二者形近而误的现象是否像前辈们所说的那样普遍，则值得怀疑，如：

(8)上以此为赏罚，其明察以审信。(《墨子·尚同上》)

(9)门，人之所由；枢，其要也。举人之所由，制持其要也，其明甚著。(《汉书·五行志下》)

(10)是故秦战未尝不克，攻未尝不取，所当未尝不破，开地数千里，此其大功也。(《韩非子·初见秦》)

(11)襄子上于夏屋以望代俗，其乐甚美，于是襄子曰：“先君必以此教之也。”(《吕氏春秋·长攻》)

(12)太祖悦，谓禁曰：“水之难，吾其急也，将军在乱能整……何以加之！”(《三国志·魏志·于禁传》)

例(8)王念孙《读书杂志》云：“‘其’当为‘甚’，甚明察以审信。”于省吾《双剑誃墨子新证》：“‘其’乃‘綦’之省文，从‘綦’乃后起字。‘其(綦)明察以审信’，言极明察以审信也。中篇作‘甚’，盖后人不知‘其’之通‘綦’而改之耳。”例(9)王念孙《读书杂志》将“其明甚著”改作“甚明甚著”。例(10)王先慎集解：“《策》其作甚，是也。先言秦之功极大，为下‘霸王之名不成’作反势；若作其，则文气平实。其当为甚至残字。”例(11)陈奇猷《吕氏春秋新校释》中，“‘其’字误，当作‘甚乐甚美’”。例(12)吴金华说：“审其辞气，‘吾其急也’当作‘吾甚急也’，‘其’疑‘甚’字之残。”[1]我们认为这几例中的“其”不是“甚”字之误，修饰形容词，指示形容词的程度本来就是“其”的用法之一。王力(1990:512)曾对“望文生义”问题进行过论述，认为“望文生义”就是“看到一句话，其中的某个字用这个意思解释它，好像讲得通，以为就对了。其实这个意思并不是那个字所固有的意思，在其他的地方从来没有用过，只不过是在这个地方这样讲似乎讲得通。但是‘通’不等于‘对’，不等于‘正确’。你要说这样解释就通了，那就有各种不同的解释都能通的。为什么‘通’不等于‘对’呢？我们知道，语言是社会的产物，是全体社会成员约定俗成的。一个词在一定的时代表示一

① 吴金华．三国志校诂[M]．南京：江苏古籍出版社，1990:114.

定的意思，是具有社会性的。某个人使用某个词，不可能随便给那个词另外增添一种意思。因此，我们阅读古文或注解古文时，就要仔细体会古人当时说那个话究竟是什么意思？那才是对的"。有时候，多种译述都是可以通达的，因为同一内容可以有不同的表述，但原来的实际却只有一种。有多种表述也许都不符合原来的实际，仅仅某一种"通"更不一定就是正确。我们认为以往被认为是"甚"的可能原来就是"其"字。

第四种观点认为"其"是指示代词，但在"指示代词"说的内部又有两种不同的意见。一种意见认为用于形容词前的"其"和用于形容词后的"其"用法一样均是指示代词，是指示代词的"虚用"用法，并指明这种"其"字"用在诗歌中仅仅只保留了原来的词形，但不再有实在的、明确的指代性，它用在句中只是起一种咏叹性、谐和音节或衬补音节的作用"（熊焰，1997）。我们认为用于形容词前的"其"和用于形容词后的"其"并不相同[①]，熊焰所得结论未免草率。如"静女其姝"中的"其"明明就有所指示，用来指示形容词的程度的，并非如熊焰所言不具有明确的指代性（关于形容词后面的"其"的性质及用法我们将在"其"的助词用法中进行探讨）。另一种意见认为"其"在句中修饰形容词，指示其性状之极，充当程度指代词。

词头说、助词说均将形容词前的"其"语义淡化，而副词说则是脱离了语义仅从句法功能角度对"其"进行的判断。我们赞同指示代词说（详见第三章第一节）。

（六）关于"其"结构助词用法的产生及功能

"其"字的结构助词用法当是从其指示代词用法虚化而来，也是"其"的复指功能淡化的结果。"其"的虚化还涉及平行虚化的问题。

（七）关于附属子句中"其"的性质与功能

关于附属子句中"其"的性质目前有以下几种看法：

(1)认为"其"是人称代词，相当于"名词＋之"，"其"的作用是使后面的谓词性成分词组化。王力在其主编的《古代汉语》中说："上面所讨论的在主语和谓语之间加'之'字的句法，其主语都是名词。假如这个名词已经在上文出现，就常用一个

① 这一点俞敏在《经传释词札记》中已经指出，他说："（'击鼓其镗'之属与'灼灼其华'之属）这两组句子不是等价的，'桃之夭夭，灼灼其华'可以倒着说'其华灼灼'。'殷其雷，在南山之阳'可以倒着说'其雷殷殷，在南山之阳'。前一句可以翻成'它的华色一片火红'，后一句可以翻成'那雷响乌儿乌儿的'，都是'先谓后主'，北京口语'过来呀你'。'其'就是上条的'指事之辞'。'击鼓其镗'不能倒过来说'其镗击鼓'，'雨雪其雱'不能倒过来说'其雱雨雪'，'零雨其蒙'也不能说'其蒙零雨'。这也许是句子组织不一样，也许是两种'其'字不等价，也许两样儿都有。单说'其'字。'击鼓其镗'可以翻成'敲鼓这个镗镗响啊！''零雨其蒙'可以翻成'毛毛雨这个密呀！'都不能用'他的'。"

‘其’字来代替它，因为‘其’字所代替的正是名词加介词‘之’字。”[①]他还举出几个例子：

(13)宋人有曹商者，为宋王使秦。其往也，得车数乘。(《庄子·列御寇》)

(14)孟子，吾见师之出，不见其入也。(《左传·僖公三十二年》)

(15)阳货瞰孔子之亡也，而馈孔子蒸豚；孔子亦瞰其亡也，而往拜之。(《孟子·滕文公下》)

王力说：“第一个例子里的‘其往也’，等于说‘曹商之往也’；第二个例子里的‘其入也’，等于说‘师之入也’；第三个例子里的‘其亡也’，等于说‘阳货之亡也’。”又说：“在上古汉语里‘其’字不能用作主语。在许多地方‘其’字很像主语，其实不是的，这是因为‘其’字所代替的不是简单的一个名词，而是名词加‘之’字……从语法结构上看，正如这些地方的名词必须认为是定语一样，‘其’字也必须认为是定语，不能认为是主语。”吕叔湘、姜宝琦(1982)、Pulleyblank(1995:62—66)也赞同这种观点。“在古代汉语里(特别是上古汉语里)，主谓词组很少。凡主语和谓语组合起来，往往算是一个句子，如果要使它词组化，作为主语或宾语，还得在主语和谓语之间加上一个‘之’字，使它变成偏正词组”。因为“其”等同于“名词＋之”[②]，所以“其”字的作用和“之”的作用是一样的，也能使主谓形式词组化，如：

(16)操蛇之神闻之，惧其不已也。(《列子·汤问》)

马汉麟《古代汉语读本》称这种句法环境中的“之”的作用是“取消句子的独立性”。后来王力改变了“之”字使句子词组化的作用，转而认为“之”的作用使主谓结构名词化[③]。何乐士(1989:75)认为“之”的作用为“增加句子的黏连性”。这一观点代表了当前大多数论著和教材的看法。

(2)“其”是结构助词，作用是使谓词性结构名词化，如吴可颖(2006)。

(3)认为这种结构中的“其”是副用词，作用是使谓词性结构名词化，但不赞同将“其”看成是领格的。“有些人把‘其’说成是领格的，但这不过是一种权宜的说法。因为语法是一个体系，只要不认为格构成汉语语法体系中的一部分，就不应该

---

① 王力.古代汉语[M].北京：中华书局，1999：460.

② 王力.古代汉语常识[M]//古汉语概论·王力文集(第十六卷)，济南：山东教育出版社，1990：173－175.

③ 王力在《漫谈古汉语的语音、语法和词汇》中谈到：“从前的说法是片面的，甚至是不对的。为什么不对呢？引文这种‘之’字句在上古汉语中是最正常的最合乎规律的。这种‘之’字不是后加上的，是本来就有的，没有这个‘之’字，话就不同，那怎么能叫‘仂语化’呢？不是‘化’来的嘛，也不是‘取消句子的独立性’。所以那么叫，是因为先把它翻译成现代汉语了，在现代汉语中那个‘的’字是不必要的，于是就以为古代汉语的那种‘之’字也是加上去而使它变成一个词组的。这种‘之’字结构，就是一个名词性词组，这种‘之’的作用，就是标志着这种结构是一个名词性词组。”(参看王力.古汉语概论[M]//王力文集.济南：山东教育出版社，1990：191)。朱德熙也曾撰文认为，这种语言环境中的“之”的作用是使谓词性结构转化为名词性的偏正结构，“之”的一个名词化标记。参看朱德熙.自指与转指[J].方言，1983(1).

允许这种权宜的说法"[①]。

(4)"其"是人称代词或助词。当"其＋VP"组合中谓词性成分自身发生了指称化,"其＋VP"就是定中结构,此时,"其"是人称代词;若"其＋VP"整体上指称化,那么这个结构就是助词结构,此时,"其"是助词[②]。如"散其党,收其余(与),闭其门,夺其辅,国乃无虎"(《韩非子·主道》)中"其余(与)"里的"余(与)"指参与者,"其辅"里的"辅"指辅助者,两动词已经从表达动作行为转指动作行为的施事者,"其"是人称代词,作定语,义为"他"。助词结构的用例如"秦王恐其破璧"(《史记·廉颇蔺相如列传》),其中"破璧"自身并没有指称化,而是"其破璧"整体指称化了,这种情况下,"其"不是代词,而是助词。

我们认为,"其"既然是人称代词,那么称代的就是一个名词,而不应该还包含一个"之"字,之所以我们会认为"其"等于"名词＋之",这是从理解或翻译的角度得出的结果(详见第四章第一节)。

(八)关于人称代词"其"的"活用"

关于"其"字可活用为第一、二人称的说法,肇始于马建忠的《马氏文通》。后来又有吕叔湘《中国文法要略》、杨伯峻《文言语法》、王力主编的《古代汉语》、周法高《中国古代语法·称代编》等。《马氏文通》第二章"指名代字"节中说:"指名代词用以指前文者,'之'、'其'二字最为习用。《韵会》解'其'为指物之辞,所谓'物'者,兼人物言,且兼人己言。"也就是说,"其"字用来指代人物时不仅可以指代第二人称,还可以指代自己。

毛毓松(1983)对较为通行的几本教科书中关于"其"活用的例子逐一进行了分析,认为"其"在这些句子中是指示代词,重在指示。赵宏(2006)从语用学的角度对"其"的这种特殊用法进行了分析,认为这是"语用上使用方法的活用"。以往人们所认为的"其"第三人称代词"活用"的用例,我们认为其中的"其"仍为第三人称代词。如同现代汉语中的"别人",尽管在具体语境中,"别人"可指称"你"、"我",但其本质的功能仍是他称(张伯江、方梅,1996:168)。我们将结合实例来对"其"的这种用法进行分析,并对"其"这种用法的功用进行探讨(详见第四章第二节)。

(九)"其"的连词用法的产生及动因

关于"其"连词用法的来源尚未有人讨论,我们认为"其"的连词用法来源于语气副词(详见第二章第三节)。

---

① 太田辰夫.中国语历史文法[M].蒋绍愚,徐昌华,译.北京:北京大学出版社,1987:99.

② 张双棣,张联荣,宋绍年,耿振生.古代汉语知识教程[M].北京:北京大学出版社,2002:233.

(十)关于"其"定指标记功能的产生

董秀芳(2011:216)、何继军(2011)均有探讨，董秀芳对此论述简略，而何继军仅对《祖堂集》中"其"的表现进行了阐述(详见第三章第二节)。

(十一)关于"其"功能的萎缩

尽管"其"在现代汉语中具有较高的使用频率，但"其"的功能相对于上古汉语而言，已经衰退了不少。它的衰退主要表现在两个方面：一方面，从中古汉语开始，汉语中产生了与"其"功能相应的代词、语气副词、指示代词等，这些词分别接管了"其"的相应功能。另一方面，"其"与其他语素凝固成一个词语，"其"成了构词语素。

1."其"人称代词用法的萎缩

虚词"其"功能的衰退是汉语词汇历时更替的一个缩影。汉语词汇发展过程中，会不断产生新的词语，随着这些新生词语使用范围的扩大，原有词语的使用范围会逐渐萎缩。

从魏晋南北朝开始，随着新兴的第三人称代词"他"、"伊"、"渠"的产生，"其"的第三人称用法在口语中的使用频率逐渐降低。尤其是"他"的强力排挤。中晚唐以前，"他"用作第三人称少见，从晚唐五代开始，第三人称代词持续走强，致使"其"逐渐走向衰落，而"其"逐渐回归先秦时期的用法[①]。对于"他"逐渐替代"之"、"其"的原因，吕叔湘(1942:155)在谈第三身指称词时说："严格说，文言没有第三身指称词，'之'、'其'、'彼'字都是从指示代词转变来的。这本是很合理的，可是这三个字没有一个是发育完全的，合起来仍抵不了白话里一个'他'字，虽然另有胜过'他'字的地方。""其"字第三人称代词用法和"他"、"伊"、"渠"之间的关系仍可探讨(详见第一章第二节)。

2."其"指示功能的萎缩

"其"的指示代词用法产生于西周时期，唐代产生了与其相对应的一个指示代词——那，"那"产生之后就展开了与指示代词"其"、"彼"的竞争，这一竞争导致了"其"使用范围的缩小，由此"其"的指示代词功能也就逐渐淡出汉语历史。论文中，我们还会对"其"与"那"之间的替换进行阐述(详见第一章第二节)。

3."其"定指词用法的消失

"其"的定指功能的消失主要是缘于指示代词"那"也衍生出定指功能用法，并

---

① 吴福祥.敦煌变文语法研究[M].长沙：岳麓书社，1996：18－23；卢烈红.《古尊宿语要》代词助词研究[M].武汉：武汉大学出版社，1998：40－43.

且"那"的定指功能用法在现代汉语中仍有表现(方梅,2002),"其"、"那"定指功能用法的消长过程也是我们要论述的内容之一(详见第三章第二节)。

(十二)关于"其"的词素化

关于"其"的词素化,已有较多的研究成果。大部分内容涉及的是"其实"、"极其"、"尤其"、"与其"的词汇化过程。董秀芳(2011:217)对"其实"一词的成词过程进行了简单的说明;朱冠明(2002)从历时的角度论述了"其实"的成词过程,认为偏正词组"其实"的虚化过程是一个主观化过程,由命题功能变成表现功能;崔蕊(2008)不仅对"其实"的成词过程进行了详细的描写,更是对"其实"的主观化过程"客观对比—主观对比—主观认识—话语标记"进行了详细的阐释和说明,并提出"其实"主观化的基础是词义本身,其主观化机制还包括推理、语境的歧解以及对比性语境的最终消失等。张谊生(2007)对"极其"的成词过程进行了探讨,认为副词"极其"萌芽于南宋,形成于元明,成熟于清朝。节奏的双音化、表述的程度化和指称的虚无化是副词"极其"的三个基本动因。张振羽(2009)对"尤其"的成词过程进行了探讨,认为"尤其"萌芽于唐五代,形成于宋元,完全成熟于清代,"尤其"词汇化的完成是句法位置、韵律规则、词汇双音化、使用频率以及认知等因素共同作用的必然结果。王天佑(2011)对连词"与其"的成词过程进行了研究,认为连词"与其"本是一个跨层结构,"与"的虚化、"其"指代功能的弱化是"与其"词汇化的主要动因,而韵律规则是"与其"词汇化的直接动因。

以往学者对"其实"、"极其"、"尤其"、"与其"的成词过程及动因描述得较为详尽,阐释得也很妥帖,我们基本赞同他们的观点,因而对这些词我们不再进行讨论。

对于"何其"的研究,目前有王述峰(1988)、姜宝琦(1993),但其侧重点均是对"何其"中"其"的性质的探讨,对于"何其"一词的成词过程及其成词原因涉及较少,有必要对此进一步研究。

关于连词"若其、如其、惟/唯其",副词"更其"等的成词过程至今无人探讨,有进一步探讨的必要。

三、研究方法和角度

(一)句法、语义和语用三个平面相结合

语法系统包含着句法、语义、语用三个子系统,语法研究中应该把句法分析、语义分析和语用分析既界限分明地区别开来,又互相兼顾地结合起来(范晓、张豫峰,2003:1)。作为句子的组织单位,每个词语都具有句法功能、语义功能和语用功能。"语序中……有的属于语义,有的属于句法,有的属于语用。虚词的作用也有语义

的、句法的和语用的区别。”（胡附、文炼，1982）

关于虚词的用法，自《助字辨略》、《经传释词》、《词诠》、《古书虚字集释》一类对虚词进行诠释的书籍相继出现以来，古书阅读中的一些难题确实得以不少的解决。但因为以往研究中句法观念还不是很强，大多是随文释义，条目繁多，令人难以掌握。比如关于虚词“其”的用法，王引之《经传释词》总结了13种用法，杨树达《词诠》收录了14种，裴学海《古书虚字集释》收录“其”的用法更是达33种之多。这就给我们辨别并掌握“其”的用法带来了一定的困难。

以往的虚词研究著作往往将语义和句法混在一起，用训诂的方法来确定词的词性和语义。比如《词诠》训“平身闲行杖剑亡。渡河，船人见其美丈夫，独行，疑其亡将，要中当有金玉宝器，目之”（《史记·陈丞相世家》）中“其”字，云“人称代名词，实为‘其为’二字，‘为’字往往省去”。这就是用翻译的方法来确定“其”的意义，而其确定的语义和词性又相抵触。再如《古书虚字集释》释“与我者受邑，不与我者其烹”（《说苑·立节》）中“其”字，云“犹为也，‘被’之义”，释“是皆当时而行，见事而强，乃能成其帝王”（《史记·龟策传》）中“其”字，云“犹为也，‘作’字之义”。汉语是意合型语言，因此不用“被、见”等被动标记也能表达被动义，“其”与表被动义的“被”意义相距甚远。因此，第一例“其烹”中“其”字并非是用来表被动意义的[①]。第二例中的“其”当为指示代词，作定语。

因此，分析“其”字的用法时，将语义和句法分别开来，注重词义系统的引申发展，并要结合“其”的句法地位来分析“其”的词性及意义，不当用训诂或翻译来规定“其”的词性及意义。

（二）共时描写与历时分析相结合

尽管历时研究的方法在语法研究中越来越受到重视，但其关注度仍然不是很高，这个问题很久以前就有学者提出过。于文祖在1965年商务印书馆《词诠》的重印说明中就已指出：“自《助字辨略》以来，讲虚词的书，都把一个虚词的各种用法平排并列，对于某种用法最初出现和消亡的年代，以及某些虚词用法的地区特点，都毫无说明。”20世纪80年代，张之强《文言虚词研究中的若干问题》中也谈到“直到今天，这个问题基本上没多大的改进”。

本专题研究大致是一个历时研究，以“其”字用法发展的过程为主线。“其”字哪个用法在前，哪个用法在后，它们之间有什么样的引申发展关系都需要用历时的眼光来研究。“其”各用法在先秦时代大致已经完备，历时较短，历史上留存下来的文献数量有限。但语言是历史的产物，语言的共时状态是历时发展的结果，离开历时这一维度，很多共时现象就无法解释清楚。我们可以从共时平面上“其”的各用

---

① 解惠全，崔永琳，郑天一（2008：450）认为，此例中的“其”字训“将”，时间副词。

法窥探出"其"各用法之间的历时发展过程。

(三)描写与解释相结合

当今的共时研究一般不再满足于语言事实的描写,还要对语言事实作出解释。对语料分析的第一步是对语言事实的描写,而描写的目的是对语言现象进行更科学的解释。我们认为简单地从用例的罗列来得出的结论往往并不可靠,还要通过详细的分析来论证得出的结论是否符合语言实际发展过程。如对《诗经》中形容词前的"其"字的分析,以往的分析往往通过简单的分析和比附,从而确定"其"为形容词词头。这种观点看似合理,但从语言的实际发展过程来看,"其"字当为指示代词,指示形容词的程度。因此,我们在对"其"字各时段用法进行描写、总结其发展变化的规律的同时,并对此作出阐释,力求得出的结论更加符合语言的实际发展状况。

(四)比较和分析相结合

陆俭明、马真(1985)指出:"虚词表达的是抽象的语法意义,一般不易把握。要正确把握虚词的意义,最有效的方法是进行具体的比较、分析。"对于语气副词表达何种语气的把握就需要用这种方法来辨别,比如对甲骨文中"其"字的研究,有人说甲骨文中的语气副词"其"表达的是疑惑不定的语气,有人说表达的是"不愿、不希望"的语气,孰是孰非,这就需要我们在研究过程中,找到相似的句子,看有无"其"字或者将"其"字替换为其他语气副词,再看句子所表达的语气是否改变,然后再判定"其"所表达的语气。这种方法对我们研究甲骨文以后的语气副词"其"仍是适用的。

(五)定性分析和定量分析相结合

我们对"其"字的研究还要建立在定量分析的基础上,譬如"其"对"厥"的替换,"他"对"其"的替换,"之"、"其"语法功能的比较等都会运用到这种方法。定量分析是研究的基础,我们的研究是将定性分析作为最终目的的。定性分析辅以抽样调查的定量分析,这样我们的结论才更为可靠,尤其是对"其"字各用法产生、消亡时代的判定,需要建立在对相应时期文献的统计基础之上,同时也要对与其功能相同的词作对比定量分析的研究。通过定量的比较分析,我们才能对"其"各用法有更为具体的认识。

四、语料范围

1. 上古汉语时期

我们选用出土文献和传世文献语料。出土文献主要是甲骨文，甲骨文以《甲骨文合集》、《小屯·殷虚文字丙编》和《小屯南地甲骨》为主[①]。传世文献有《尚书》、《诗经》、《屈赋》、《仪礼》、《礼记》、《论语》、《左传》、《国语》、《老子》、《墨子》、《孟子》、《庄子》、《荀子》、《晏子春秋》、《韩非子》、《吕氏春秋》、《战国策》。

2. 中古汉语时期

《史记》、《淮南子》、《汉书》、《风俗通》、《三国志》、《列子》、《世说新语》、《后汉书》、《颜氏家训》、《百喻经》、《魏书》、《宋书》、《南齐书》、汉译佛经。

3. 近代汉语时期

《入唐求法巡礼行记》、《韩昌黎全集》、《敦煌变文》、《祖堂集》、《旧五代史》、《新编五代史平话》、《朱子语类》、《二程语录》、《元刊杂剧三十种》、《清平山堂话本》、《新编五代史平话》、《老乞大》、《朴通事》、《水浒传》、《牡丹亭》、《醒世恒言》、《儒林外史》、《红楼梦》、《儿女英雄传》。

4. 现代汉语时期

《鲁迅全集》、《毛泽东选集》、《四世同堂》、《围城》、《青春之歌》、《王朔自选集》、《王小波全集》、《王蒙小说选》、《习惯死亡》、《皇城根》、《预约死亡》等。

---

① 文中引例来源简称：《甲骨文合集》简称“合集”，《小屯南地甲骨》简称“屯南”，《殷墟书契前编》简称“前”，《东京大学东洋文化研究所所藏甲骨文字》简称“东”，《殷契佚文》简称“佚”，《殷契粹编》简称“粹”，《小屯·殷墟文字甲编》简称“甲”，《小屯·殷墟文字乙编》简称“乙”，《小屯·殷墟文字丙编》简称“丙”，《殷墟文字缀合》简称“合”。

第一章

汉语各时期“其”的用法

本章主要从历时的角度对汉语各时期“其”的用法作一梳理和讨论，以方便我们在第二章至第四章对“其”具体用法的讨论。

关于汉语史的分期问题，高本汉、吕叔湘、蒋绍愚、江蓝生等学者都进行过论述，但迄今学界仍未有统一意见。参考前修时贤意见，并兼顾叙述的方便，我们将西汉以前称为上古汉语时期，东汉魏晋南北朝至隋为中古汉语时期，隋至 1919 年五四运动为近代汉语时期，五四运动以后为现代汉语时期。

第一节　上古时期“其”的用法

由于殷商时期的文献特殊性，对甲骨文“其”的词性及用法众说纷纭，因而我们将这一时期独立出来，以方便我们对虚词“其”的源头性质及意义进行断定。

一、殷商时期“其”的用法

殷商时期的主要文献是甲骨文，关于甲骨文中“其”的用法与功能存在多种判定，绪论中我们已经对以往研究进行了述评。这一部分我们对甲骨文中“其”的用法进行判定和阐释。

(一)殷商时期“其”的性质

我们认为，要确定甲骨卜辞中“其”的词性，需从研究它的分布入手。在甲骨卜辞中，“其”字分布情况如下：

1.“其”可以出现在谓语动词的前面

(1)我史毋其捷。(合集 6834)

(2)我不其受年。(合集 5611 正)

(3)其亡擒。(合集 10784)

(4)妇其亡得子。(合集 8925 正)

(5)戊戌卜,贞:有其疾。(合集 21045)

(6)镬其有疾。(合集 5477 正)

(7)其有降𡆥。(合集 8080 正)

以上诸例中的"其"字句[①]均直接作句子的谓语,在甲骨卜辞中,"其"字句还可以用作动词宾语,如:

(8)癸丑卜,𢀛贞:王旬亡祸?在二月,甲寅工典其酒。(合集 35891)

(9)贞:燎于王亥,告其比望乘?(合集 7537)

(10)贞:邛方还,率伐不,王告于祖乙其征,匄佑?(合集 6347)

(11)甲戌卜,宾贞:翌乙亥并告王其出于☑?(合集 4388)

(12)贞:侑妣庚羊,告其御?(合集 772)

(13)乙酉卜,大贞:告其鼓于唐,衣,亡祸?(合集 22746)

(14)戊戌贞:告其彭彡于☑六☑?(合集 32418)

(15)癸午贞:告画其步祖乙?/甲午[贞]于□□告[画]其步?/甲午贞:于父丁告画其步?弜告画其步?(屯南 866)

(16)辛未贞:今日告其步于父丁一牛?在祭卜。(合集 32677)

(17)己未卜,贞:翌庚申告亚其入于丁一牛?(合集 5684)

(18)乙巳卜,宾贞:酉呼告邛方其出,允☑?(合集 6078)

(19)丁卯卜:祷于享京亚禽其步十牛?(合集 32987)

(20)丁酉卜:王祷其步?(屯南 422)

(21)丁亥卜,扶:余令曰:"方其至"?(合集 20478)

以上所举"其"字句无论是直接作句子的谓语,还是作句子宾语,"其"字均直接位于动词的前面。"其"字句直接作谓语的句子中,"其"字直接作谓语动词的状语;"其"字句作句子宾语的句子中,"其"字在"其"字句中也是直接作小句谓语动词的状语。"其"字还可以位于数词谓语、形容词谓语的前面,如:

(22)己丑卜,壳贞:□以刍,其五百唯六?/贞:□以刍,不其五百唯六?(合集 93 正)

(23)己亥卜,庚其雨,其多?(合集 20957)

---

① "其"字句是指出现"其"的小句。

2."其"字还可以出现在"施事名词+VP"前

(24)贞:其亚亡若?(合集 5691)(亚官不会顺利吗?)

这种类型的用例很少见。

3."其"字还可以出现在"受事名词+VP"前

我们发现,当一般性的受事宾语前置时,"其"字可位于受事宾语前,如:

(25)贞:龟不其豕以?(东 311)
(26)丁丑卜,其十牛大甲岁?(合集 32476)

当否定句中代词作宾语时,代词宾语要前置时,代词宾语位于"其"字前面,"其"仍紧附于动词之前,如:

(27)王勿唯沚𢦔从伐巴方,帝不我其受(授)佑?(合集 6473)

4."其"字还可以出现在"时间词语+VP"前

(28)□□卜,永贞:今日其夕风?(合集 13338)
(29)乙亥贞:王其夕令□侯商于祖乙门?/于父丁门令□侯商?(屯南 1059)

这种类型的句子中,一般会出现两个时间词,"其"前的时间名词一般都包含"其"后的时间词所表示的时间,如上述两例。

5."其"字可以出现在"方位名词/处所名词+VP"前

(30)王其东逐𤜵麋,擒?/其北逐,擒?(合集 28790)

6."其"字用在"介词+宾语+VP"前面

(31)其在兹有嬉?(合集 24150)
(32)示其从上涉?(合集 35320)
(33)惠今夕酒?/于翌日甲酒?/其至日戊酒?(合集 27454)
(34)癸巳卜,大贞:其至祖丁祝,王受有佑?(合集 27283)

7."其"字出现在"副词+VP"前

(35)乙酉卜,壳贞:邛方还,王其勿告于[祖]乙?(合集 6344)
(36)贞:其亦烈雨?/贞:不亦烈雨?(合集 6589 正)
(37)贞:帝弗其及今四月令雨?(合集 14138)
(38)其后升岁?(合集 25986)
(39)其皆用□臣具?(合集 29694)
(40)贞:今夕其不启?/贞:今夕不其启?(合集 31547)
(41)丙寅贞:其先酒九牛?(合集 32029)

8."其"字位于"能愿动词+VP"前

(42)癸卯卜:其克弋[周]? 四月。(合集20508)

综上所述,殷商甲骨卜辞中的"其"字可出现在谓语核心、"施事名词+VP"、"受事名词+VP"、"时间词语+VP"、"方位名词/处所名词+VP"、"介词+宾语+VP"、"副词+VP"、"能愿动词+VP"前。其中第2、3、4三种类型的用例较少,第1种类型的用例最常见。

在对甲骨卜辞中"其"字的性质进行探讨之前,我们有必要首先要对副词和助词进行一番讨论。一般认为,副词专门用为状语,仅修饰谓词①。从语言发展的角度来看,作为人类最重要的交际工具,语言一直都是随着社会生活的发展而发展的,它始终处于变化之中。一些本来只能充当状语的副词可能会随着言语使用者追求新奇心理的需求突破原来句法功能上的限制,被用作定语或者是其他句法成分。这种现象在汉语发展史上很常见,如"曾经",本只能充当状语,但近些年,它也逐渐开始用为定语,如"曾经的激情、曾经的问题、曾经的苦难"等等。还有"经常"、"历来"、"向来"、"永远"等,其中"永远"则不仅可以作定语,还扩展至可以作宾语、谓语。作宾语的例子如"然而事情已经明确,对儿子他只能以兄弟相称,直至永远"(刘恒《伏羲伏羲》)。作谓语的例子如"苏州是永远的。比许多雷霆万钧的炮声更永远"(王蒙《苏州赋》)。从这一角度来看,我们以往所认为的"副词只能充当状语"这一观点似乎是过于简单化和理想化了。近年来,认知语言学崛起,为语言研究注入了新活力。其中"原型"范畴对我们重新认识副词具有重要的启发意义。原型范畴理论认为,在一个范畴内部的各成员之间存在隶属程度的差异,有些成员具有这一范畴的所有典型特征,具有典型性和样本性,可称为原型成员,有些成员只有部分典型特征,与原型的相似性较低,可称为非原型成员②。语言中的词类其实质也是一种原型范畴,每一类词都会包含一些非典型的、具有特殊用法的成员。属于同一种类的词,除了具有相同的基本功能之外,有些必定还有自己的特殊用法。比如名词中的时间名词除了和其他名词一样可以作主语、宾语之外,有的还可以直接作谓语或状语。同样,副词亦是如此,典型的副词一般只能充当状语,副词中还存在一些非典型成员,不仅可以作状语,还可以充当其他句法成分,如现代汉语中的"透、极"等还可以充当补语,"最"还可以充当定语。可能由于坚持副词的"唯状性",裘燮君将甲骨卜辞中的"其"定为助词。

结合"其"的甲骨卜辞中的句法分布情况,从原型范畴的角度我们很容易对甲骨卜辞中"其"进行定性,"其"应是副词,是副词中的非典型成员。

---

① 这一观点以朱德熙《语法讲义》(商务印书馆,1984年)、张涤华等编《汉语语法修辞词典》(安徽教育出版社,1988年)、戚雨村等编《现代语言学百科词典》(上海辞书出版社,1993年编)表述最为明确。

② 赵艳芳.认知语言学[M].上海:上海外语教育出版社,2001:59-63.

(二)殷商时期"其"的用法

我们认为殷商甲骨文中"其"只有副词一种用法,作副词有时间副词与语气副词之别。我们仍采用张玉金的说法,将出现"其"的小句称为"其"字句①。以"其"字句在句中的地位作为判断"其"是时间副词还是语气副词。

1. 时间副词

当"其"字句作宾语时,"其"当是时间副词,如:

(43)辛未贞:今日告其步于父丁一牛。(合集32677)(辛未这天贞问:今天用一头牛把将要步行的事报告给父丁吗?)

(44)甲午贞:于父丁告其⿱[步]?弜告⿱其步?(合集32856)(甲午这天贞问:应该向父丁报告⿱这个人将要步行的事呢,还是不应该报告这件事呢?)

例(43)、(44)卜问的问题是:要不要把某一事件告诉父丁,焦点是"告",因而"告"是推断的对象,而其宾语"(主语)+其+动词"则是将要发生的事情,"其"是表将然时态的时间副词。有人说,甲骨卜辞不用时间副词也能表示将然时态,因而不能将"其"看作时间副词,如:

(45)贞:今夕其雨?
　　贞:今夕不雨?(合集8473)

例(45)第一辞贞问:今天傍晚将会下雨吗?第二辞贞问:今天傍晚将不会下雨吗?二者表达的皆是将来时态,但一个含有"其",一个不含"其",说明"其"并不是表将来时的时间副词。尽管这种方法对于我们把握一些虚词的意义有重要作用,比如,现代汉语中的一个虚词"也",有的学者认为"表示并列关系",有的学者认为"表示类同关系",哪种说法更加合理,我们就可以通过有无某虚词的方法来解决。如我们可以说"妹妹唱了一首歌,姐姐也唱了一首歌",也可以说"妹妹唱了一首歌,姐姐唱了一首歌",不管是哪种说法,都是把"妹妹唱了一首歌"和"姐姐唱了一首歌"两件事情并列起来说。由此,我们可以知道表达并列关系的复句,并不一定需要关联词,细细分析两种说法,我们可以发现,"妹妹唱了一首歌,姐姐也唱了一首歌",这种表达方式重在强调后者(姐姐唱了一首歌)和前者(妹妹唱了一首歌)之间的类同关系,而另一种表达方式则不含有这种意味。但我们认为这种方法可能不适用于判断一个副词能否表达将来时这一问题上,比如在现代汉语中我们可以说"明天我去北京",表达同样的语义内容,我们也可以说"明天我将去北京",一个没用时间副词,一个用了时间副词,但同样都表达将来时,很明显"将"是表将来时的时间副词。

① 张玉金.甲骨文金文中"其"字意义的研究[J].殷都学刊,2001(1):14.

由此，我们来看例(47)，很明显其中的"其"也是时间副词，用来表示未然态。只是含有"其"的句子是有标记的未然态，不含"其"的句子是无标记的未然态。当"其"字句的主语是第一人称时，句子的叙实性更强，因为一个人对自己的事情是最有把握的。

"其"字句作主语时，"其"也是时间副词，如：

(46)癸丑卜，史贞：其尊鼓，告于唐一牛？(合集 1291)
(47)王其去，告于祖辛？(合集 1724)
(48)贞：王其往出省从西，告于祖乙？(合集 5113)
(49)贞：禽其往，祼告？(合集 15839)
(50)辛亥卜，出贞：其彭乡，告于唐九牛？(合集 22749)

"其"字句作时间背景分句时，"其"也是时间副词，如：

(51)甲子卜：其往望，惠伯令？(合集 26993)
(52)癸丑贞：其大御，惠甲子酒？于甲申酒御？(合集 34103)
(53)贞：邛方其来，王逆伐？(合集 39856)
(54)乙巳卜：其示于祖丁，惠今丁未示？(屯南 632)
(55)戊辰卜：其侑岁于中己，王宾？弜宾？(屯南 2354)

"其"作时间副词，通常和连带成分构成小句，作复句的分句或句子的主语和宾语，用以交代句子的相关背景、目的等。

2. 语气副词

A. 表肯定推断语气。

甲骨卜辞命辞是疑问句[①]，吴可颖(2006)对卜辞命辞性质从语法、语义、语用三个角度进行了研究，我们认为吴可颖的观点应该比较切合甲骨卜辞命辞的本质。吴可颖认为，从语用和语义的角度来讲，命辞具备疑问句的性质，应为命辞提供的是可能性答案，因而所描述的不是真实世界，而是可能世界；从句法形式来讲，卜辞命辞具备陈述句的特质。吴可颖并进一步对卜辞命辞问句的性质进行了探讨，得出了命辞中的问句是"为所要卜问的问题所提供的可能性答案的集合"。我们不妨沿着吴可颖的论述对卜辞命辞性质作进一步阐述，既然是可能性答案的集合，因而每一种答案在可能世界中当是肯定的，而不应是不确定的答案。比如卜问某一日是否会下雨，只有两种可能，即下雨，不下雨，而不可能是"大概会下雨，大概不会下

① 关于卜辞命辞是疑问句还是陈述句，已有许多学者进行过讨论，共有三种看法：一种观点认为命辞是疑问句，一种观点认为卜辞命辞是陈述句，还有一种观点认为卜辞命辞一部分是疑问句，一部分是陈述句(可参看李娜.殷墟卜辞命辞疑问句性质研究[D].石家庄：河北大学，2009)。我们赞同卜辞命辞是疑问句的观点。

雨",因而"其雨"当是"肯定会下雨、一定会下雨"之义,而不是"大概会下雨",若是"大概会下雨",根据兆象得到了肯定性的回答,得出的结果还是"是的,大概会下雨",这不符合占卜"卜以决疑"的目的。因此,我们认为,甲骨卜辞命辞应是建立在某种已知事实或已有观点基础上的表示肯定性倾向的咨询性问句,"其"在命辞中表示肯定推断的副词。当然,只有当"其"字句在命辞中做主句时,"其"已经开始向语气副词转化,如:

(56)王其步?(合集 36984)

(57)王其田?(合集 41075)

(58)有祟,其有来艰?(合集 7153 正)(有祸祟,一定会有灾难吗?)

(59)旬有祟,其自西有来艰?(合集 24146)(下一旬有祸祟,一定会从西方到来的灾难吗?)

当然,这种语言环境中的"其"还带有一定的时间副词的痕迹,这也从一定的角度表明了时间副词和语气副词之间的源流关系。

当"其"字句在占辞中作主句时,"其"可能是表肯定推断语气的副词,如:

(60)王固曰:吉,其庚䎽。(合集 707 反)(吉利,一定要在庚日举行䎽祭吧?)

(61)王固曰:其于黄尹告。(合集 3473)(大王占测说:一定要对黄尹举行告祭吧?)

(62)王固曰:其呼进。(合集 4730 反)(一定要命令进这个人。)

(63)王固曰:吉,其曰邛来。(合集 5445 反)(吉利,一定要叫邛来。)

占辞是测度句[①],是人们通过兆象来推断出的神意,"其"在其中是表肯定推断的意味比较明显,但也不能排除"其"是时间副词的可能性。

B. 表强调语气。

甲骨文中"其"还可表达强调语气,如:

(64)乙亥卜☐王其兕获?(合集 10416)

(65)丙戌卜,贞:武丁丁,其牢?癸巳卜,贞:祖甲丁,其牢用?叀骍用?(合集 35828)(丁,祭名,是第五期卜辞中见到的祭礼,是陈列祭品之祭。骍,指赤色马。武丁将受丁祭,应该为他使用系养的牛吗?祖甲将受丁祭了,应该使用系养的牛呢?还是使用赤色的马呢?)

(66)甲申卜,贞:武丁丁,其牢?叀骍?(合集 35829)

(67)贞:龟不其豖以?(东 311)

---

① 张玉金认为占辞也是疑问句,具体来说是一种猜测性语气(参见张玉金.甲骨卜辞语法研究[M].广州:广东高等教育出版社,2002:87-89)。

例(64)～(67)是宾语前置句,但不是受事主语句,受事主语句中受事词语一般要放在施事主语之前,如:

(68)三斧王率用,弗每□? 三斧用?(屯南 2445)

例(68)中受事主语"三斧"即位于施事主语"王"的前面。现代汉语中受事主语句与实施词语同时出现时,受事主语也常常位于施事词语之前,如"这支铅笔我削好了"、"这辆自行车小王要骑"等,这样我们排除了它们是受事主语句的可能性。因"其"是语气副词,只能置于谓语之前,因而当"其"对宾语进行强调时,只能将宾语提前,从而达到强调宾语的目的。方梅曾提到"在静态的句子中,各句法成分的排列顺序是固定的,但有时说话者为了突出自己表达的重点即焦点,往往改变句法成分的线性位次排列,也就是通过语义成分的超常规配位,使被强调的成分处于'非常规'位置上"①。张玉金认为这种类型的宾语前置句是一种特殊类型②,并没有提出这是由于语气副词"其"的强调作用,宾语才得以前置的。例(66)、(67)中"其"与"惠"字句形成对贞句,"惠"是大家公认的表强调语气的焦点标记,那么,由此我们也能推断出"其"的作用与"惠"的作用相同。当然"其"也可以用于受事主语句,用来强调受事主语,如:

(69)丁丑卜:其十牛大甲岁?(合集 32476)(应该以岁的方式使用十头牛给大甲吗?)

例(69)中"其"即是用来强调受事主语的。另外,"其"还可以用来强调状语,如:

(70)王其东逐𤞷麋,擒? 其北逐,擒?(合集 28790)(如果大王在东面追逐踏□地的麋鹿,那么会有擒获吗? 要是在北面追逐,会有擒获吗?)

由于殷商时期甲骨文语料的特殊性,"其"表肯定推断语气的用法我们并不能明确举出它的用例,但可以肯定的是,殷商时期,"其"应该产生了表肯定推断的语气副词用法,因为表强调之用法的"其"当是由此衍生而来的。

二、西周至西汉"其"的用法

西周至西汉时期,"其"的各种用法皆备,主要有时间副词、语气副词、指示代词等用法。

(一)时间副词

西周至秦时期,"其"的时间副词用法仍然存在,如:

---

① 方梅.汉语对比焦点的句法表现手段[J].中国语文,1995(4).

② 张玉金.甲骨文语法学[M].上海:学林出版社,2001:220.

(71)亟其乘屋,其始播百谷。(《诗经・豳风・七月》)

(72)今殷其沦丧。(《尚书・微子》)

(73)其亡其亡,系于苞桑。(《易・否》)

(74)宰我问曰:“仁者虽告之曰:‘井有仁焉。’其从之也?”子曰:“何为其然也!”(《论语・雍也》)

(75)吾子孙其覆亡之不暇,而况能禋祀许乎?(《左传・隐公十一年》)

(76)寡人有子,未知其谁立焉?(《左传・闵公二年》)

(77)若以君之灵得反晋国,晋楚治兵,遇于中原,其辟君三舍。(《左传・僖公二十三年》)

以上诸例中,“其”均为表将来的时间副词,其中例(76)中“其”也可作表肯定推断语气的副词解,表示说话人对未来事件的肯定性推断。

(二)语气副词

1.表肯定推断语气

西周至秦时期,语气副词“其”表肯定推断语气仍是其主要用法,如:

(78)八月其获,十月陨萚。(《诗・豳风・七月》)

(79)人之所不学而能者,其良能也。所不虑而知者,其良知也。(《孟子・尽心上》)

(80)天方授楚,楚之羸,其诱我也。(《左传・桓公六年》)

(81)楚人谓夫旌,子重之麾也,彼其子重也。(《左传・成公十六年》)

《汉语大词典》中即说明语气副词“其”的这一用法,《汉语大词典》认为这种用法的“其”表论断,相当于“乃”,我们赞同这种看法。例(78)、(79)中“其”用于判断句中,更能说明“其”是用来表论断的,表论断也就是我们所说的肯定之义。有人认为“其”作为推度副词表示的是对动作行为或情况的不十分肯定的估计或推测,如:

(82)丙寅晦,齐师夜遁。师旷告晋侯曰:“鸟乌之声乐,齐师其遁。”邢伯告中行伯曰:“有班马之声,齐师其遁。”叔向告晋侯曰:“城上有乌,齐师其遁。”(《左传・襄公十八年》)

(83)王之好乐甚,则齐国其庶几乎!(《孟子・梁惠王上》)

通常的看法是,“其”表不十分肯定的估计或推测,我们认为这种观点不是太恰当,从“其”在甲骨文中所表达的语义来看,我们认为上古汉语中用于陈述句中的“其”绝大多数表示的是肯定语气。另外,从“其”所在的上下文来看,“其”表示的也是肯定推断。如例(82)师旷、邢伯、叔向所说“齐师其遁”均有一定的依据,他们的依据分别为“鸟乌之声乐”、“有班马之声”、“城上有乌”,鸟、乌成群聚集之处当无人聚集，师旷、叔向由此得出齐师已逃跑，听到马回去的叫声，邢伯由此肯定齐师已逃跑。因而例(82)中的"其"当是说话者对当前情况的肯定性判断。例(83)采自《孟子》，查看原文我们就知道，在"王之好乐甚，则齐国其庶几乎"之前并没有对此结论的任何支撑性论据，但在下文我们能够看到孟子之所以如此说的依据。因而其中的"其"仍是表肯定推断的语气副词。

(84)臣谓君之入也，其知之矣。(《左传·僖公二十四年》)

(85)延陵季子为有上国之使，未献也，然其心许之矣。(《新序·杂事》)

(86)与我者受邑，不与我者其烹。(《说苑·立节》)

《经词衍释》、《古书虚字集释》、萧旭《古书虚词旁释》均认为例(84)中"其""犹既也、已也"，萧旭并用《国语·晋语四》作"吾以君为已知之矣"来这证明"其"等同于"已"。因《论衡·祭意》有"季子曰：'前已心许之矣'"，《太平御览》引《史记》"吾已心许之"，从而认为例(85)中"其"义为"已"。"已"也好，"既"也好，均是表已然态的时间副词，我们知道"其"有表未然态的时间副词用法，在同一种语言中，一个时间副词若既能用来表未然态，又能用来表已然态，这必然会给交际带来障碍，不利于交际的顺利进行。回到例(84)上来，这段话是寺人披对晋文公所说的话，故事的背景是晋惠公旧臣吕甥、郄芮策划杀害晋文公，寺人披得知此事，想密告晋文公，而晋文公却因旧怨而拒绝见寺人披。寺人披为自己辩解，首先说的就是"臣谓君之入也，其知之矣"，这是寺人披对晋文公的看法，他认为"晋文公继位得国之后，肯定知道君臣之道了，现如今看来，晋文公并没有做到这些"。"其"是寺人披对"知之(君臣之道)"的肯定性推断，此句中的已然态是由语气词"矣"来体现的。例(85)类此，不赘述。

异文、互文是研究词义的好方法，有的学者甚至将在实词训诂中有明显作用的方法进而扩展至语法分析，提出："同古汉语的训诂一样，古汉语的语法分析(实际是以训诂为基础的)同样也可以采用'互文见义'的论证方法。"[①]不少语法著作认为"厚者为戮，薄者见疑"(《韩非子·说难》)中"为"、"见"互文，从而认为"为"、"见"均为被动助词。尽管如此，但并不是所有的异文比较均能得出正确的词义，如我们在《韩非子·说林上》中见到这样的语句"乐羊以有功见疑，秦西巴以有罪益信"，其中"见疑"、"益信"互文，那么我们能说此处"益"也是被动助词吗？例(86)，裴学海《古书虚字集释》认为其中"其"犹"为"也，表被动之助词。其实这里面的"其"既可以训为"将"，表未然的时间副词，将"其"训为表肯定性推断的语气副词也未为不可，"不与我者其烹"是意念被动句。

---

① 刘百顺.也谈"动·之·名"结构中的"之"[J].中国语文，1981(5).

2. 表强调、加强语气

"其"在上古汉语中还有单纯表强调的用法,"其"的主观断定、判断义退隐。当然这一用法和"其"表"肯定、判断、断定"之语气有很大关系,前者是由后者进一步语法化而来(这一问题我们将在第二章进行讨论)。

(87)武王使人候殷,反报岐周曰:"殷其乱矣。"武王曰:"其乱焉至?"对曰:"谗慝胜良。"(《吕氏春秋·贵因》)

例(87)谢德三《吕氏春秋虚词用法诠释》训上"其"为"将",陈其猷《吕氏春秋校释》训上"其"为"殆",萧旭《古书虚词旁释》训上"其"为"既"。首先,将此例中"其"断不是"将"义,因为说话人对殷人情况有一定了解,是对殷人的现状而不是未来趋势进行报告,因而武王才会问"其乱焉至";既然说话人已经知道了殷人的现状,因而"其"亦不能表示不太肯定的揣测,因而训"其"为"殆"亦不恰当;在表肯定推断语气那一部分我们对"其"有"既"义进行了辩驳,因而训"其"为"既"也不正确。"其"亦不是用来揣测的,而是断定、判断之语,因而"其"在此表判断语气,并带有强调功能,指明"乱"为句子焦点。"其"用来增强对"殷乱矣"这一判断的肯定程度。

"其"还可以用在反问句中,用来增强句子的反问语气,如:

(88)若火之燎于原,不可乡迩,其犹可扑灭?(《尚书·盘庚上》)

(89)不以人子,吾子其可得乎?(《左传·宣公十二年》)

(90)欲加之罪,其无辞乎?(《左传·僖公十年》)(杨伯峻注:"其作岂用。")

除了用于意愿陈述句,表示自己对未来执行某一行为的肯定对强调,如:

(91)其克诘尔戎兵,以陟禹之迹,方行天下,至于海表,罔有不服。(《尚书·立政》)

有学者认为"其"用于意愿陈述句,表达的是意志语气,如裴学海、谷峰(2010),我们认为意志语气主要是意愿陈述句表达的,并非由"其"凸显的(详细阐述见第二章)。"其"还可以用于祈使句,表对祈使句中动作的强调与肯定,同时还带有一定的委婉语气,如:

(92)子其勉之。(《左传·成公十六年》)

(93)君其待之。(《左传·闵公元年》)

(94)吾其还也。(《左传·僖公三十年》)

(95)吾子其无废先君之功。(《左传·隐公三年》)

(96)尔尚辅予一人,致天之罚,予其大赉汝。(《尚书·汤誓》)

(97)秦将归寡人,官人不足以辱社稷,二三子其改置以代圉也。(《国语·晋语三》)

有学者认为"其"用于祈使句，或表请求，或表希望，或表勉励语气，我们认为这些语气都是祈使句这一句类赋予的，而非"其"含有的（详见第二章）。

3. 表追究、探究语气

"其"由肯定、确认语气还衍生出追究、探究语气，如：

（98）肩吾问于孙叔敖曰："子三为令尹而不荣华，三去之而无忧色。吾始也疑子，今视子之鼻间栩栩然，子之用心独奈何？"孙叔敖曰："吾何以过人哉！吾以其来不可却也，其去不可止也，吾以为得失之非我也，而无忧色而已矣。我何以过人哉！且不知其在彼乎？其在我乎？其在我邪？亡乎我；在我邪？亡乎彼。方将踌躇，方将四顾，何暇至乎人贵人贱哉！"（《庄子·田子方》）

（99）吾所以亡者其何哉？（《新序·杂事五》）

萧旭据《吕氏春秋·审己》高诱注："果，犹竟也。竟为何故亡哉？"以及《韩诗外传》卷六："吾所以亡者诚何哉？"从而认为例（98）中"其"义为"究竟"[①]。例（98）中萧旭依据成玄英疏："且不知荣华定在彼人，定在我已？"从而认定"其"与"定"义同，均为"究竟"之义。这种判断是正确的，关于"其"追究、探究语气的产生，我们将在第二章进行详细论述。

（三）指示代词、人称代词

1. 指示代词

指示代词是广义上指示词的一种类型，关于指示词，刘丹青（2009）认为指示词的"主要功能是直指，也可用作回指的词类成分"，陈玉洁则是这样定义的：

是一个以指示为基本功能（直指是它的典型指示功能），以距离意义为核心意义的语法范畴，形式上既包括以封闭性词类出现的各类独立的代词、副词、形容词等，也包括已经虚化的指示成分，甚至可能是黏着语素。[②]

由此可见，指示词不同于其他词类，指示词不是从句法功能角度划分出来的聚合类，而是从语义、语用角度划分出来的聚合类。

周代时期，"其"产生了指示代词用法，如：

（100）伏戎于莽，升其高陵，三岁不兴。（《周易·同人卦》）

（101）淮夷其进人其贮，毋敢不即餗即市，敢不用命，则即刑扑伐。（《兮甲盘》）（"进人"指服劳役者，"贮"指经商者，此例意为淮夷中那些服劳役者、经商者，毋敢不至军次集市，敢不从命，则刑罚之扑伐之。）

---

① 萧旭．古书虚词旁释[M]．扬州：广陵书局，2007：175．

② 陈玉洁．汉语指示词的类型学研究[M]．北京：中国社会科学出版社，2010：7．

指示代词"其"通常用作定语，用作主语情况少见，用作宾语的情况更是罕见。古代汉语第三人称代词来源于指示代词，这就使得"其"的指示代词和第三人称代词用法之间的界限并不明显，如：

(102)有子曰："其为人也孝弟，而好犯上者，鲜矣；不好犯上，而好作乱者，未之有也。君子务本，本立而道生。孝弟也者，其为仁之本与！"(《论语·学而》)

例(102)很特殊，"其"既可以理解为指示代词"那(这)"，既具有指示作用，又具备称代功能，"这是仁的根本吧"；理解为第三人称代词也未为不可，"它(孝弟)是仁的根本吧"。同时例(102)中"其"还可以理解为语气副词，表肯定判断的语气副词"孝弟，肯定(一定)是仁的根本吧"，从这一角度来看，我们可以看出"其"指示代词用法和"其"语气副词之间的关系，也就是说，"其"指示代词用法是其语气副词用法演变来的。像例(102)这样的例子并不多见。另外，指示代词作定语时的用法常常与"其"的人称代词用法混在一起，不容易分辨，如：

(103)工欲善其事，必先利其器。(《论语·卫灵公》)

例(103)中"其"既可以理解为指示代词"那些"，也可以理解为第三人称代词"他"。从例(102)、(103)中"其"的用法来看，上古汉语中，用作主语和偶尔用作主语、宾语的第三人称代词"其"来源于指示代词"其"。

2. 人称代词

殷商时期，"其"尚未产生人称代词用法，大致到了西周中期，"其"人称代词用法才产生。在"其"之前，第三人称代词有"厥"。"其"和"厥"是不同的两个字，"厥"字在商末周初已经存在，并且全部用作代词，而此时的"其"全部用作副词。进入西周中期以后，"其"和"厥"的界限开始模糊，出现了用作代词的"其"。这种变化主要发生在西周中晚期之交，到了西周晚期，"其"取代"厥"的进程加快直至全部取代。

关于"厥"与指代词"其"的关系，一般语言研究者仅仅指出二者存在替换关系，唐钰明通过对"周原甲骨"、西周铭文及上古典籍的考察，对"其"替换"厥"的原因作出了解释[①]。他认为"其"之所以能取代"厥"在于它们音韵上音理相通，由此通假产生最终的取代。我们认为，唐钰明从音韵角度对"其"取代"厥"的原因的阐释，是比较牵强的。从汉语发展史来看，两个字由于音韵的相同而产生通假的情况是非常普遍的现象，如"两涘渚崖之间，不辩牛马"(《庄子·秋水》)中"辩"通"辨"，"王于兴师，修我戈矛"(《诗经·无衣》)中"脩"通"修"。但无论是"辩"通"辨"，还是"脩"通"修"，"辩"在"辨别"这个意义上未能取代"辨"，"脩"在"修缮，修理"这个意义上也未能取代"修"，也就是说由于通假而引起词语的彻底替代这是不存在的。我们

① 唐钰明. 其、厥考辨[J]. 中国语文，1990(4).

认为"其"对"厥"的替换完全是一个新词对旧词的替代，是语言自身发展的结果，而不是由于通假而引起的替代。通假也不是"其"代词用产生的原因，而是其自身发展演变的结果。"其"代词用法的产生使它有了取代"厥"字的基础。

人称代词"其"的主要功能是作定语，另外还可作主语、宾语等句法成分。作定语如：

(104)初，伯宗每朝，其妻必戒之。(《左传·成公十五年》)

(105)肸闻之，公室将卑，其宗族枝叶先落，则公从之。(《左传·昭公三年》

(106)竖牛惧，奔齐。孟、仲之子杀诸塞关之外，投其首于宁风之棘上。(《左传·昭公五年》)

(107)吴光新得国而亲其民，视民如子。辛苦同之，将用之也。(《左传·昭公三十年》)

上古汉语中，"其"除了用作定语，还可以用作主语，但用作主语时，多用作附属子句主语，如：

(108)子反请以重币锢之，王曰："止！其自为谋也则过矣，其为吾先君谋也忠。"(《左传·成公二年》)

(109)伍举知其有备也，请垂櫜而入。(《左传·昭公元年》)

(110)齐人以其未得志于我故，秋，齐侯伐我北鄙。(《左传·襄公十七年》)

(111)人见其禽兽也。(《孟子·告子上》)

例(111)中"其"作附属子句主语，杨树达《词诠》认为这种用法中的"其"当为"其为"二字，如"太后断戚夫人足，去眼，煇耳，饮瘖药，使居厕中，命曰人彘。居数日，乃召孝惠帝观人彘。孝惠见，问，乃知其戚夫人，乃大哭"(《史记·吕后纪》)中"其"，他就认为"其"实为"其为"二字之义，"为"往往省略。我们认为，此类句子中"其"当为主语，后面名词为谓语，是名词谓语句，不必说是省略了"为"字。上古汉语中，"其"作独立句主语的情况罕见，中古汉语时期有所增加。另外，上古时期，"其"还可以作宾语，如：

(112)不其或稽，自怒曷瘳？(《尚书·盘庚中》)

(113)仲尼问其故，对曰："吾有老父，身死莫之养也。"(《韩非子·五蠹》)

例(112)、(113)中"其"作宾语。

(四)定指词及话语标记词

上古汉语中，指示代词"其"多用于名词前，作定语。"其"作为指示代词，具有指示、定指功能，含有距离意义(表远指)。但在一些名词前，指示代词"其"的指示功能消失，如：

(114)大叔完聚，缮甲兵，具卒乘，将袭郑，夫人将启之。公闻其期，曰：“可矣。”(《左传·隐公元年》)

(115)闵子侍侧，訚訚如也；子路，行行如也；冉有、子贡，侃侃如也。子乐，“若由也，不得其死然”。(《论语·先进》)

(116)梁惠王曰：“寡人之于国也，尽心焉耳矣。河内凶，则移其民于河东，移其粟于河内；河东凶，亦然。察邻国之政，无如寡人之用心者。邻国之民不加少，寡人之民不加多，何也?”(《孟子·梁惠王上》)

(117)学莫便乎近其人，《礼》、《乐》法而不说，《诗》、《书》故而不切，《春秋》约而不速。方其人之习君子之说，则尊以遍矣，周于世矣。故曰：学莫便乎近其人。(《荀子·劝学》)

这四例中“其”已经失去了直指、距离意义，仅留存定指功能。如例(114)中“其”是将“期”的范围圈定，定指“大叔袭郑”之日期；例(115)中“其”是将“死”法的范围圈定，定指“善终”；例(116)中“其”的运用使“民”、“粟”的范围圈定，“其民”指称“河内一部分人民”，“其粟”指称“河东一部分粟”；例(117)中“其人”均指称“贤师”。董秀芳认为这种用法的“其”可以看做一个定指标记，可对译为英文的定冠词 the①。梁银峰甚至直接用定冠词来称呼这种用法的“其”(这一问题我们将在第三章第二节中详细讨论)②。王力、郭锡良认为这种用法的“其”为特指代词③。“特指代词”本质还是代词，但这种用法中的“其”并不称代什么内容，而是将“其”后面名词的范围圈定，因此“特指代词”这一称呼并不能揭示这种用法中“其”的性质，我们用“定指词”来称呼这种用法的“其”。另外，董秀芳在这一用法中引到这个例子，如：

(118)修辞立其诚，所以居业也。(《易·干卦》)

我们认为，这个例子不是太恰当，将这个例子的前面部分补充出来，即可看出，“其”究竟是什么东西，这句话的前面部分为“君子进德修业。忠信，所以进德也”，补上前面的内容，“其”的问题也就迎刃而解了，“其”为第三人称代词，称代“君子”。

定指词“其”是由指示代词“其”虚化而来。

上古汉语中，“其”还可以用于专有名词前，专有名词本身就是有定的，“其”用在这种名词前，已经失去定指意义，仅留存话语连接功能，我们将这种用法的“其”称为话题标记词，如：

(119)反先王则不义，何以为盟主？其晋实有阙。(《左传·成公二年》)

---

① 董秀芳.词汇化：汉语双音节词的衍生和发展[M].北京：商务印书馆，2011：216.

② 梁银峰.东汉至唐五代时期“他＋N”格式中“他”的语法功能及其流变[J].语言科学，2011(3).

③ 王力.汉语史稿[M].北京：中华书局，1980：278；郭锡良.汉语第三人称代词的起源和发展[M]//汉语史论集.北京：商务印书馆，1997：5、85.

例(119)中"其"还带有一点点距离意义,"晋"是说话者感情上疏远的对象,但凸显的更多的是"其"的话语连接功能(关于这种用法的"其",我们将在第三章第二节进行讨论)。

(五)连词

"其"作为连词,有选择连词、假设连词。"其"在上古汉语中用作选择连词,如:

(120)楚王方侈,天或者欲逞其心以厚其毒而降之罚,未可知也;其使能终,亦未可知也。(《左传·昭公四年》)

(121)不知天将以为虐乎?使翦丧吴国而封大异姓乎?其抑亦将卒以祚吴乎?其终不远矣。(《左传·昭公三十年》)

(122)此龟者,宁其死为留骨而贵乎?宁其生而曳尾于涂中乎?(《庄子·秋水》)

"其"在上古汉语中还可以用作假设连词,如:

(123)谋之其臧,则具是违;谋之不臧,则具是依。(《诗经·小雅·小旻》)

(124)周公思兼三王以施四事。其有不合者,仰而思之,夜以继日。(《孟子·离娄下》)

第二节 中古时期"其"的用法

中古汉语时期,"其"主要有语气副词、指示代词、人称代词、定指词等几种用法,下面分别进行讨论。

一、语气副词

中古汉语时期,语气副词"其"可表肯定推断语气,还可用于意愿陈述句、反问句、祈使句中表强调、加强语气。

1. 表肯定推断语气

"其"用于是非问句中,主要表肯定推断语气,如:

(1)玄谓太祖曰:"天下将乱,非命世之才不能济也,能安之者,其在君乎!"(《三国志·魏书·武帝纪》)

(2)王丞相尝谓驎曰:"孔愉有公才而无公望,丁潭有公望而无公才,兼之者其在卿乎?"(《世说新语·品藻》)

(3)虎尝昼寝,梦见群羊负鱼从东北来。寤以访澄,澄曰:"不祥也,鲜卑其有中

原乎?"(《高僧传》)

2. 强调、加强语气

语气副词"其"可用于意愿陈述句中、反问句和祈使句中，用于意愿陈述句中表达对未来执行某一行为的肯定与强调，用于反问句中主要是用来加强反问语气，用于祈使句中表示要求听话人执行某一行为的委婉强调，如：

(4)支道林丧法虔之后，精神霣丧，风味转坠。常谓人曰："昔匠石废斤于郢人，牙生辍弦于锺子，推己外求，良不虚也！冥契既逝，发言莫赏，中心蕴结，余其亡矣！"却后一年，支遂陨。(《世说新语·伤逝》)

(5)同郡繁钦数见奇于表，袭喻之曰："吾所以与子俱来者，徒欲龙蟠幽薮，徒时凤翔。岂谓刘牧当为拨乱之主，而规长者委身哉？子若见能不已，非吾徒也，吾其与子绝矣！"(《三国志·魏书·杜袭传》)

以上是意愿陈述句，再来看"其"用于反问句的情况，如：

(6)公曰："民饥必死。为人君而欲杀其民以自活也，其谁以我为君者乎？是寡人命固尽也，子毋复言。"(《论衡·变虚》)

(7)修曰："夫兄弟者，左右手也。譬人将斗而断其右手，而曰'我必胜'，若是者可乎？夫弃兄弟而不亲，天下其谁亲之！……"(《三国志·魏书·王修传》)

(8)吕蒙曰："兵有利钝，战无百胜，如有邂逅，敌步骑蹙人，不暇及水，其得入船乎？"(《三国志·吴书·吕蒙传》裴注)

(9)宣武集诸名胜讲《易》，日说一卦。简文欲听，闻此便还，曰："义自当有难易，其以一卦为限邪？"(《世说新语·文学》)

(10)众咸流涕固请，调曰："生死命也，其可请乎！"(《高僧传》)

例(11)～(14)是"其"用于祈使句中的用例，如：

(11)狐突对曰："臣闻之，神不歆非类，民不祀非族，君祀无乃殄乎！且民何罪，失刑乏祀，君其图之！"(《论衡·死伪》)

(12)公卿百官，其勉尽忠恪，以辅朝廷。(《后汉书·和熹邓皇后纪》)

(13)帝执宣王手。目太子曰："死乃复可忍，朕忍死待君，君其与爽辅此。"(《三国志·魏书·明帝纪》裴注)

(14)每语子弟云："勿以我受任方州，云我豁平昔时意，今吾处之不易。贫者士之常，焉得登枝而捐其本？尔曹其存之。"(《世说新语·德行》)

无论"其"用于意愿陈述句，还是反问句，又或者是祈使句，"其"均是用来表强调的。

二、指示代词、人称代词

1. 指示代词

中古时期,指示代词"其"不仅可以指示人、事物、处所,还可以指时间,如:

(15)若有辄以小薄杂钱入市,有人纠获,其钱悉入告者。(《魏书·食货志》)

(16)骏怒,出乎为伊吾都尉。有石陨于破胡,焦而碎,声如击鼓,闻七百里。其处气上黑如烟,烟首如赤飙。(《魏书·张实传》)

(17)明年,尽有淮北之地。其岁,高祖诞载。(《魏书·释老志》)

(18)浩对曰:"往击蠕蠕,师不多日,浩等各欲回还。后获其生口,云君还之时,去贼三十里。是浩等是计过矣。夫北土多积雪,至冬,时常避寒南徙。若因其时,潜军而出,必与之遇,则擒获。"(《魏书·崔浩传》)

例(15)中"其"指示物,例(16)中"其"指示处所,例(17)、(18)中"其"指示时间,例(15)、(16)中"其"仅有指示功能。例(17)、(18)中"其"不仅具有指示功能,还具有称代功能,分别称代"明年"、"冬"。

2. 人称代词

中古汉语时期,"其"是第三人称代词的主要形式,其语法功能与上古时期相比发生了较大的变化,"其"的语法功能比上古汉语时期扩大了。上古汉语中,"其"主要用作定语,中古汉语中"其"不仅可作定语,作句子的主语、宾语、兼语的频率也增加了不少。我们对《三国志》、《六度集经》、《世说新语》、《百喻经》、《颜氏家训》进行了数据统计,统计结果如表1所示:

表1

频率 \ 句法功能 / 文献	主语		宾语			定语	兼语
	独立句	附属子句	受事宾语	间接宾语	介词宾语		
《三国志》	138	498	0	30	3	3108	91
《六度集经》	15	38	5	7	9	499	8
《世说新语》	3	43	1	3	2	208	7
《百喻经》	2	4	0	2	2	45	4
《颜氏家训》	2	12	0	5	1	80	8

A. 作主语。

"其"在上古汉语中也能作主语,但大多数是充当附属子句主语,充当独立句主语的情况罕见,汉代时有所增加,而中古汉语时期"其"作主语更加普遍。

虽然作附属子句主语仍占多数,如:

(19)先帝知其可任,委艾庙胜,授以长策。(《三国志・蜀书・邓艾传》)

(20)吏不知其东莱人,因为取章。(《三国志・吴书・太史慈传》)

(21)刘道真少时,常渔草泽,善歌啸,闻者莫不留连。有一老妪,识其非常人,甚乐其歌啸,乃杀豚进之。(《世说新语・任诞》)

(22)疑其不信,欧捶服之。(《颜氏家训・勉学》)

(23)殷中军道韩太常曰:"康伯少自标置,居然是出羣器。及其发言遣辞,往往有情致。"(《世说新语・赏誉》)

但作独立句主语的频度要高于上古汉语,如:

(24)至别驾韩珩,曰:"吾受袁公父子厚恩,今其破亡,智不能救,勇不能死,于义阙矣。"(《三国志・魏书・袁绍传》)

(25)毓对曰:"涣貌似和柔,然其临大节,处危难,虽贲有不过也。"(《三国志・魏书・袁焕传》)

(26)陆机为《齐讴篇》,前叙山川物产风教之盛,后章忽鄙山川之情,殊失厥体。其为《吴趋行》,何不陈子光、夫差乎?(《颜氏家训・文章》)

(27)毁禁之侣,何惭供养乎?其于戒行,自当有犯。(《颜氏家训・归心》)

(28)臣累遣书信,乞白服相见,其永不肯。(《南齐书・鱼复侯传》)

例(19)~(23)中"其"主要用作附属子句主语,而例(24)~(28)中"其"主要用作独立句主语,而这种用法在上古汉语中罕见。而同为第三人称代词的"之",上古汉语中不能用作主语,在中古汉语中同样不能用作主语。

B.作宾语。

中古汉语时期,"其"作宾语更为普遍,可作间接宾语、介词宾语,如:

(29)以为可封禅为扶风王,锡(赐)其资材,供其左右。(《三国志・魏书・邓艾传》)

(30)臣以为邓艾身首分裂,捐弃草土,宜收尸丧,还其田宅。(《三国志・魏书・邓艾传》)

(31)支公好鹤,住剡东岇山,有人遗其双鹤。(《世说新语・言语》)

(32)有相识小人遗其餐,肴案甚丰富,真长辞焉。(《世说新语・方正》)

(33)我有一儿,年已十七,颇晓书疏,教其鲜卑语及弹琵琶,稍欲通解。(《颜氏家训・兄弟》)

(34)(僚属)时谓谢曰:"王宁异谋,云是卿为其计。"(《世说新语・言语》)

(35)妇来见夫,欲共其语。(《百喻经・唵米口喻》)

例(29)～(33)中"其"作间接宾语,"其"作间接宾语,前面的动词可以是"赐、还、遗、教、与、具、问"等,与上古汉语相比,动词范围已经有了很大的扩展。而"之"用作间接宾语时前面的动词则必"其"更加广泛,还可以使"饮、示、号、称、名、授、告"等。上古汉语中,双宾语句中的间接宾语绝大多数只能用"之",而中古汉语时期,"其"却逐渐侵入"之"的领地,尤其是表"给予"、"夺取"等意义的动词后,用"其"作间接宾语则更加常见。例(34)、(35)中"其"作介词宾语。除了作间接宾语和介词宾语,中古汉语时期,"其"还可用作受事宾语,如:

(36)开士脱指投其水中,天女睹环,即止不浴。(《六度集经》卷八)

(37)孙曰:"吾卜求天女为妃者,王必杀其。"(《六度集经》卷四)

(38)苻坚游魂近境,谢太傅谓子敬曰:"可将当轴了其此处。"(《世说新语·雅量》)

(39)时商人寻复念言:"此是恶人,恐复追逐,更还捕取。"即自随逐看其。(《摩诃僧祇律》卷三十二)

柳士镇认为"(其)即便用作单宾句宾语,'其'字后一般仍需另有其他成分"[①]。事实并非如此,"其"作单宾句宾语,后面没有其他成分也可以,如例(37)、(38)、(39)。而"之"用作受事宾语则是较为常见的事情,如:

(40)(关)羽便伸臂,令医劈之。(《三国志·蜀书·关羽传》)

C. 作兼语。

黄盛璋认为,在先秦汉语中,"其"与"之"作兼语似乎有一定的分工:使令动词后,一般都用"之",极少用"其"。其他动词后面,情况正好相反[②]。中古汉语时期,"其"作兼语的使用频率超过了"之",使令动词后用"其"作兼语远比用"之"丰富,如:

(41)车骑答曰:"譬如芝兰玉树,欲使其生于阶庭耳。"(《世说新语·言语》)

(42)北方多有名儿为驴驹、豚子者,使其自称及兄弟所名,亦何忍哉?(《颜氏家训·风操》)

(43)后主之奔青州,遣其西出,参伺动静,为周军所获。(《颜氏家训·勉学》)

(44)对曰:"劝也,劝其立名,则获其实。"(《颜氏家训·名实》)

(45)颢给子雍兵马,令其先行。(《魏书·源贺传》)

(46)及后锡光为交址,任延为九真太守,及教其耕犁,使之冠履。(《三国志·吴书·薛综传》)

---

① 柳士镇.魏晋南北朝历史语法[M].南京:南京大学出版社,1992:155.

② 黄盛璋.古汉语人身代词研究[J].中国语文,1963(6).

《三国志》中"其"用作兼语的用例是"之"用作兼语的用例的三倍多,"之"用作兼语时,其前的动词仅有"使、立、辟、教"等,而"其"用作兼语时,其前的动词更为丰富,有"教、使、令、从、劝、欲、愿"等。并且,是"使令"义动词后用"其"更为常见。《世说新语》、《百喻经》、《颜氏家训》中"其"作兼语分别为 7 次、4 次、8 次,而"之"用作兼语,仅在《百喻经》中有 1 次,《世说新语》和《颜氏家训》中"之"作兼语未见。这表明,在兼语这一句法功能上,"其"也已侵入"之"的领地。

D. 作定语。

"其"用于领格作定语在上古时期是其常见用法,中古时期也不例外,用作定语仍是"其"的主要用法,如:

(47)八月,表卒,其子琮代,屯襄阳,刘备屯樊。(《三国志·魏书·武帝纪》)

(48)昔有一人,其妇端正,唯有鼻丑。(《百喻经·为妇贸鼻喻》)

(49)陈元方子长文有英才,与季方子孝先,各论其父功德,争之不能决。谘于太丘,太丘曰:"元方难为兄,季方难为弟。"(《世说新语·德行》)

(50)王子敬自会稽经吴,闻顾辟疆有名园,先不识主人,径往其家。(《世说新语·简傲》)

从第三人称代词的句法功能来看,上古汉语中第三人称代词在充当何种句法成分上具有较大的局限性,"之"多用作宾语,偶尔用作兼语,"厥"、"其"多作定语及附属子句主语,偶尔用作宾语和独立句主语,而"彼"的指示意味又比较重,因此,一般认为上古汉语中没有真正的第三人称代词。从中古汉语"其"的句法功能来看,"其"不仅可作附属子句主语,还可充当独立句主语,不仅可充当定语,还可充当宾语、兼语等,"其"已具备真正第三人称代词的各种句法功能,这说明中古汉语中"其"已经称为真正的第三人称代词。

近代汉语以前,"其"和"之"一直是汉语第三人称代词的主要形式,但它们在汉语历时发展过程中的表现是不平衡的。"之"的用法上古汉语中已基本定型,但"其"的功能却有了较大的发展,从上古汉语中主要用作定语和附属子句主语,偶尔用作主语和宾语,到了中古汉语时期,"其"用作独立句主语频率增高,用作宾语和兼语的数量也有所增加,由于"其"逐渐侵入"之"的领地,"之"的第三人称代词用法呈现衰退趋势。尽管"其"在与"之"的竞争中取得了优势地位,但从表 1 来看,"其"的新兴用法与其传统用法相比,所占比例很小。这一方面是由于"其"传统用法在语言使用者心中的地位已根深蒂固,另一方面,新兴的第三人称代词"渠"能够自由充当主语和宾语,"其"在与"渠"的竞争中必然处于劣势地位,再加上唐代时产生了另一个新的第三人称代词"他",这些原因使得"其"的第三人称代词用法逐渐衰退。

三、定指词及话语标记词

上古汉语中"其"定指词用法，中古汉语时期，"其"的定指词用法更加成熟，表现为"其"可以修饰重出通名，如：

(51)修善根故。寻入胎时放大光明，其光微妙，遍照娑婆世界。(《悲华经》)

(52)尔时宝藏如来即入三昧，其三昧名电灯。(《悲华经》)

(53)复有蛇来，吞食虾蟆，孔雀飞来，啄食其蛇。(《贤愚经》)

这种用法的"其"的指示功能弱化，距离意义消失，定指功能突出。这一时期，"其"的话语标记功能仍然存在，如：

(54)其车匿闻太子如是敕语言已，亦识太子深心知意。(《佛本行集经》)

(55)尔时菩萨坐草铺已，其阿罗逻缔心观察菩萨之身。(同上)

(56)作是语已，其优陀罗白菩萨言……(同上)

"车匿"，人名，佛陀弟子，本为释迦牟尼为太子时的仆役，负责为他驾车，释迦牟尼出家后，也跟随他出家。佛陀灭度后，经阿难教导，证阿罗汉果。"阿罗逻"，姓迦蓝氏，古印度数论派的一名上师，曾是释迦牟尼的老师。"优陀罗"亦是人名。"车匿"、"阿罗逻"、"优陀罗"均是佛教人名，是专有名词，本身已经是定指形式，因而专有名词前的"其"定指功能已经消失，"其"变成话语连接标记词(详见第三章第二节)。

第三节 近代汉语"其"的用法

第一、二节我们对上古汉语、中古汉语"其"的用法进行了探讨，本节将对近代汉语中"其"的主要用法进行详细探讨。

一、语气副词

"其"在这一时期基本不再用作语气副词，我们调查了《敦煌变文》、《朱子语类》、《老乞大》、《朴通事》、《新编五代史平话》、《金瓶梅》、《儿女英雄传》、《儒林外史》等，仅在《朱子语类》中发现了"其"(51 次)作语气副词的用法，如：

(1)则天理常存，人欲消去，其庶几矣哉！(《朱子语类》卷十二)

(2)战国秦汉间，孔子言语存者尚多有之。如孟子所引"仁不可为众"，"为此诗者，其知道乎"！(《朱子语类》卷九十三)

(3)圣人所谓无为，却是付之当然之理。如曰："无为而治者，其舜也与！夫何为哉？恭己正南面而已。"(《朱子语类》卷二十三)

(4)帝曰："我其试哉！女于时观厥刑于二女。"(《朱子语类》卷七十八)

但这些语气副词用法多为说话者引用的古书中的语句，如例(2)～(4)中"其"均为古书引语，因多是沿用古语，故不多述。

二、指示代词、人称代词

1. 指示代词

上古汉语中远指代词有"其、彼、夫"等，唐代产生了新的远指代词"那"后，"其"在口语中的使用频率下降，尤其是唐宋以后，"这"、"那"这对指示代词的指示功能逐渐增强，这组对立的指示代词也就逐渐替代了上古汉语的指示代词，"其"也就不再是主要的指示代词了。但"其"在近代汉语书面语中仍在使用，如：

(5)呆汉，你记得与终南山野叟相辩四仙其事么？(元・范康《竹叶舟》)

(6)诸国人民，一切善男善女，不知其数，发大慈心，都往那里听佛法。(《朴通事》)

(7)唐太宗收至骨利干，置坚昆都督府。其地夜易晓，夜亦不甚暗，盖当地绝处，日影所射也。(《朱子语类》卷一)

(8)皆小吏之机，狐疑其事，以致胡陈知其意。(《牧斋初学集》)

2. 人称代词

上文已谈到中古汉语时期"其"已经成为真正的第三人称代词，但南北朝时期第三人称代词"渠"、"伊"，以及初唐时期[①]产生的第三人称形式"他"的产生对"其"真正第三人称代词身份的巩固起到了阻碍作用(这一问题我们将在下文进行探讨)。"其"在这一时期用作主语、宾语等的功能逐渐萎缩，逐渐蜕化到先秦时期的状态，"其"主要用法还是用作定语。

A. 用作主语。

"其"在这一时期用作主语的频度大大降低，卢烈红对《敦煌变文》、《祖堂集》、《古尊宿语要》进行了考察，其中，《祖堂集》中"其"作主语共出现 13 次，其中作附属子句主语 8 次，作独立句主语 5 次。《敦煌变文》、《古尊宿语要》中未见"其"作主语

---

① 参见王力.汉语语法史[M].北京：商务印书馆，1989：72；郭锡良.汉语第三人称代词的起源和发展[M]//语言学论丛(第六辑).北京：商务印书馆，1980；郭锡良.汉语史论集(增补本)[M].北京：商务印书馆，2005.

的用例[①]。《祖堂集》中"其"作主语的用例,如:

(9)及其怀娠之际,梦征捧日之祥,爰以元和五年庚寅正月之辰,在胎十三月诞生。螺髻殊姿,顶珠异相。(《祖堂集·溟州崛山故通晓大师》)

(10)南岳玄泰和尚嗣石霜。师所居兰若在山之东,号七宝台。平生高洁,手下不立门徒。其游礼僧或聚或散,故无常准。(《祖堂集·南岳玄泰和尚》)

(11)师常提杈子,每见僧参,蓦项便杈,云:"哪个魔魅教你出家?哪个魔魅教你受惑?哪个魔魅教你行脚?道得亦杈下死,道不得亦杈下死。速道!速道!"其无对。师便打趁出。(《祖堂集·闭魔岩和尚》)

《入唐求法巡礼行记》中也有"其"用作主语的用例,如:

(12)其唱礼,一师不动独立,行打盘,梵休即亦云"敬礼常住三宝"。(《入唐求法巡礼行记》)

B.用作宾语。

(13)驸马赐其千匹彩色,公主子仍六十斛珠。(《敦煌变文·王昭君变文》)

(14)朱解被其如此说,惊狂转转丧神魂。(《敦煌变文·捉季布传文》)

(15)咒师奏王:"婆舍斯多不会佛法,请王试之。此人云圣,问其异事。若答不得,则非师子继承弟子。"(《祖堂集·祖婆舍斯多尊者》)

(16)盖德章先与契丹战,为其所擒,囚燕京狱中,至是令归。(《三朝北盟会编·茅斋自叙》)

(17)也有坐在地上求化钱的,问其所以,都是黄河沿上的州县,被河水淹了。(《儒林外史》第一回)

例(13)、(15)、(17)中"其"作间接宾语,例(14)、(16)中"其"作介词宾语。

C.用作兼语。

(18)三藏又谶曰:说小何曾小,希字是也。言流又不流,迁字是也。草若除其首,石头无草。三四继门修。传法弟子人数。准其传法人数。应云:"十七继门修"也。(《祖堂集·祖菩提达摩和尚》)

(19)迦叶尊者于此山上以草敷坐,结跏而已,作是念言:"今我此身着佛所与粪扫之衣及持僧伽梨等,经于五十七俱低,六十百千岁,慈氏佛出世,不令其朽坏。"(《祖堂集·大迦叶尊者》)

(20)查该地水草附近,烧造砖灰甚便,新集流民,充当工役者甚多,不便听其任意浮开。(《儒林外史》第四十回)

---

① 卢烈红.古尊宿语要代词助词研究[M].武汉:武汉大学出版社,1998:43.

D.用作定语。

(21)其母闻儿此语,不觉眼中流泪。(《敦煌变文·秋胡变文》)

(22)君不见生生鸟,为酒丧其身。(《敦煌变文·茶酒论》)

(23)阿骨打与其妻大夫人者于炕上设金装交椅二副并坐。(三朝北盟会编·茅斋自叙)

(24)谨按其生平之事实文章,各拟考语,令缮清单,恭呈御览。(《儒林外史》第五十六回)

由于第三人称代词"渠"、"他"等的产生,"其"在口语中已较少使用,我们在表2中对近代汉语几部文献中"其"、"他"的使用频度进行了统计:

表2 "其"、"他"使用频度统计

作品		其	他
《古尊宿语要》	频次	119	198
	频率	37.8%	62.2%
《张协状元》	频次	0	221①
	频率	0%	100%
《董解元西厢记》	频次	25	122
	频率	17%	83%
《老乞大谚解》	频次	0	43
	频率	0%	100%
《朴通事谚解》	频次	0	118
	频率	0%	100%
《新编五代史平话》	频次	314	166
	频率	65.4%	34.6%
《儿女英雄传》	频次	144	6020
	频率	0.05%	99.95%
《儒林外史》	频次	26	2729
	频率	0.01%	99.99%

通过上表,我们可以看出在口语性较强的作品如《老乞大谚解》、《朴通事谚

① 《张协状元》中第三人称代词"他"多写作"它"。

解》、《儿女英雄传》、《儒林外史》中,"其"已基本不用。宋元时期,说话人所用的底本叫做"话本"。"说话"是说给普通老百姓听的,所以用的是比较地道的口语,因此话本的口语程度比禅宗语录、宋儒语录等要高得多,是用比较纯粹的白话写成的(当然,说话有不同的内容,因此口语化的程度也有所不同,比如,讲历史故事的口语化程度就相对差一些)①。《新编五代史平话》是讲史话本,其中以文言居多,因而第三人称代词"其"的使用频率高过了"他"。通过讨论,我们可以推断,第三人称代词"其"在近代时期已经退出口语。

三、定指词及话语标记词

"其"在这一时期还有定指词用法,主要是修饰重出通名,如:

(25)太子遂出至南门,忽见一老人,发白面皱,形容憔悴。遂遣车匿问其老人:"曲脊拄杖,君是何人?"其人答曰:"我是老人。"(《敦煌变文·悉达太子修道因缘》)

(26)师不获已,乃有僧将杖子上。其僧云:"奉师一条杖,其形有九曲。曲则为今时,上下长多少?"师云:"我道不出头。"僧云:"为什摩不出头?"(《祖堂集·石霜和尚》)

(27)北去十里,有大树荫覆五百大龙,其树王名龙树,常为龙众说法,我亦听受耳。(《五灯会元·十三祖迦毗摩罗尊者》)

"其"修饰专有名词用例仍然存在,但这种用法仅存在于《祖堂集》和《敦煌变文》中,其他文献中少见,大概"其"修饰专名的用法到宋代时已经消失。《祖堂集》和《敦煌变文》中"其"修饰专名的用例,如:

(28)先是三品将军,姓陈,字慧明,星夜倍程,至大庾岭头。行者知来趁,遂放衣钵,入林,向磻石上坐。其慧明岭上见其衣钵,向千已手抬之,衣钵不动,便自知力薄,即入山觅行者。(《祖堂集·仰山和尚》)

(29)菀陵僧道存问和尚:"诸方大家说,达摩将四卷《楞伽经》来,未审虚实耶?"仰山云:"虚。"道存问:"云何知虚?"和尚云:"达摩梁时来。若将经来,在什摩朝翻译?复出何传记?其《楞伽经》前后两译,第一译是宋朝求那跋摩三藏,于南海始兴郡译……"(《祖堂集·仰山和尚》)

(30)且看法师解说义段,其魔耶夫人自到王宫,并无太子,因甚于何处求得太子,后又不恋世俗,坚修苦行?(《敦煌变文·悉达太子修道因缘》)

(31)世尊唤命其弥勒,弥勒匆匆从座起。合十指爪设卑仪,向千花座听尊旨。(《敦煌变文·维摩诘讲经文》)

① 蒋绍愚.近代汉语研究概要[M].北京:北京大学出版社,2005:18.

第四节　现代汉语"其"的用法

"其"的时间副词、语气副词用法已然消失，它在现代汉语中主要以两种形式存在：一种是以构词语素的形式存在，如"其实"、"尤其"、"若其"、"更其"、"其一"、"莫名其妙"等等；一种是以指示代词和人称代词的身份存在。本节主要讨论"其"人称代词的用法。与代词"之"不同，《现代汉语词典》(第5版)对代词"其"作了不同的处理：对"之"，《现代汉语词典》标明〈书〉，而对"其"则未标。不知是有意为之还是疏忽所致，若是有意为之，是否是认为这两个词在现代汉语中的地位有所不同。我们认为，这两个词均是从文言系统中继承来的词，其性质和地位应没有大的区别。北京大学中文系1955/1957级语言班《现代汉语虚词例释》(1996)明确标为"文言词"，并指出"现代汉语书面语中还使用"，张斌《现代汉语虚词词典》(2001)、朱景松《现代汉语虚词词典》(2007)也标明是"文言词"，黄智显(1992)认为"古代汉语的代词'其'，在现代汉语里仍在沿用……使用范围已大大缩小了"，现代汉语中的"其"的运用是"文言句式的套用，而有的已经成为固定词组"[①]。

一、"其"在现代汉语中的语义表现

1. 实指

这种用法的"其"多为人称代词，人称代词"其"的实指是说在某些用法中，我们能明确指出"其"所称代的对象，如：

(1)我常去惠顾那家餐厅，知道其背景复杂，那伙人哪一个都是开罪不起的，便谢绝了。(王朔《浮出海面》)

(2)如果陈清扬是破鞋，即陈清扬偷汉，则起码有一个某人为其所偷。(王小波《黄金时代》)

(3)教师和家长要正确评价学生的学习成就，不要一看见一个坏分数就沉不住气，对成绩总上不去的学生要具体分析原因，多加鼓励帮助，增强其克服困难的信心和勇气。(《儿童心理》)

(4)不是串通好的，是真有那么股气，只要把这股气垂直于地面，加力使其大于地球的吸引力，人不就腾空而起了？(王朔《痴人》)

例(1)～(4)中"其"指代的对象分别为"餐厅"、"陈清扬"、"成绩总上不去的学生"、"气"等。

---

① 黄智显.说代词"其"、"他"[J].汉语学习，1992(5).

2. 虚指

这种用法的"其"多是指示代词的虚化用法，指示代词"其"的虚指说的是在某些固定用法或语句中"其"的所指并不明确，如：

(5)多事之秋已经过去，为了庆祝平定李敬业之乱，洛阳宫里的武后再次颁发大赦令并将光宅改元为垂拱，垂拱元年武后向所有朝臣颁发了《垂拱格》，明文规定法令和官吏们各守其职的详尽条款。(苏童《才人武曌》)

(6)皇太后武曌向女帝之位姗姗而来的时代也是酷吏们叱咤风云的时代，后代的文人学者认为那是一池浊水中的并蒂莲花，它们互相汲取营养从而各得其果，是武后成全或者利用了那群酷吏，酷吏们怀恩相报为老妇人一圆帝王之梦披荆斩棘？(同上)

(7)当王勃在我门下险遭诛杀之后，我没有理由再把他留下了，另一方面假如王勃甘愿忍辱留在我府中，那他也不成其为诗人王勃了。(同上)

(8)以上论述要说明的是，关于色情作品对青少年的腐蚀作用，公众从常识的观点得出的结论和专家能做出的结论是不一样的，倘非如此，专家就不成其为专家。(王小波《摆脱童稚状态》)

(9)九十五年来，轮船几易其主，但它始终按时准点到达，到达时的鸣笛就成了丐水镇居民的报时钟。(池莉《你是一条河》)

(10)这个要求，使将军大为高兴，他脱掉外衣，不厌其详地一个关节、一个重点的细说，直到他自己脑门见了汗。(邓友梅《话说陶然亭》)

二、人称代词"其"在现代汉语中的句法功能

现代汉语中"其"主要用作定语，此外还可用作主语、兼语、介词宾语等。

1. 作主语

有人认为现代汉语中把"其"当作主语是一种错误的用法，永昶(2000)提到这样两个例子：

(11)这名男子从1991年就开始在广州火车站谋生，不太可能是旅客给其这么多假币，而他居然没有发现。(《羊城晚报》1999年6月9日)

(12)嫌疑人雷×仔是阳东县大沟镇的农民，其于去年12月18日窜到某计算机室伪造了一个贴上自己照片的"江城区纪委办公室主任雷××"的工作证。(《广州日报》2000年1月10日)

永昶认为这两例中的"其"用得"实在是不伦不类。尤其是第二例，不仅'其'不该

用，而且整个句子太长，念下去让人喘不过气来”[①]。第二例中的“其”作主语，那么“其”在现代汉语中作主语是合法的还是非法的？这是我们要弄清楚的一个问题。在前文我们已经探讨到，“其”可以用作主语，在上古汉语中就存在这种用法（尽管这种用法出现的频率很低），例（11）中“其”作双宾语的间接宾语，这种用法在上古汉语中就已经存在，第一节中就谈到了这种用法。我们在当代一些语法研究者的著作论文中仍能看到“其”用作主语的用例，如：

（13）虚化是人类语言演变过程中普遍存在的一种现象，虚化可以是词义的由实变虚，也可以是语义功能的由实变虚，词义和语义功能的虚化实际上也就是语言演变中的语法化现象，其在语言的演变中具有重要的作用。[徐时仪．谈词组结构功能的虚化[J]．复旦大学学报，1998(5).]

（14）就已发表的论文看，这一按语义（意志类）分类的动词层级系统业已初步建立，其所包容的动词在各层级上的区分和对立也已在语义特征和句法特征上得到全面的细致的描写。[吴为章．动词研究遐想[J]．汉语学习，1995(5).]

（15）其所以如此，主要原因之一，就是北方方言是在乌拉尔阿尔泰诸语的影响下，形成和发展起来的。[张卫东．试论近代南方官话的形成及其地位[J]．深圳大学学报，1998(3).]

2．作定语

这是人称代词“其”的主要功能，这一功能在现代汉语中仍然延续，如：

（16）知识的问题是一个科学问题，来不得半点的虚伪和骄傲，决定地需要的倒是其反面——诚实和谦逊的态度。（《毛泽东选集》）

（17）一切政治路线、军事路线和组织路线之正确或错误，其根源都在于它们是否从马克思列宁主义的辩证唯物论和历史唯物论出发，是否从中国革命的客观实体和中国人民的客观需要出发。（《关于若干历史问题的决议》）

3．作兼语

现代汉语中“其”作兼语的例子，如：

（18）对案件做出判决或最后处理，使其结束。（《现代汉语词典》“结案”条）

（19）通过无线电装置，控制和引导导弹等，使其按一定轨道运行。（《现代汉语词典》“制导”条）

（20）佛教的一派（禅宗）接待初学的人，常常对来学者当头一棒或大喝一声，令其立即回答问题。（《现代汉语词典》“棒喝”条）

---

① 永昶．“该死”的文言词——阅报随笔[J]．语文建设，2000(11).

(21)老师们想要通过家长使其就范,他在这些老师眼里无异于一辆召之即来的消防车。(王朔《我是你爸》)

(22)我低头检查了一下自己的身体,发现阮琳的手搭在我肩上,我倾肩让其滑掉。(王朔《痴人》)

现代汉语中"其"用作兼语的场合明显比近代汉语更为狭窄,仅限于"使"、"令"、"让"等使令义动词。

4. 作宾语

(23)一种电焊方法。利用强大的电流通过金属件的连接处时产生的热,将其迅速加热到塑性状态,并加压力使金属连接的电焊方法。主要有点焊、对焊和滚焊(缝焊)三种。也叫电阻焊。(《现代汉语词典》"接触焊"条)

(24)殖民地半殖民地和附属国中依附帝国主义并直接为其谋利的资本。(《现代汉语词典》"买办资本"条)

现代汉语中"其"作宾语时,只能用作介词宾语,用作动词宾语的情况几乎不见。

三、人称代词"其"和"他"在现代汉语中的区别

吕叔湘在谈第三身指称词时说:"严格说,文言没有第三身指称词,'之'、'其''彼'字都是从指示代词转变过来的。这本是很合理的,可是这三个字没有一个是发育完全的,合起来仍然抵不了白话里一个'他'字,虽然另有胜过'他'字的地方。"[①]王力把"其"看做"古汉语残留"的代词,"至于'其'字,它在口语里总算是死去了,但是现代白话里有时候还用得着它。它虽然是第三人称的代词,但是它和现代的'他'字的用途,大不相同"[②]。从二者在现代汉语中的运用来看,它们的区别主要体现在以下两个方面:

1. 句法功能的差异

前面我们已经谈到"其"在现代汉语中不仅能作主语、定语,还可作宾语、兼语等。现代汉语中"他"也可充当这四种句法功能,如:

(25)我们笃爱一生,他不会在我最需要他的时候走开的。谢谢您了,医生!我们会衷心表达这种感情,无论在道义上还是在物质上。这是您为我做得最后也是最好的治疗。(毕淑敏《预约死亡》)

(26)医生突然想丢掉他的小弹弓。让我们再试一试好吗?一切都重新开始。

---

① 吕叔湘.中国文法要略[M].上海:商务印书馆,1956:155.

② 王力.中国语法理论[M].上海:商务印书馆,1951:202.

他满怀希望地说。(同上)

(27)我说:"你快跟他交流。人家正看着你。"(同上)

(28)"大夫,让他早点去了得了。他也省得受罪了。为他好,也为大伙好。大热的天,您看苍蝇可劲地往这院里飞,红头绿头的直打架。跟您商量商量,让他安乐了得了。"儿子边给院长递冰激凌边说。(同上)

例(25)~(28)中人称代词"他"分别作主语、定语、宾语、兼语等。然而,正如吕叔湘所言,现代汉语中"其"远不如"他"自由,"他"可自由充当主语,而"其"尽管有时可作主语,但其使用范围不如"他"广泛,这也是很多人认为现代汉语中将"其"用作主语是一种语法错误的原因。第二,"其"作宾语时只能作介词宾语,而"他"则没有这种限制,不仅可用作介词宾语,如例(27),还可用作动词宾语,如:

(29)我心里很反感。吃不吃饭是你自己的事,还跟我讲什么条件。可一想到回去还得汇报今天的战果,只好顺着他。就问,什么条件?(毕淑敏《预约死亡》)

二者在作定语时也有差异,"其"作定语时,"其"和"其"修饰的中心语之间不能插入结构助词,而"他"作定语时,既可以不用结构助词"的",也可用结构助词"的",如:

(30)那是一个初春的下午,乍暖还寒最难将息的时候。一个瘦瘦的男子走进来。他华贵的变色镜由于屋内昏暗的光线逐渐变得清澈透明,更显出脸色的苍白。(毕淑敏《预约死亡》)

(31)"可是,到底还要多长时间?"小伙子问。好像空气中有一条鞭子抽了他的脸,脸稀薄的红了。(同上)

2. 语体功能的差异

"其"和"他"在现代汉语中的所适用的语体大不相同,"其"作为一个古汉语遗留下来的代词,"其"主要应用在书面语中,而"他"的运用则显得更加灵活,不仅适用于口语,并且在书面语中也有一定数量的使用。我们对相声和法律、法规中的"其"和"他"的使用进行了数量统计,之所以选择相声或法律法规作为我们统计的对象,是因为二者在语体上具有很大的差异。

通过统计,我们发现"其"和"他"在相声和法律法规中的出现频率悬殊。我们首先对相声这一艺术中的"其"、"他"进行了统计,统计的相声主要有单口相声《三近视》、《白蛇传》、《暴发户》、《兵发云南》、《草船借箭》、《测字》等等,总字数有 26 万 5 千余,除去几处引用古文语句含有的人称代词"其",人称代词"其"出现 0 次,而人称代词"他"出现 1879 次。法律法规的统计主要依据的是北大语料库中相关法律法规,包含 1982 年公布施行的中华人民共和国宪法、1992 年通过的中华人民共和国海商法、1997 年修订的中华人民共和国刑法、1986 年通过的中华人民共和国民法通则、1995 年通过的中华人民共和国担保法、1990 年通过的中华人民共和国著作权法、1993 年修订的中华人民共和国商标法及实施细则、1984 年通过并公布的中华人民共和国专利法及其实施细则、1980 年通过的中华人民共和国婚姻法、1985 年通过并施行的中华人民共和国继承法、1988 年通过的中华人民共和国全民所有制工业企业法等，总字数约 51 万 2 千字，"其"作为人称代词共出现 721 次，人称代词"他"共出现 118 次。

相声是民间口头艺术，其语言虽是文学语言的一种，但却最接近群众口语，最通俗易懂，因而相声所选词语绝大多数都是口语词，唯有如此才能达到"妇孺皆知、雅俗共赏"的目的。而法律、法规语言风格庄重平稳，不具有明显的感情色彩。从上面的统计数据中我们即可得知二者在语体上的差异。

第二章

“其”副词用法的嬗变及其语法化

本章主要对“其”的副词用法进行探讨，从语法化的角度对“其”由时间副词衍生出语气副词用法进行阐释，并对语气副词“其”的基本语气及由此衍生的扩展语气进行考察。在此基础上，对“其”与其他语气副词连用的情况进行了描写，并对“其”与其他语气副词连用现象的消失进行阐释。

第一节　“其”由时间副词向语气副词的演进及动因

“其”在甲骨文中既有表时间未然的用法，又有表推断语气的用法，关于它们哪个用法的产生在前，哪个用法产生在后，有不同的观点，有人认为时间是源语气是流，也有人认为语气是源而时间是流。语法化具有单向性的特征，所谓“单向性”指的是语法化的演变过程是以“词汇成分＞语法成分”或“较少语法化＞较多语法化”这种特定的方向进行的[①]。E. C. Traugott(1982)曾将Halliday区分的三种语法功能更排成一个语法化程度由低到高的等级：概念功能＞语篇功能＞人际功能[②]。语气副词的概念功能几乎丧失殆尽，主要体现为人际功能，有的语气副词还具备语篇功能，从表达的意义来看，语气副词主要体现说话人对某一事件的立场、态度、情感，与真值世界不发生关联，这些都表明其语法化程度较高。在所有的副词中，语气副词的语法化程度最高，因而“其”只能从时间副词语法化为语气副词，而非相反。另外，从词义发展一般是由具体到抽象的一般规律来看，时间是源语气是流的观点更能反映语言发展事实。

---

① 吴福祥.关于语法化的单向性问题[J].当代语言学，2003(4).

② 沈家煊.“语法化”研究综观[J].外语教学与研究，1994(4).

一、“其”语法化的语言环境

第一章第一节我们论述了“其”字句作宾语、主语以及时间背景分句时，“其”均是时间副词。但当“其”字句不作这些成分，而是用来作主句的时候，则具备了语法化的语言环境，如：

(1)贞：王其疾目？(合集456)

(2)翌癸卯帝不令风？夕雾。贞：翌癸卯帝令其风？(合集672)

(3)贞：其雨？(合集3217)

(4)贞：邛方其出？(合集6106)

(5)翌丁卯王步，不其易日？(合集11274)(“易日”是好天气，“不其易日”就是天气不好了)

(6)辛未卜：翌壬帝其雨？(合集14153)

(7)乙巳卜：今日方其至？不。(合集20410)

(8)庚戌卜：今日狩，不其擒抑？(合集20757)

(9)戊申卜：其阴抑？翌启，不见云。(合集20988)

例(1)～(9)均为客体变化句，这种“非现实”事件一般是占卜者不能自主的行为，这时含有“其”的那个句子倾向于表示说话人对将来可能性的估计或判断。如例(1)“王其疾目”卜问的是“王是否会患上眼疾”，这是王或者占卜者不能控制的事件，其中的“其”在时态上表示了将来时态，同时还暗含了卜问者对这一未来事件的估计与判断。再如例(2)中“其风”，描写是自然现象，任何人都不能有意识地控制“刮风”这一自然现象，这是典型的非自主事件。“其风”在时态上表示的是将来时态，同时还包含了说话人对未来的估计或推断。例(3)、(6)中的“其雨”，例(5)中的“其易日”，例(9)中的“其阴”描写的均是自然现象，“其”在这均具有双重功能，一方面表示将来时态，另一方面暗含着卜问者对此的估计或推断。例(4)“邛方其出”中的“出”虽是自主动词，但其主语并不是占卜者一方所能控制的对象，因而我们将其列为客体变化句一类，这种类型卜辞中的“其”如上所述，同样具备双重功能。若长期处于这样的语言环境中，“其”很容易进一步虚化，进一步虚化的结果就是“其”所包含的时间因素丧失，而其主观性因素增强。

当“其”用于客体变化句或用在主体变化句而其主语为不可知的地方时，它的主观化程度就会加深，它表示的是说话人对说话内容的肯定与判断，由于句子所叙述的事件是未然的，当下并没有实现，说话人的主观能动性大大增强。因卜辞命辞多是对未然事件的卜问，因而我们所举例(1)～(9)中的“其”不仅可解释为表推断的语气副词，还可解释为表未然的时间副词，这是语法化渐变性的体现。渐变性指的是一个词由 A 功能语法化为 B 功能并不是一蹴而就的，而是逐渐实现的，呈现"A→A/B→B"态势，中间的 A/B 状态是说该词处在语法化的中间状态时可作两可解释，既可以解释为 A 用法，又可以解释为 B 用法。先秦文献中仍存在这种用法，如：

(10)自今以往，兵其少弥矣。(《左传·襄公二十五年》)

但当"其"与时间副词"将"连用时，由于"将"含有[时间]语义特征，"其"所包含[时间]语义特征则会因语言的经济原则和省力原则等因素的制约而被语言使用者忽视，从而使其[判断]语义特征凸显，"其"在这样的语言环境中就是单纯的表肯定判断语气的语气副词了，如：

(11)公孙挥曰："子产其将知政矣，让不失礼。"(《左传·襄公二十六年》)

(12)张趯使谓大叔曰："自子之归也，小人粪除先人之敝庐，曰：'子其将来。'今子皮实来，小人失望。"(《左传·昭公三年》)

(13)单子会韩宣子于戚，视下言徐。叔向曰："单子其将死乎！朝有着定，会有表……不道，不共；不昭，不从。无守气矣。"(《左传·昭公十一年》)

(14)公至自晋，子服昭伯语季平子曰："晋之公室其将遂卑矣。君幼弱，六卿强而奢傲，将因是以习，习实为常，能无卑乎！"平子曰："尔幼，恶识国？"(《左传·昭公十六年》)

(15)"有鸲鹆来巢"，书所无也。师己曰："异哉！吾闻文、成之世，童谣有之曰：'鸲之鹆之，公出辱之……'童谣有是。今鸲鹆来巢，其将及乎！"(《左传·昭公二十五年》)

(16)阳虎说甲如公宫，取宝玉、大弓以出，舍于五父之衢，寝而为食。其徒曰："追其将至。"(《左传·定公八年》)

例(11)～(16)中"其"与表将来时的时间副词"将"连用，"其"是纯粹的表推断语气的语气副词。这几例中"其"所在的语句均是说话者在对当前状况有比较全面的了解的情况下而作出的判断，是有据可依的，因而"其"是一个可能性等级比较高的语气副词。如例(11)是郑伯奖赏进攻陈国的功臣子展和子产时说的话，郑伯奖赏子产次路、再命的礼服，以及六个城邑，但子产因赏赐不合礼制而婉拒了厚赏。公子挥据此说："子产肯定要执政了，谦让且不失礼仪。"例(12)讲的是昭公三年，郑国游吉因少姜的葬礼而来到晋国，和张趯有一番交谈，谈话中游吉说曾说："少齐有宠而死，齐必继室，今兹吾又将来贺，不唯此行也。"七月，晋平公从齐国新娶夫人，郑国过来朝贺的竟然是罕虎(字子皮)，张趯失望，因而派人对游吉说了这样一番话。因之前游吉曾对张趯说"不唯此行也"，由此张趯才说"子其将来"，我们甚至可以将此例中的"其"理解为表肯定的语气副词，即"肯定、一定"。例(13)～(16)中的"其"所在的句子亦是说话者在有一定事实依据的基础上而作的论断，因而"其"所表的推断是一种肯定性的推断。"语言成分在语符序列中的位置与语言成分的主观程度也有密切的关系。通常主观性强的成分处于主语的外围,主观性弱的成分处于句子的内层"[①]。"其"由修饰纯谓词性结构发展到修饰状中结构的谓词性成分,"其"的辖域的扩大,正是"其"的主观性不断加深的表现。

当"其"用于推测当前、过去的情况及无时间参照的事理时,"其"也不能解释为表未然的时间副词,只能释为表肯定判断的语气副词。这种"其"可以用于陈述句,也可以用于疑问句,如:

(17)于是卫大旱,卜有事于山川,不吉。宁庄子曰:"昔周饥,克殷而年丰。今邢方无道,诸侯无伯,天其或者欲使卫讨邢乎?"(《左传·僖公十九年》)

(18)君子曰:"《诗》云:'惟彼二国,其政卜获。惟此四国,爰究爰度。'其秦穆之谓矣。"(《左传·文公四年》)

(19)君子曰:"礼,其人之急也乎! 伯石之汰也,一为礼于晋,犹荷其禄,况以礼终始乎?《诗》曰:'人而无礼,胡不遄死。'其是之谓乎!"(《左传·昭公三年》)

二、"其"从时间副词到表肯定推断语气副词的语法化原因

语法化具有单向性特征,语法化的单向性指的是语法化进行的方向总是由实变虚,由虚变得更虚。语法化的过程中必然伴随着主观化,E. C. Traugott(1995)提出语义的虚化是一种主观化,在虚化的过程中"意义变得越来越依赖于说话人对命题内容的主观信念和态度",换言之,即某语义或功能在上下文影响下由命题功能(propositional)逐渐变成语言表现功能(expressive),减弱了客观意义,增强了主观意义[②]。语言具有主观性,"主观性"是指"在话语中多多少少总是含有说话人'自我'的表现成分。也就是说,说话人在说出一段话的同时表明自己对这段话的立场、态度和感情,从而在话语中留下自我的印记"。"主观化"是指"语言为表现这种主观性而采用相应的结构形式或经历相应的演变过程"[③]。"其"由时间副词向语气副词的语法化过程也是其主观化的过程。时间副词"其"是一个表示客观将来意义的词语,甲骨卜辞中,因其常用在卜问将来事件中,将来事件具有"非现实性",尤其是当"其"用在占辞中时,"其"的推断意味就更加凸显了,如:

(20)王固曰:丙戌其雨,不吉。(合集559反)

(21)王固曰:今夕其雨。(合集3297反)

(22)甲辰卜,壳贞:奚来白马五? 王固曰:吉,其来。(合集9177正)(奚会送来

① 史金生.语气副词的范围、类别和共现顺序[J].中国语文,2003(1):27.

② Elizabeth Closs Traugott. *Subjectification in Grammaticalization*[M]. Stein & Wright, 1995.

③ 沈家煊.语言的"主观性"和"主观化"[J].外语教学与研究,2001(4):268.

五匹白马吗？大王占测说：吉利，肯定会送来。）

(23)丁王亦固曰：其亦雨。之夕允雨。（合集12948反）（丁日大王也占测说：肯定也会下雨，那天晚上果真下了雨。）

(24)王固曰：其自东来。（合集914反）（肯定会从东面来。）

Heine(1991)把语法化堪称若干认知域的转移过程，并将各认知域拍成了一个由具体到抽象的等级：

人＞物＞事＞空间＞时间＞性质[①]

"其"用作时间副词时，用来限定动作发生的时间，与语气副词相比较来说，主观性较弱。当"其"用作语气副词，表达说话人对命题的主观性感和态度，主观性较强，在认知域中属于性质域。"其"在由时间副词向语气副词发展的过程中，客观性减弱，主观性增强。

第二节　语气副词"其"基本语气及扩展语气

第一节我们对"其"由时间副词向语气副词的语法化过程进行了探讨。本节主要对语气副词"其"的基本语气及其扩展语气进行探究。

一、语气副词"其"的基本语气

1. 语气副词"其"的基本语气

"其"在陈述句或是非问句中表达的主要是对某一命题的真值形式的判断，属于认识情态，如：

(1)修己以安百姓，尧舜其犹病诸。（《论语·宪问》）

(2)天方授楚，楚之赢，其诱我也。（《左传·宣公十五年》）

(3)"善不可失，恶不可长"，其陈桓公之谓乎？（《左传·隐公六年》）

例(1)、(2)、(3)中"其"分别是对命题"尧舜犹病"、"诱我"、"陈桓公之谓"真值情况的判断。

因为是认识情态，这就涉及一个情态梯度问题。韩礼德对情态类型进行划分时，给每种情态都赋予了高、中、低三种量值，比如英语中涉及情态的"概率"的三个词 possible、probable、certain 的量值分别时低值、中值和高值，量值越大，其可能性

① Heine, B. U. Claudi & F. Hunnemeyer. *Grammaticalizaton: A Conceptual Framework*[M]. Chicago: The University of Chicago Press, 1991.

越大[①]。张国宪(1996)认为现代汉语的绝大多数非定量形容词都有两种计量方式：一种是用表客观量的程度此来进行量的理智判断；而另一种是用表主观量的程度词进行量的主观描绘。表主观量的程度词都可以分为微量、中量、高量、极量四个量级。他还补充说，对形容词的量级进行分析并不意味着量的表述是离散性的，这只是为了描写的方便与清楚而采取的一种不得已的作法，从根本上说，从微量到极量是一个渐变的、非离散性的连续序列[②]。语气副词这一词类是一个渐变的、非离散性的连续统。齐春红从主观量的角度对语气副词进行了划分，分为四类：主观感量、主观估量、相对主观大量、主观大量。徐晶凝将认识情态分为"真—必然—很可能—可能—假"等五个梯度[③]。

"其"在这样的语言环境中到底是不太肯定的揣测还是肯定的推断主要有以下几种看法：谷峰根据表揣测的语气副词能否进入相反并举的句子中这一标准，认为在先秦汉语中，"其"是可能性等级(相当于我们所说的"信值")最低的语气副词[④]。而葛佳才认为，语气副词"其"本是疑而有定之词，它以表示推测、拟议语气进入疑问句中，只是一个三分信而一分疑的低疑问词，传疑提问的功能并不明显[⑤]。杨伯峻、何乐士则对"其"认为有的语句中是可能性比较低的语气副词，有的语句中"其"表达的可能性很高。

我们认为语气副词"其"是一个梯度较高的语气副词，可称为是一个肯定性、必然性的语气副词。原因主要有以下几点：

第一，"其"本为时间副词。前文中我们已经谈到，"其"字句作宾语时，"其"为时间副词。一条卜辞可以卜问几件事这一问题，尽管诸家都未言明，但胡厚宣在《卜辞同文例》中提到"一事多卜"之例，其他诸家也这样认为。如此看来，一般卜辞只问一事，由此，我们可以知道卜辞中的命辞一般只有一个疑问点[⑥]，如：

(4)甲戌卜，宾贞：翌乙亥并告王其出于☒？(合集4388)

(5)己未卜，贞：翌庚申告亚其入于丁一牛？(合集5684)

(6)丙午卜：告于祖乙三牛其往夒？(屯南783)

例(4)～(6)中的疑问点当为"告"，而非卜辞中的"其"字句，因而"其"不是表揣测语气的副词，而是表未然的时间副词。"告"是告祭，是向鬼神报告请示的一种祭祀。例(4)贞问的是"要不要把将从☒地出发这件事告诉王"，例(5)贞问的是"要不要把

① 胡壮麟，朱永生，张德禄. 系统功能语法概论[M]. 长沙：湖南教育出版社，1989.

② 张国宪. 形容词的计量[J]. 世界汉语教学，1996(4).

③ 徐晶凝. 现代汉语话语情态研究[M]. 北京：昆仑出版社，2008：83－84.

④ 谷峰(2010)认为先秦表揣测语气的副词的可能性等级为：其、将<意、意者<且、或者<其诸、得无<无乃、庶、庶几<殆。(参看谷峰. 先秦汉语语气副词研究[D]. 天津：南开大学，2010.)

⑤ 葛佳才. 东汉副词系统研究[M]. 长沙：岳麓书社，2005：240－241.

⑥ 现代汉语中，有的问句可以有几个疑问点，如"刚才的电话是谁打给谁的？"即有两个疑问点。

'亚将要人'这件事用一头牛通过告祭的方式告诉给神灵呢",例(6)贞问的是"用三头牛把将要去夔地这件事告诉祖乙吗"。这几例中的"其"表时间上的未然,表示某种情况或行为动作即将发生。例(4)~(6)"其"字句中的动词均为主体行为动词,也就是施事者可以控制的动作,占卜之时,卜问者必然明白"其"字句中的动作是肯定会发生或肯定不会发生的。因而我们认为由其语法化而来的语气副词肯定是信值大于疑值。

第二,谷峰根据"其"能够进入条件小句中正反对举的语境中,从而得出了"其"是信值较低的语气副词。这种方法对研究"其"的可能性等级有重要参考价值,但得出的结论未必说明的就是作为语气副词的"其"的基本用法。谷峰所举之例为《诗经》中的例子,概不能用来说明在甲骨文时期"其"就衍生出来的语气副词用法。

语气副词"其"表达认识情态时,是一个梯度较高的语气副词,表达的是肯定、判断之语气。下面我们就结合一些具体实例来进一步证明我们的观点,如:

(7)子其不得死乎!好善而不能择人。(《左传·襄公二十年》)

(8)是岁,晋又饥,秦伯又饩之粟,曰:"吾怨其君而矜其民。且吾闻唐叔之封也,箕子曰:'其后必大。'晋其庸可冀乎!……"(《左传·僖公十五年》)

(9)少长有礼,其可用也。(《左传·僖公二十八年》)

(10)王叔之宰曰:"筚门闺窦之人,而皆陵其上,其难为上矣。"(《左传·襄公十年》)

例(7)~(10)中不仅含有语气副词"其",还含有语气词"乎"、"也"等,杨伯峻、何乐士认为例(7)~(10)中的"其"是表推度语气的副词,"表示对事态、情况的大约推度",又进一步说例(7)、(8)中"其"表对情况的推测,例(9)、(10)中"其"表肯定语气。我们认为杨伯峻、何乐士之所以认为例(7)、(8)中"其"与例(9)、(10)中的"其"不同,是因为他们将句子所表的语气强加给了"其"。来看例(7)、(8),这两例中含有语气词"乎","乎"是表疑问语气的语气词,有时可表达弱传疑语气,如:

(11)日食饮得无衰乎?(《战国策·赵策四》)

(12)出三日而五灾至,无乃不可乎?(《荀子·儒效》)

这种语言环境中的"乎"大致相当于现代汉语中的"吧"。而例(11)、(12)"其"中的"其"则是表肯定、确认推断类语气副词,如例(11)直译即是"您肯定不得善终吧?喜好善良而不能选择善人"。本来"子其不得死"是一个表肯定推断的陈述句,加上一个表弱传疑语气词"乎",就会使陈述句变成介乎陈述和疑问之间的推测性陈述。这就是大多数人认为"其"义为"大概、恐怕"等不太肯定的揣测语气之缘由吧。很多人还认为这种语境中的"其"往往还带有委婉的语气,我们认为这种委婉语气是由疑问语气词"乎"带来的。首先,说话人一方面对"子不得死"作出肯定性推断,另一方面又在这一推断后面加上疑问语气词"乎",这样就最终的判断权交给听话人,也就是说,说话人并不要求听话人接受自己的推断,而是将自己的断定交给听话人，由听话人来确认。这一话语策略体现了说话人对听话人的尊重，同时也使自己的推断带上了委婉之语气。因为用上了相当于现代汉语“吧”的语气词“乎”，说话人将自己的断定交与听话人，让听话人来确认，这样的句子往往处在陈述句和疑问句之间，因而有的人给这些句子赋以感叹号，有的人给这些句子赋以问号。再看下面两个例子：

(13)晋侯复假道于虞以伐虢。宫之奇谏曰：“虢，虞之表也；虢亡，虞必从之。晋不可启，寇不可玩。一之谓甚，其可再乎？谚所谓‘辅车相依，唇亡齿寒’者，其虞、虢之谓也。”(《左传·僖公五年》)

(14)郑子华之弟子臧出奔宋，好聚鹬冠。郑伯闻而恶之，使盗诱之。八月，盗杀之于陈、宋之间。君子曰：“服之不衷，身之灾也。《诗》曰：‘彼己之子，不称其服。’子臧之服，不称也夫！《诗》曰：‘自诒伊戚’，其子臧之谓矣。夏书曰：‘地平天成’，称也。”(《左传·僖公二十四年》)

例(13)、(14)分别含有语气词“也”、“矣”，这两句中的“其”是表肯定推断的，“也”用于陈述句中表前面谓语所陈述事件的肯定，具体到例(13)，“也”是对“其虞、虢之谓”这一推断的肯定，而“其”是对“虞、虢之谓”这一命题的推断。语气词“矣”的基本作用是把事件现阶段的情况作为新情况报导出来，例(14)是王叔的宰相把“其子臧之谓”这种现状作为新情况提示出来，而“其”是根据“子臧之谓”这一命题所作的肯定性判断。

同在一书中，杨伯峻、何乐士认为以下两例中的“其”是表判断副词，如：

(15)若赵孟死，为政者其韩子乎！(《左传·襄公三十一年》)

(16)栾针见子重之旌，请曰：“楚人谓夫旌，子重之麾也，彼其子重也……”(《左传·成公十六年》)

还说例(15)中“其”表“大概是”之义，例(16)中“其”表“一定是”之义[①]。同例(7)、(8)一样，例(15)中的不肯定是由语气词“乎”来体现的，而不是“其”，“其”仍然是表肯定推断的语气副词。肯定和判断是相通的，表肯定往往也是对事物或情状的一种判断，判断同时也是对事物或情状的肯定。

另外，从语气副词“其”首先用于是非问句中，进而又扩展到祈使句中，这一点也能够说明“其”基本语气是表肯定推断，而非不定揣测。若“其”表不定揣测，那么“其”不可能用于祈使句中。比如我们现代汉语中的语气副词“大概”，它主要表不定揣测，可用于陈述句，如“他大概走了”，还可用于是非问句中，如“小李大概回来了吧?”，但它不能用于祈使句中，我们不能说“你大概去学习”，而表肯定推断的语

① 杨伯峻，何乐士.古汉语语法及其发展[M].北京：语文出版社，2001：345、352.所引语句中的横线是笔者所加，目的是突出杨伯峻、何乐士对“其”的看法。

气副词则可以，如现代汉语中的"一定"，用于陈述句，如"他一定走了"，用于是非问句，如"小李一定回来了吧？"，还可用于祈使句，如"你一定去学习"。由现代汉语中语气副词情况我们来反观古汉语中的语气副词"其"，就可得出"其"作为语气副词，最初当时表肯定推断的，而非不定揣测。

2.《诗经》"其雨其雨"阐释

《诗经·卫风·伯兮》有"其雨其雨，杲杲出日。愿言思伯，甘心首疾"。《十三经注疏》："笺云：'人言其雨其雨而杲杲然日复出，犹我言伯且来伯且来则复不来'。"朱熹《诗集传》"伯兮"第三章下："比也。其者，冀其将雨，而杲然日出，以此望期君子之归而不归也。是以不堪忧思之苦而宁甘心于首疾也。"高亨《诗经今注》："此二句言她盼望丈夫回来象旱时盼望雨泽一般，可是天气老是晴，丈夫老是不归。"《辞源》0316页：[其雨]盼望下雨。俞敏认为两例中的"其"都表希望①。

前文中我们已经对甲骨卜辞中的"其"字进行了探讨，认为"其"字是表肯定揣测语气的副词。"其雨"在《诗经》中两见，《诗经·墉风·蝃蝀》："崇朝其雨"，《诗经·卫风·伯兮》："其雨其雨"，胡光炜说这是殷人遗语，此说可信。"其雨"既是殷人遗语，我们自当以殷商时期甲骨卜辞中的"其雨"之"其"来训释《诗经》中"其雨"之"其"。从语义上对《诗经》"其雨"二例进行探讨，也可发现，将"其"训为表强调、肯定语气的语气副词比将"其"训为"将"更为恰切。如《卫风·伯兮》中"其雨其雨，杲杲出日。愿言思伯，甘心首疾"。若按第一种解释，"其雨其雨，杲杲出日"则义为"肯定会下雨哟，肯定会下雨哟，结果却出了大太阳"，前句对"下雨"的肯定与强调与后句的"出太阳"形成了强烈的反差，这是《诗经》中常用的比兴手法，从侧面衬托了《伯兮》所写女子的期望与现实的极其不协调。若将"其"训为时间副词"将"，则诗歌所表达的强大反差的意味则减弱了不少。再来看《墉风·蝃蝀》例"朝隮于西，崇朝其雨。女子有行，远兄弟父母"，蝃蝀，彩虹。隮，升也。"朝隮于西"言早晨在西边出现彩虹，"崇朝其雨"即言"早晨一过，肯定会下雨"，这正与谚语所言"东虹日头西虹雨"相契合。将"其"训为时间副词"将"，则这种肯定的意味会将减弱很多。

《诗经》中"其雨"例是殷人遗语，"其"的用法当雨与甲骨卜辞中的"其"有一脉相承的关系，因此，"其"宜训为表肯定推断的语气副词。

二、语气副词"其"的扩展语气之一：强调、加强语气

1."其"在意愿陈述句和祈使句、反问句中所表语气为强调、加强语气，并带有一定的委婉语气

以往的研究认为"其"在祈使句中可表"希望"、"请求"、"命令"、"劝告"之

① 俞敏.经传释词札记[M].长沙：湖南教育出版社，1987：83、85.

语气[1],如:

(17)呜呼!孺子王矣!继自今,我其立政。立事、准人、牧夫,我其克灼知厥若,丕乃俾乱,相我受民,和我庶狱庶慎。(《尚书·立政》)

(18)其汝克敬以予,监于殷丧大否,肆念我天威。(《尚书·君奭》)

(19)难不已,将自毙,君其待之。(《左传·闵公元年》)

(20)吾子其无废先君之功!(《左传·隐公元年》)

(21)虽国小,犹不危之也,君其勿忧。(《韩非子·外储说左上》)

(22)君其勿复言!将令斯得罪。(《史记·李斯列传》)

(23)世言晋王之将终也,以三矢赐庄宗而告知曰:"……与尔三矢,尔其勿忘乃父之志!"(《新五代史·伶官传序》)

以往研究认为以上诸例中"其"或表希望之语气,或表请求之语气,或表劝告之语气,或表意志之语气,我们认为以上诸例中,"其"均是表委婉强调、肯定语气,所谓的希望、请求、劝告等语气均是句式赋予的,而非"其"的功能。来看例(17),周成王时,新建立的周政权政治体系不是很完善,因此周公作《立政》篇,以教导成王用人之原则。"我其克灼知厥若,丕乃俾乱"是说"我们一定要了解他们的长处,才可使他们治理政事","我其克灼知厥若"是意愿陈述句,表达的就是说话人的意愿了,或者是将来要执行某一行为,从某种意义上来说,我们可以说这也是对自己未来行为的肯定性断言或承诺,去掉"其"字,同样能够表达希望之义,加上"其"字,对"我"未来行为的断言多了一分肯定、强调,前文我们已经谈到"其"是一个所表梯度较高的语气副词,那么"其"用在意愿陈述句中表达的是对自己未来行为执行的可能性的肯定与强调,表明说话人对听话人的希望的梯度是最高的。例(18)亦是如此,"其"表达的并不是希望之语气,同样表达的是强调、肯定之语气。试比较下面两个例子:

(24)a."予不允惟若兹诰,予惟曰:'襄我二人。汝有合哉?'言曰:'在时二人。'天休滋至,惟时二人弗戡。其汝克敬德,明我俊民,在让后人于丕时……"(《尚书·君奭》)

b.若网在纲,有条而不紊。若农服田力穑,乃亦有秋。汝克黜乃心,施实德于民,至于婚友,丕乃敢大言,汝有积德!乃不畏戎毒于远迩,惰农自安,不昏作劳,不服田亩,越其罔有黍稷。(《尚书·盘庚上》)

a句中含有语气副词"其",而b句中不含有语气副词"其",但无论是否含有语气副

[1] 如《古书虚字集释》、《古代汉语虚词词典》(社会科学院古代汉语研究室编,北京:商务印书馆,1999:408页)、《古汉语虚词词典》(白玉林、迟铎,北京:中华书局,2004:234页)、《古代汉语虚词手册》(修订版)(韩峥嵘编著,长春:吉林教育出版社,2005年)等。

词"其",同样表达的都是说话人希望听话人能够去执行某一行为。a 句表达的是说话人希望听话人能尊敬贤德,显扬国家有才能的贤人;b 句表达的是说话人希望听话人能去除自己的私心,把真实的德政给予民众,并泽及亲戚朋友。a 句用上语气副词"其",表明说话人在多大程度上希望听话人能够执行某一行为,"其"的存在使后面的内容更加凸显,当然,这种凸显和强调的态度并不是很强硬的,其中还暗含了一种委婉的语气在内。再看下面两个例子:

(25)a. 先友曰:"衣身之偏,握兵之要,在此行也。子其勉之,偏躬无慝,兵要远灾,亲以无灾,又何患焉?"(《左传·闵公二年》)

b. 棠君尚谓其弟员曰:"尔适吴,我将归死。吾知不逮,我能死,尔能报。闻免父之命,不可以莫之奔也。亲戚为戮,不可莫之报也。奔死免父,孝也。度功而行,仁也。择任而往,知也。知死不辟,勇也。父不可弃,名不可废,尔其勉之,相从为愈。"(《左传·昭公二十年》)

c. 张侯曰:"师之耳目,在吾旗鼓,进退从之。此车一人殿之,可以集事。若之何其以病败君之大事也?擐甲执兵,固即死也,病未及死,吾子勉之!"(《左传·成公二年》)

例(25)a、b、c 中"子其勉之"、"尔其勉之"、"吾子勉之"均是表劝勉祈使句,区别在于 c 句中没有语气副词"其"。那么我们可以知道,表劝勉义并不是由"其"来表达的,而是由祈使句赋予的,"其"的加入使谓语更加突出,并且还给祈使句增添了委婉色彩,b 句中用"尔"称呼对方,"尔、汝"是古代尊者对卑幼的称呼,平辈用"尔、汝"往往含有轻视之意,《孟子·尽心下》中即说"人能充无受尔汝之实,无所往而不为义也",b 句是伍尚对他弟弟伍员所说的话,二者是平辈关系,本不该用"汝"来称呼伍员,为了降低这种轻视之义,说话人在话语中用了能表委婉语气的"其",同时也表达了伍尚希望伍员一定要奋斗的强烈感情;"子"是对人的一般的尊称,a 句中用了"子",又加上"其",除了表达了强调,还在一定程度上使句子的语气变得更加委婉;c 句中用"吾子","吾子"是对人的尊称,已表达了委婉之语气,可能说话人觉得没有必要对谓语进行强调,因而就没有再用语气副词"其"。

我们认为在意愿陈述句中,"其"还保留一定的肯定之语气,而在祈使句中,"其"表达的是强调,它可以可希望、请求、命令、劝勉、告诫等多种语气迭加,从而增加句子的希望、请求、命令、劝勉之语气,当然含有语气副词"其"的句子往往还带有一种委婉色彩。再如:

(26)公曰:"不可。微夫人之力不及此。因人之力而敝之,不仁;失其所与,不知;以乱易整,不武。吾其还也。"亦去之。(《左传·僖公三十年》)

一般认为例(26)中"吾其还也"中"其"表商量语气,但去掉"其","吾还也"表达的仍是商量语气,"其"的作用是表强调,同时让这种商量语气变得委婉。同样,祈使句中"其"表达的仍是强调语气，如：

(27)若火之燎于原，不可向迩，其犹可扑灭？(《尚书·盘庚上》)

(28)国无主，其可久乎？(《左传·襄公二十九年》)

例(27)、(28)中没有"其"，"犹可扑灭"、"可久乎"均可以和前文一起构成反问句，"其"的加入使句子的反问语气增强。那么，"其"的这种委婉强调语气由何而来？

2."其"表委婉强调语气的来源

上文中我们已经谈到，"其"用在陈述句和是非问句中，多表肯定、表判断。而"其"用在是非问句中的频率要远远高于用于陈述句中的，并常与疑问语气词"乎、焉、与"等配合使用，随着使用频率的增加，在这些语气词的作用下，"其"就会在原有用法的基础上增加上一种比较委婉、客气、庄重的语气。当"其"用于意愿陈述句，"其"除了表示对说话人要执行某一行为的肯定外，还有对自己肯定会执行这一行为的委婉强调；因"其"含有委婉强调这一功能，因而在祈使句中，说话人就会使用这一语气副词来强调谓语，同时"其"带有的委婉语气又使得说话人所说的话不是那么生硬，更容易让听者执行；由于"其"带有一定的委婉语气，因而还有"其"的反问句所表的反问语气就不如含有"岂"的反问句所表达的反问句强烈，如：

(29)虽欲救之，其将能乎？(《左传·隐公六年》)

(30)夏，楚子使屈完如师。师退，次于召陵。齐侯陈诸侯之师，与屈完乘而观之。齐侯曰："岂不谷是为？先君之好是继！与不谷同好，如何？"对曰："君惠徼福于敝邑之社稷，辱收寡君，寡君之愿也。"(《左传·僖公四年》)

"其"用于陈述句或是非问句中表达的是认识情态，而用于意愿陈述句或祈使句则表达的是道义情态。"其"表达认识情态时往往表达的是对命题必然性的判断，如例(7)"子其不得死乎！好善而不能择人"(《左传·襄公二十年》)，说话人所说的话具有一定的依据，依据为"好善而不能择人"，因此，说话人所说"子其不得死乎"当时说话人依据自己的百科常识所得的必然性推断。"其"用于表达道义情态时，涉及的则是必要性，关注负有道义责任的施事执行某动作或行为的必要性。如例(17)就是周公在权衡当时形势的情况下，对执政者执行"克灼知厥若"这一行为的必要性的关注，我们在上文中称呼这种类型的句子为意愿陈述句，其实这和祈使句一样，同样也是发出一种指令，只是意愿陈述句是说话人对自己或包含听话人在内的施事发出指令，需要说话人或包含听话人在内的施事执行，而祈使句则是说话人对听话人发出一种指令，需要听话人去执行某一行为，比如例(25a)、(25b)即是说话人"先友"、"棠君尚"对听话人发出的指令。无论是意愿陈述句，还是祈使句，均是施事负有某种道义去执行某种行为，这种行为具有必要性。

道义情态一般有"许可"与"必要"的分别，而认识情态一般包含"可以"与"必然"的分别，而道义情态的"可以"与"必要"也可以通过"可能"与"必然"概念来定义，即"许可"是道义的"可能"，而"必要"则是道义的"必然"①。如我们现代汉语中说"你可以开门了"表达的是道义的"许可"，同时也是说话人对"开门"这一命题的可能性判断，"你必须开门"表达的是道义的"必要"，同时也是说话人对"开门"这一命题的必然性判断。这是表认识情态的语气副词"其"可以用来表达道义情态的原因。

三、语气副词"其"的扩展语气之二：追究、探究语气

1."其"表追究、探究语气之来源

"其"除了用于陈述句、反问句、祈使句、是非问句外，还可以用于特指问句，在特指问句中"其"表追究、探究语气，如：

(31)既成婚，晏子受礼，叔向从之宴，相与语。叔向曰："齐其何如?"(《左传·昭公三年》)

例(31)中"其"表追究、探究之语气，下面我们就对"其"表追究、探究之语气的来源进行探讨。

前文我们已经谈到语气副词"其"的基本用法是表肯定、判断，如：

(32)宋人以兵车百乘、文马百驷以赎华元于郑。半入，华元逃归。立于门外，告而入。见叔牂，曰："子之马然也?"对曰："非马也，其人也。"既合而来奔。(《左传·宣公二年》)

(33)桓子曰："奉君以走固宫，必无害也。且栾氏多怨，子为政，栾氏自外，子在位，其利多矣。既有利权，又执民柄，将何惧焉？栾氏所得，其唯魏氏乎，而可强取也。夫克乱在权，子无懈矣！"(《左传·襄公二十三年》)

例(32)、(33)中"其"是对真值"人"、"利多"的肯定与判断，"其"用于是非问句中，表达的仍是对真值的确认的判断，是非问句表达的是对"其"所作的真值判断的一种疑问。当"其"所在的问句没有了相关背景，即"其"用于特指问句中，那么"其"就由肯定、判断语气变成了追究与探究语气。试比较：

(34)a.八月甲午，晋侯围上阳。问于卜偃曰："吾其济乎?"对曰："克之。"公曰："何时?"对曰："童谣云：'丙之晨，龙尾伏辰；均服振振，取虢之旗。鹑之贲贲，天策焞焞，火中成军，虢公其奔。'其九月、十月之交乎！丙子旦，日在尾，月在策，鹑火中，必是时也。"(《左传·僖公五年》)

---

① 彭利贞.现代汉语情态研究[M].北京：中国社会科学出版社，2007：39.

b. 公问于众仲曰："卫州吁其成乎？"对曰："臣闻以德和民，不闻以乱。以乱，犹治丝而棼之也。夫州吁，阻兵而安忍。阻兵，无众；安忍，无亲。众叛、亲离，难以济矣。夫兵，犹火也；弗戢，将自焚也。夫州吁弑其君，而虐用其民，于是乎不务令德，而欲以乱成，必不免矣。"（《左传·隐公四年》）

c. 尧曰："嗟！四岳：朕在位七十载，汝能庸命，践朕位？"岳应曰："鄙德忝帝位。"尧曰："悉举贵戚及疏远隐匿者。"众皆言于尧曰："有矜在民闲，曰虞舜。"尧曰："然，朕闻之，其何如？"（《史记·五帝本纪》）

(34a)中"其"是对"九月、十月之交"的肯定与判断，因其后有"丙子旦，日在尾，月在策，鹑火中，必是时也"，这是对之所以做出如此判断的依据；(34b)中鲁隐公问众仲"卫州吁其成乎"，这句话中"其"既可以理解为表肯定判断的语气副词，意即"卫国的州吁肯定会成功吗"，也可以理解为表追究、探究的语气意即"卫国的州吁究竟会成功吗"；而(34c)"其何如"则是特指问句，因特指问句特定的疑问点，因而在特指问句这样的语境中，"其"用在疑问点之前不再是对真值的肯定与判断，就成了就真值的追究与探究，此时，"其"就衍生出追究、探究之语气。以下诸例中"其"恐怕最好理解为表追究、探究之语气，如：

(35)太子曰："吾其废乎？"对曰："告之以临民，教之以军旅，不共是惧，何故废乎？且子惧不孝，无惧弗得立。修己而不责人，则免于难。"（《左传·闵公二年》）

(36)公谓公孙枝曰："夷吾其定乎？"对曰："臣闻之：唯则定国。《诗》曰：'不识不知，顺帝之则'，文王之谓也。又曰：'不僭不贼，鲜不为则'，无好无恶，不忌不克之谓也。今其言多忌克，难哉！"（《左传·僖公九年》）

(37)后子见赵孟，赵孟曰："吾子其曷归？"对曰："针惧选于寡君，是以在此，将待嗣君。"（《左传·昭公元年》）

(38)郑人闻有晋师，使告于楚，姚句耳与往。楚子救郑。司马将中军，令尹将左，右尹子辛将右。过申，子反入见申叔时，曰："师其何如？"（《左传·成公十六年》）

以上所谈是"其"在是非问中由确认、推断之语气衍生出探究、追究之语气。"其"还可以用于特指问，特指问是对句中的某一疑问点发出疑问，因而其出现在谓词性成分前的语气副词只能起探究、追究疑问焦点的语气之功能。

2. "其"从肯定、判断到表追究、探究语气的平行证据："果"、"定"、"为"

谷峰对古汉语"果"、"定"表追究、探究语气的用法的来源进行了讨论，认为这种用法是从确认语气发展而来[①]，我们赞同他的看法。

① 谷峰. 上古汉语"诚"、"果"语气副词用法的形成和发展[J]. 中国语文，2011(3).

(39)天为贵,天为知而已矣。然则义果自天出矣。(《墨子·天志中》)

(40)古之所谓道术者,果恶乎在?曰:无乎不在。(《庄子·天下》)

(41)轸出,张仪入,问王曰:"陈轸果安之?"(《战国策·秦策一》)

例(39)中"果"表确认、肯定,例(40)、(41)中"果"表追究、探究语气。在来看"定",如:

(42)顾长康画裴叔则,颊上益三毛。人问其故,顾曰:"裴楷俊朗有识具,正此是其识具。"看画者寻之,定觉益三毛如有神明,殊胜未安时。(《世说新语·巧艺》)

(43)邓艾口吃,语称"艾艾"。晋文王戏之曰:"卿云'艾艾',定是几艾?"(《世说新语·言语》)

(44)人问刘尹:"玄度定称所闻不?"刘曰:"才情过于所闻。"(《世说新语·赏誉》)

例(42)中"定"表肯定、判断,例(43)、(44)中"定"表追究、探究。赵长才对"为"由认定、推断语气到追究、探究语气的演变也进行了探讨,如:

(45)佛告比丘:"行有二事,为堕边际。一者念在色域,无清净志;二者猗爱著贪,不能清志行。"(《中本起经》卷上)

(46)阿耆达见阿难来,意犹未悟,即问阿难:"如来今为安所在?"阿难报曰:"世尊在此。"(《中本起经》卷下)

(47)瞿夷啼哭曰:"一何薄命!生亡我所天。为在何许?当那求之?"(《太子瑞应本起经》)①

例(45)中"为"表认定、推断语气,例(46)、(47)中"为"表追究、探究语气。

第三节 语气副词"其"的语用功能

本节主要对语气副词"其"的语用功能进行探讨。从语用的角度来讲,语气副词"其"具有标记焦点的功能。焦点是个语用概念,它是一个句子的重心,是说话人表达的重点,说话人刻意强调和传达的重要信息,也是说话人最想要听话人关注的部分。一般句子的语用结构通常是"已知信息+未知信息"。已知信息交际价值小,一般放在句子的前部,未知信息交际价值大,往往放在句子的后部,这种结构中的未知信息往往称为自然焦点。但有时为了表达的需要,未知信息的核心可以落在句子的任何一个成分上,这时新信息往往会有标记标明,有标记的未知信息核心通常出现在对比与强调的场合,一般称作对比焦点。

---

① 例(45)~(47)转引自赵长才.中古汉语选择连词"为"的来源及演变过程[J].中国语文,2011(3).

一、标记自然焦点

甲骨文中“唯”、“惠”具有焦点标记的功能，古汉语中的语气副词“其”也存在这种功能，从甲骨文中“其”作为语气副词就具备标记焦点的功能。我们从“其”与语气副词“惠”、“唯”的比较中，也可看出甲骨卜辞中“其”的焦点标记之功能。“唯”、“惠”在甲骨卜辞中是焦点和新信息的辅助标记（张玉金，1988、2002：199）。殷商甲骨卜辞中语气副词“其”字用法如“惠”、“唯”，其句法分布有相同之处，如：

(1)其又兄辛，惠牛，王受又？其宰，王受又？（粹 342）

(2)其又升示壬示癸，惠牛，又正？其宰，又正？（合集 27087）

上面两个例子中，前面用“惠”，后面用“其”，二者相对，可见“其”在甲骨文中也具备标记焦点的功能。

语气副词“其”具有标记自然焦点的功能，如：

(3)贞：今十二月亡其来？（合集 7689）

(4)癸未卜：今一月雀亡其至？（合集 5793）

(5)雍其[illegible]？ 雍不[illegible]？（合集 2002 反）

(6)贞：今夕其雨？/贞：今夕不雨。（合集 8473）

甲骨文语气副词“其”主要是用来对占卜者所要强调的对象进行突出，如例(3)～(6)的焦点分别是“来”、“至”、“[illegible]”、“雨”等，这四例语用结构均是“已知信息＋未知信息”，其中“其”标记的是自然焦点，再如：

(7)逮吴之未定，君其取分焉。（《左传·定公四年》）

(8)今弃疾在外，郑丹在内，君其少戒！（《左传·昭公十一年》）

例(7)、(8)是祈使句，祈使句的自然焦点是其中的动词，“其”用于谓语动词“取分”及“戒”的前面就是对自然焦点的提示。

二、标记对比焦点

语气副词“其”还具有标记对比焦点的功能，如：

(9)其自西来雨？/其自东来雨？/其自北来雨？/其自南来雨？（合集 12870）

例(9)中“自西”、“自东”、“自北”、“自南”用来说明“雨”来的方向的，这个句子中就暗含占卜的这一天会下雨，但对于雨来的方向不能得知，“其”标记的就是对比焦点。

上面我们谈到“其”标记自然焦点时往往是对卜辞谓语进行肯定、强调，而“其”标记对比焦点时往往是对状语进行肯定、强调。另外，“其”可以对句子宾语进行肯定、强调，如：

(10)贞：其雨遘？（合集 30089）

(11)王其兕获？（合集 10417）

(12)丙戌卜，贞：武丁丁，其牢？/癸巳卜，贞：武甲丁，其牢用？/惠羊用？（合集 35828）

这几个句子中的宾语不处于否定句中，也不是代词宾语，但宾语却前置了（否定句中代词宾语前置在上古汉语中是例程）。当“其”对宾语进行强调时，宾语前移，会形成对比焦点。此时作为对比焦点的宾语是占卜者要传达给神灵的最重要的信息。占卜者希望神灵多注意他想要祈求的内容，就特意改变句子的常规语序，将句子的宾语前移，并用焦点标记“其”标明，以达到让神灵尽快知道自己祈求焦点的目的。如例(10)即表明占卜者卜问的重点是是否会遇到雨，而不是遇到其他的什么东西，如冰雹、雪等。例(11)即表明占卜者卜问的重点是王出去打猎是否会猎获兕，而不是猎获其他的动物，如兔、虎等。这两个例子中“雨”、“兕”即是占卜者卜问的焦点。我们可以将上面几个例子与以下几个句子进行比较：

(13)贞：苗弗遘方？（佚 13）

(14)今日辛王其田，不遘大风？（佚 73）

(15)惠甲其宁风？/惠乙宁？（合集 30260）

例(13)中“方”位于谓语动词“遘”的后面，没有前置，例(14)中“大风”位于否定句谓语动词“遘”的后面，也没有前置，例(15)中有“其”字，受事名词“风”没有前置。而(10)～(12)中的宾语则前置，说明“其”字是前置受事宾语的标志，因为“其”字是语气副词不能置于动词之后，因此，当句子中动词的宾语是焦点而又需要用焦点标记“其”来表示的时候，只能将受事名词前置于动词，然后在此宾语前加上“其”字。假如宾语不是焦点而动词是焦点时，该宾语则不需要前置，如：

(16)兔不其来五十羌？（合集 226 正）

(17)庚寅卜，宾贞：今者王其步伐尸？（合集 6461）

(18)丁酉卜：其祷年于岳？（合集 27465）

(19)辛卯卜，贞：在宾其先遘捍？/贞：在每王其先遘捍？（合集 39968）

这与现代汉语中的“是”有相同之处，现代汉语中，有一种轻读的“是”也是用来表达焦点和新信息的，一般也都认为它是副词，如：

(20)小明是打碎了花瓶。

(21)是小明打碎了花瓶。

(22)小明是(在)昨天打碎了花瓶。

焦点标记"是"不仅可以强调谓语,还可以强调主语、状语,其中的焦点标记"是"不能置于宾语"花瓶"与谓语之间,与甲骨卜辞中的"其"相同。不同的是,甲骨卜辞中,可以通过将宾语前置的方式来标记宾语焦点,而现代汉语似乎只能通过句式的转化来强调、标记宾语焦点,比如,我们若是强调句中的"花瓶",我们可将"小明打碎了花瓶"变为"小明打碎的是花瓶"。

关于甲骨文宾语前置是否自由已经有过讨论,杨树达最早提出此观点①,后陈梦家对此补充论证,他说"宾语的先置,即'O－V'的形式,在卜辞中还是很常见的……无论附有介词或不附有介词,都可以先置于动词之前……我们以为宾语先置,不一定需要介词'惠'、'唯'"②。甲骨文宾语可自由前置的观点经陈梦家论证之后得到侯镜昶、李瑾等一大批学者的赞同,俞敏、黄盛璋、高仲华等更是以此为据,进而推断出古汉语的语序与汉藏语系某些语言相通,是"主宾动"语序,而非"主动宾"语序。杨树达在《甲文之先置宾语》中所举用例不可信,已被陈炜湛证实③。而陈梦家和李瑾所举例证也被唐钰明证明不是宾语前置句。唐钰明进而提出甲骨文宾语前置(除"否定句代词宾语须前置"之外)必须依靠一定的手段,唐钰明认为"惠/唯宾动"是其唯一方式④。然从甲骨文实际情况来看,"其＋宾＋动"也是甲骨文宾语先置的一种方式。从目前掌握的材料来看,这种宾语前置的方式在金文时代已经消失,因此在传世文献中,我们很少能见到这种用例。其消失的原因可能是受到"惠、唯"宾语前置标记的影响,甲骨文中,较常用的宾语前置的标志是"惠、唯",可能是受到"惠、唯"的排挤,"其"式宾语前置句逐渐消失。

传世文献中"其"也有标记对比焦点的功能,如:

(23)人之生也,固若是芒乎?其我独芒,而人亦有不芒者乎?(《庄子·齐物论》)

例(23)中"其"用来标记对比焦点"我",同"其他人"相对。

第四节　语气副词"其"与其他副词的连用、并用

本节主要对语气副词与"其"他副词的连用、并用情况进行探讨。连用、并用的

① 杨树达. 甲文中之先置宾语[M]//积微居甲文说. 上海:上海古籍出版社,1986.

② 陈梦家. 殷虚卜辞综述[M]. 北京:科学出版社,1956:101－102.

③ 陈炜湛. 卜辞文法三题[M]//古文字研究(4). 北京:中华书局,1980.

④ 唐钰明. 甲骨文"唯宾动"式及其蜕变[J]. 中山大学学报,1990(3);唐钰明. 著名中年语言学家自选集——唐钰明卷[M]. 合肥:安徽教育出版社,2002:207－218.

概念我们主要采自杨荣祥的看法，副词连用指的是多个副词在同一个谓词性成分之前同时相连出现，而又不在相同的结构层次上的现象；而副词并用指的是领格（少数三个）功能特征和语义特征相同、相近（同属一个副词次类甚至次类中的小类）的副词并列使用的现象①。

一、语气副词"其"与其他副词的连用

因为语气副词主要表示的是说话人对某一事件的态度和情感，是对命题的主观评价，因而语气副词的辖域最大，所以当语气副词"其"与其他副词相连时总是位于其他副词之前，如：

(1)晋之事君，臣曰可矣：求诸侯而麇至；求婚而荐女，君亲送之，上卿及上大夫致之。犹欲耻之，君其亦有备矣。（《左传·昭公五年》）

(2)王与之武公之略，自虎牢以东。原伯曰：'郑伯效尤，其亦将有咎！'五月，郑厉公卒。（《左传·庄公二十一年》）

(3)郑之罕、宋之乐，其后亡者也，二者其皆得国乎？（《左传·襄公二十九年》）

(4)孔子曰："过我门而不入我室，我不憾焉者，其惟乡原乎！乡原，德之贼也。"（《孟子·尽心下》）

(5)颜渊问于仲尼曰："文王其犹未邪？又何以梦为乎？"（《庄子·田子方》）

(6)公曰："我其尝杀不辜，诛无罪邪？"（《晏子春秋·景公梦五丈夫称无辜晏子知其冤》）

例(1)是语气副词"其"与类同副词"亦"相连，例(2)是与类同副词"亦"、时间副词"将"相连，例(3)、(4)是与总括副词"皆"、"惟"相连，例(5)是与时间副词"犹"、否定副词"未"相连，例(6)是与时间副词"尝"相连。语气副词"其"还可以与否定副词相连，如：

(7)叔詹曰："楚王其不没乎！为礼卒于无别。无别不可谓礼。将何以没？"诸侯是以知其不遂霸也。（《左传·僖公二十二年》）

(8)虽遇执事，其弗敢违，其竭力致死，无有二心，以尽臣礼，所以报也。（《左传·成公三年》）

(9)若由是姬姓也，尚将列为公侯，以复先王之职，大物其未可改也。（《国语·周语中》）

否定副词和"其"连用还有另外一种语序，即否定副词位于"其"前面，如：

① 杨荣祥．近代汉语副词研究[M]．北京：商务印书馆，2005：228－229，270．

(10)我不敢知曰:不其延。(《尚书·召诰》)

(11)已!汝惟小子,未其有若汝封之心。朕心朕德惟乃知。(《尚书·康诰》)

(12)纳而不定,废而不立,以德为怨,秦不其然。(《左传·僖公十五年》)

(13)鬼犹求食,若敖氏之鬼,不其馁而?(《左传·宣公四年》)

(14)才难,不其然乎?(《论语·泰伯》)

(15)子曰:“伊稽首不其有来乎?”(《荀子·宥坐》)

“其”用在否定副词后,在传世文献中还不到十例①。这大概是商代用语法的残留,因为这种用法在甲骨文中是常例,如:

(16)丙寅卜,争贞:今十一月帝令雨?贞:今十一月帝不其令雨?(合集5658)

(17)庚辰卜:王弗其执豕?允弗执。(合集10297)

二、语气副词“其”与其他副词的并用

上古汉语时期,语气副词“其”还可以和同类的语气副词并用,如:

(18)今吾日计之而不足,岁计之而由余,庶几其圣人乎!子胡不相与尸而祝之,社而稷之乎?(《庄子·庚桑楚》)

(19)今君欲法圣王之服,不法其制,法其节俭也,则虽未成治,庶其有益也。(《晏子春秋》)

(20)意者其有机缄而不得已邪?意者其运转而不能自止邪?(《庄子·天运》)

(21)子其意者饰知以惊愚,修身以明污,昭昭乎如揭日月而行。(《庄子·山木》)

(22)楚虽无德,亦不艾杀其民。吴日敝于兵,暴骨如莽,而未见德焉。天其或者正训楚也,祸之适吴,其何日之有?(《左传·哀公元年》)

(23)以君之姑姊与其大邑,其次皁牧舆马,其小者衣裳剑带,是赏盗也,赏而去之,其或难焉。(《左传·襄公二十一年》)

(24)颜氏之子,其殆庶几乎?(《周易·系辞下》)

(25)国不忌君,君卜顾亲,能无卑乎?殆其失国。(《左传·昭公十一年》)

(26)是夫也,将不唯卫国之败,其必始于未亡人!(《左传·成公十四年》)

(27)君其必归乎!有大叔仪以守,有母弟鱄以出,或抚其内,或营其外,能无归乎?(《左传·襄公十四年》)

(28)吾闻古者有夔一足,其果信有一足乎?(《韩非子·外储说左下》)

---

① 魏培泉.先秦汉语运符的位置[M]//In Honor of Tsu-lin Mei: *Studies on Chinese Historical Syntax and Morphology*. In Alain Peyranbe and Sun Chaofen, eds. Paris: Ecole des Haudes en Sciales.

(29)舜其信仁乎?(《韩非子·难一》)

这些语气副词的并用在上古汉语中出现的频率很低,在我们所选语料中,"庶几其"仅1例,"庶其"1例,"意者其"仅5例,"其意者"1例,"意其"1例,"其或者"7例,"其或"2例,"其殆"1例,"殆其"1例,"其必"15例,"其果"4例,"其信"2例,而在中古汉语语料中这些并用的情况大致已经消失,关于语气副词并用衰落的原因,杨荣祥在对近代汉语副词进行研究时阐释得非常详细,我们赞同非常赞同他的看法,兹引于此:

第一,"副词并用"不是意义表达的需要,从意义表达来说,并用只是一种冗余。其次,并用的副词往往是很常用的副词,其独立性都很强,而并用时二者的结合又是松散的(可以是多个同义、同类副词交互并用,两个副词可以颠倒位置并用),因此不能凝固为复合词,这样,并用除了韵律上的作用外,从语言的词汇语法系统来说,都是很难接受的。第三,副词毕竟属于"功能词",而语言中的功能词是不需要也不允许有多个同义词的,并用现象如果凝固为复合词,却又不能具有新的功能特征和语义特征,结果就只能使功能词增加同义词,而这是词汇系统和语法系统所不允许的①。第四,一般认为,分化同音词,使多义词在句子中的意义明确是汉语词汇由单音节向双音节发展的主要动因。"双音节合成词的两个词素具有互相说明、限定的作用,使词义显豁确定,可以避免单音节词因多义而致歧的缺憾"。[骆晓平.魏晋六朝汉语词汇双音化倾向三题[J].古汉语研究,1990(4).]对实词来说确实是这样,而副词却不然,并用的双音节副词,其功能、意义都是比较单一的,无须同构双音节构词来区分、明确意义,所以绝大多数没有生命力。②

第五节　从语气副词"其"到连词"其"

语气副词"其"均具有篇章连接功能,具有衔接句子的作用,如"谚所谓'辅车相依,唇亡齿寒'者,其虞、虢之谓也",前文对情况进行叙述,后文依据前文情况对后文作出推断,"其"从语法意义角度来讲,表达肯定推断语气,从整个篇章来看,"其"还具备篇章连接的功能。当语气副词"其"发生进一步语法化后,"其"语法意义进一步虚化,甚至虚化为无,仅留存篇章连接功能,此时,"其"就语法化为连词。连词

① 这一点,解惠全(1997)也有明确的论述:虚词主要是表示语法意义的,而语法意义(语法项)在任何一种语言中都是有限的,因此,虚词虽然是汉语表示语法意义的极为重要的成分,而汉语对它的要求终归是有限的。严格地从这个意义上说,一个语法项一般有一种手段(包括虚词)就可以了。可是就上列表示总括的这些副词来看,无论是意义还是语义指向,大多没有明显的差别,甚至完全相等,这就使得它们的存在不仅没有带来使意义明确、分工细致的效果,反而造成形式的繁复和分歧,违背了语言的节约原则,给交际和表达带来不便,自然要被淘汰。(参看解惠全.关于虚词复音化的一些问题[M]//语言研究论丛(第七辑).北京:语文出版社,1997.)

② 杨荣祥.近代汉语副词研究[M].北京:商务印书馆,2005:281-282.

“其”用于复句中，连接的分句中有表选择关系的，有表假设关系的，当然，在这些复句中连词“其”仅起连接作用，“选择”、“假设”等意义均是由前后分句句义表达的。为叙述方便，我们将用于选择复句中的“其”称为选择连词，同此，用于假设复句中的“其”为假设连词。本节主要对“其”的连词用法的来源及功用进行讨论，我们认为，“其”选择连词和假设连词用法来源于语气副词。

一、“其”选择连词用法的来源

“其”在上古汉语中还有选择连词用法，杨树达《高等国文法》、《词诠》论及“其”的选择连词用法，《马氏文通》也说：“经史内于两商之句有以‘其’字领起者。”吕叔湘《文言虚字》也说：“其，还是，用于选择问句。”“其”的选择连词用法来源于其语气副词用法。“其”作为语气副词，表委婉肯定语气，常用于是非问中，如：

(1)若赵孟死，为政者其韩子乎？(《左传·襄公三十一年》)

(2)少长有礼，其可用也。(《左传·僖公二十八年》)

但在有些是非问句中，“其”表达的语气可以有两种不同的理解，如：

(3)王送知罃，曰：“子其怨我乎？”对曰：“二国治戎，臣不才，不胜其任，以为俘馘。执事不以衅鼓，使归即戮，君之惠也。臣实不才，又谁敢怨？”(《左传·成公三年》)

(4)王曰：“昔我皇祖伯父昆吾，旧许是宅。今郑人贪赖其田，而不我与。我若求之，其与我乎？”对曰：“与君王哉！周不爱鼎，郑敢爱田？”(《左传·昭公十二年》)

例(3)是楚共王与晋国人知罃的对话，其背景是晋国将楚公子谷臣和连尹襄老的尸体归还给楚国，以交换邲之战中被楚国俘获的知罃。楚国答应了交换条件，在送知罃时，楚共王问道：“您肯定怨恨我吧？”当然也可以作另外一种理解，即将“其”理解为表探究语气的“究竟、到底”义。这两种解释都说得通，从上下文语境来看，第一种理解似乎更贴切些。再来看例(4)，例(4)是楚灵王和子革的对话，单独看“其与我乎”，似乎理解成肯定推测语气和探究语气均可，但从上下文语境来看，第二种理解更为贴切。因为例(3)中知罃是被俘虏之人，从情理上来讲，楚共王肯定认为知罃会怨恨他，但例(4)前文有“今郑人贪赖其田，而不我与”，因而后文中的“其”不可能理解为确定语气。例(3)中“其”这种看似两可的理解，正说明了判断、确认语气与探究语气二者之间存在着引申关系。

以上所谈是“其”在是非问中由确认、推断之语气衍生出探究、追究之语气。下面就“其”如何从表追究、探究义的语气副词“其”如何发展为选择连词这一问题进行讨论。试看下面几例：

(5)则未知其为事与？其诸君子乐道尧舜之道与？(《公羊传·哀公十四年》)

(6)且汝梦为鸟而厉乎天,梦为鱼而没于渊,不识今之言者,其觉乎?其梦者乎?(《庄子·大宗师》)

(7)徐无鬼见武侯,武侯曰:"先生居山林,食芧栗,厌葱韭,以宾寡人,久矣夫!今老矣,其欲干酒肉之味耶?其寡人亦有社稷之福耶?"(《庄子·徐无鬼》)

(8)昔者齐桓公九合诸侯,一匡天下,不识其君之力乎?其臣之力乎?(《新序·杂事》)

例(5)～(8)中选择问句的前后两分句中均含有"其",形成"其+VP_1?其+VP_2?"格式,梅祖麟认为"选择问是把两种假设的情况并列,让对方选择"[①],对此我们有不同的看法,我们认为一个句子若只有假设的条件而没有相应的结果,听起来总感觉在语意上是不完整的。因而"选择问是把两种假设的情况并列"这种说法是不正确的,我们认为,选择问是把两种断定、揣测的可能性情况并列,然后让对方选择。而"其"是对每一种可能性情况真实性的追究、探究,例(5)～(8)中"其"仍具有明显的探究、追究义,这个选择问句可看做是由两个表追究、探究的是非问疑问句组成的。这两个是非问小句在内容上不同,这样就形成了包含两个选项的选择范围,说话人在追究哪一个选项符合事实,并希望听话人在说话人所提供的两个选项中进行选择。"其"在这种选择问句语境中,会随着使用次数的增多而使追究义逐渐弱化,甚至消失(尤其是后一分句中的"其")。

(9)子以为有王者作,将比今之诸侯而诛之乎?其教之不改而后诛之乎?(《孟子·万章下》)

(10)君子服然后行乎?其行然后服乎?(《墨子·公孟》)

(11)君宁死而又死乎?其宁生而又生乎?(《吕氏春秋·贵信》)

再来看例(9)～(11)中,"其"只出现在选择问句事的后一选择项的句首位置时,就完全失去了表探究、追究的语义特征,仅留存连接功能,词性发生了转化,由语气副词转变为连词。随着使用频率的增加,语言使用者在语言使用过程中对选择问句中"其"的性质逐渐固化,"其"无论是处于前一选择项,还是后一选择项,抑或是两选项中均使用,"其"的词性都是副词。

有意思的是中古时期,汉语产生了另外一个选择连词——为。它也是从表确认、断定义的语气副词衍生追究、探究义,进而用在选择问句中产生了选择连词用法[②]。二者在历时从历时的角度可能存在替换关系。

"其"的选择连词用法在中古以后口语中基本不再使用,但某些仿古作品中,我

① 梅祖麟.现代汉语选择问句法的来源[C]//中研院历史语言研究所集刊(第四十九本第一分),1978;又加载梅祖麟语言学论文集[M].北京:商务印书馆,2000.

② 可参看赵长才.中古汉语选择连词"为"的来源及演变过程[J].中国语文,2011(3).

们还能经常看到它的出现，如：

(12)天固生之邪？偶自生邪？天杀也邪？其偶自死邪？（唐·韩愈《韩滂墓志向铭》）

(13)其然乎？其不然乎？（唐·韩愈《祭十二郎文》）

(14)汝其知也邪？其不知也邪？（唐·韩愈《祭十二郎文》）

(15)呜呼！其信然邪？其梦邪？其传之非其真邪？（唐·韩愈《祭十二郎文》）

(16)生之志求知于我邪？求益于我邪？其思广圣人之道邪？其欲善其身而使人不可及邪？（唐·韩愈《答李翊书》）

(17)是二说者，其信有是非乎？抑所指各殊而学者不之能察也？（唐·韩愈《进士策问一》）

选择连词"其"还可以跟其他选择连词并用，如：

(18)人牺实难，己牺何害？抑其恶为人用也乎？（《国语·周语下》）

(19)不知天将一位虐乎？使翦丧吴国而封大异姓乎？其抑亦将卒以祚吴乎？（《左传·昭公十三年》）

例(18)是选择连词"其"与选择连词"抑"并用，例(19)是三个选择连词并用："其"、"抑"、"亦"。

二、"其"假设连词用法的来源

"其"假设连词用法也是由"其"的时间副词用法虚化而来，二者在句法位置上一致，语气副词"其"既可以位于句首，也可以位于主谓之间，"其"的假设连词用法亦可以位于句首，也可以用于主谓之间。语气副词"其"的基本语义功能是表肯定、判断，最初是在一定依据条件下对未来情况所作的肯定、推断，还有一种情况就是先对情况作出推测，接着说明原因。诚如何乐士所说："由于'其'所标识的基本语气是推测判断，因此它经常有承接上文或呼应下文的作用。主要是承接上文——在叙述情况之后，对事态发展的可能性后果作出判断；有时是呼应下文——先提出推测或假设，接着说明原因或根据。"[①]如：

(20)其济，君之灵也，不济，则以死继之。（《左传·僖公九年》）

例(20)是一个多层复句，复句的前一部分"其济，君之灵也"是先对未来情况进行推测，然后说明原因，其中"其"既可以理解为推测判断副词，亦可以理解为假设副词；这一复句的后半部分"不济，则以死继之"，"不济"和"则以死继之"恐怕只能理解为

① 何乐士.《左传》虚词研究(修订本)[M].北京：商务印书馆，2004：410.

假设关系的复句了,"不济"进行假设,"则以死继之"说明在这种假设情况下应该采取的措施,只不过这一小复句中没有用上关联词语,是通过意合法形成的复句。那么当"其"用于复句中,并且复句的后一分句是用来说明结果或采取的相应措施等时,"其"的推测判断义则就消弭了,假设义凸显出来,如:

(21)其若是,孰能御之?(《孟子·梁惠王上》)

(22)其输之,则君之府实也;非荐臣之,不敢输也。其暴露之,则恐燥湿之不时而朽蠹,以重敝邑之罪。(《左传·襄公三十一年》)

(23)汤其无郼,武其无岐,贤虽十全,不能成功。(《吕氏春秋·慎势》)

值得注意的是,例(23)"郼"是商汤的封地,"岐"是武王灭商的根据地,"汤无郼"和"武无岐"设想的是与历史事实相反的情况,是典型的违事实条件句,这句话中"其"是一个比较成熟的表假设关系的连词了。

下面我们就谈一下语气副词"其"和假设连词"其"的判定。我们知道,语气副词的虚化程度越高,它管辖的范围就越广,那么它就越容易出现在句首。语气副词"其"是一个语法化程度较高的虚词,它有时也会位于句首,如:

(24)其汝克敬以汝,监于殷丧大否,肆念我天威。(《尚书·君奭》)

而连词既可以连接小句,又可以连接具有一定逻辑关系的词、短语等。"其"的假设连词和假设连词用法又是从语气副词语法化而来,那么判定一个句子中"其"是连词还是语气副词就成了非常关键的问题。唐贤清曾对这一问题进行过探讨,给我们指出了一个具有操作性的标准,他认为:

参考黄盛璋(1957)提出的划分副词和连词的标准是可以把副词和连词区分清楚的:凡在一个句子形式中永远不能出现在主语前面,只能出现在主语之后、谓语之前的是副词;凡能够出现在主语之前(并不排斥可以出现在主语之后、谓语之前),而单独一个句子能自足的,也是副词;凡能出现在主语之前(并不排斥出现在主语之后,谓语之前),但单独一个句子不能自足的,是连词。①

我们认为这一标准大致是可行的,如:

(25)"善不可失,恶不可长",其陈桓公之谓乎!(《左传·隐公六年》)

(26)诗云:"怀德维宁,宗子维城。"君其修德而固宗子,何城如之?(《左传·僖公五年》)

明显的,"其陈桓公之谓乎"可以自足,而"君其修德而固宗子"单独不能自足,因而例(25)中"其"为语气副词,而例(26)中"其"为连词。

---

① 唐贤清.《朱子语类》副词研究[M].长沙:湖南人民出版社,2004:12.

第三章

“其”指示代词用法的产生及其语法化

本章主要对“其”指示代词用法的来源进行研究，在此基础上对指示代词“其”的语法化问题进行探讨。

第一节 “其”指示代词用法的产生及功能

关于“其”指示功能产生很多人认为与“其”的语气副词无关(详见绪论部分)，“差不多所有的代词都是假借音同或音近的词而造成的(例如代词“其”假“箕”形为之)。”①洪波认为汉语的指示代词来源于周人的母语，是周人母语中固有的指示代词，与商人甲骨卜辞中的语气副词无关②。我们认为，周人入主中原以后大量吸收了商人的文化，周人的语言也必然受到商人语言的很大影响，如同满人入关后受到汉文化的影响一样。因而我们相信西周时代流传下来的文献当大部分是受到商代语言的影响，而“其”指示代词用法的产生也应该与语气副词“其”有一定关系，更何况“其”语气副词和其指示代词用法具有转化的基础。

一、“其”指示代词用法的产生

我们认为指示代词“其”源于语气副词“其”的原因主要有以下方面：首先是指示代词和表强调、肯定语气的副词“其”具有功能上的一致性。

交际活动若要顺利地进行，交际双方必须有共同注意的焦点。交际过程中，信息的传达者可以通过一系列的手段来使信息接收一方的注意焦点集中到自己所要强调的对象上来，如眼神、手势语、语言等。语言中的指示代词就是用来调节说话

① 周法高. 中国古代语法·称代编[M]. 北京：中华书局，1990：7.
② 洪波. 兼指代词语源考[J]. 古汉语研究，1994(2).

人和听话人注意焦点的手段之一。Diessel曾借鉴心理学上对"共同注意点"(joint attention)的研究,提出指示词(即我们所说的指示代词)的基本作用是"调节听说双方共同的注意焦点"(coordinate the interlocutors' joint focus of attention)[①]。也就是说,指示代词的作用在于将听说双方共同注意的焦点强调、标记出来。第二章中我们对"其"的语气副词用法进行了探讨,语气副词"其"的用法之一就是表强调语气。另外,从历来学者对于副词的称呼来看,我们亦能看出语气副词和指示代词之间的相同点,吕叔湘曾用"限制词"来称呼"副词",黎锦熙、刘世儒曾用"区别词"来称呼"副词"[②]。"限制"也好,"区别"也好,都说明副词是有指别功能。褚俊海更是认为"副词是在句子中表指别、限制和结构关联的词。主观性是副词的显著特征,离开句子,就无法识解它"[③]。语气副词"其"也是副词,而指示代词"其"的功能也是用来指示。从这一角度来看,语气副词"其"和指示代词"其"具备转化的基础。另外,语气副词"其"和指示代词"其"具备相同的句法环境,语气副词"其"能用来强调名词,而指示代词"其"则主要用来修饰名词或名词性结构。下面我们就来谈"其"由语气副词向指示代词转换的动因。

甲骨卜辞中"其"一般位于谓词之前,与谓词形成状语和中心语的结构关系。而起强调作用的语气副词"其"也常用于名词前以用来作名词,如:

(1)贞:其妣甲祼?/妣祼?(合集27148)

(2)丁丑卜:其十牛大甲岁?(合集32476)

Harris与Campbell曾说"类推是一种语法格式的表层形式的变化,不会马上带来深层结构的改变,它是对业已形成的句法规则的推广和应用"[④]。如果像例(1)、(2)中这种非常规用法的使用达到一定程度的话,人们就会对"其"的句法结构进行重新分析,"其"就会完成由语气副词向指示代词的转化,如:

(3)余赐汝厘(莱)都……其县三百。(叔夷钟,春秋晚期)

(4)其逾(旝)女(如)林,驭右和同。(𡨦𧯊壶,战国晚期)

因为起强调作用的"其"是语气副词,其理论上的句法位置是在动词之前,而指示代词"其"只能粘附于名词而存在,因而"其"指示功能应当是在主语位置上产生的,如例(3)、(4)。语气副词"其"仅出现于未然语境中,随着"其"强调名词频率的增加,

---

① Diessel, H. *Demonstrative, Joint Attention, and the Emergence of Grammar*[J]. Cognitive Linguistics, 2005, 16, 4:463-489.

② 吕叔湘.中国文法要略[M]//吕叔湘文集(一).沈阳:辽宁教育出版社,2002:18;黎锦熙、刘世儒.汉语语法教材(第二编)[M].北京:商务印书馆,1957:205.

③ 褚俊海.汉语副词的主观化历程——指示、限制和关联[D].长沙:湖南师范大学,2010:127.

④ 转引自石毓智,李讷.汉语语法化的历程——形态句法发展的动因和机制[M].北京:北京大学出版社,2004:397.

"其"所包含的非现实语义逐渐消失,"其"出现的语境也逐渐扩大,不仅可出现在未然环境中,还可出现在已然环境中。当用作主语的"其+名词"用于已然环境时,如同例(3)、(4)一样,那么"其"就完成了从语气副词到指示代词的转化。当"其"完成了从语气副词到指示代词的转化后,"其"也就可以用来强调宾语了,如:

(5)射南自作其簠。(射南簠,春秋时期)①

(6)鲁子仲之子归父为其善敦。(归父敦,春秋时期)

(7)邾公孙班择其吉金,为其龢镈。(邾公孙班镈,春秋晚期)

(8)见其金节则毋政(征)……不见其金节则政(征)。(鄂君启车节,战国)

(9)敬厥盟祀,永受其福。(王子午鼎,春秋中晚期)

(10)唯曾子仲诲用其吉金,自乍鬺彝,子子孙孙其永用之。(曾子仲诲鼎)

(11)井(邢)姜大宰巳铸其宝簋,子子孙孙宝用享。(大宰巳簋)

(12)蔽殷彝,用其义刑义杀,勿庸以次汝封。(《尚书·康诰》)

其实在甲骨文中语气副词"其"就产生了强调宾语的用法,如:

(13)丙午卜,韦贞:生十月,雨其隹雹?丙午卜,韦贞:生十月,不其隹雹雨?(合集12628)

例(13)中"雨"是动词,"雹"是"雨"的宾语,"其"、"唯"并用,共同强调宾语。"其"的指示代词功能产生之后,在类推的强大动力之下,指示代词"其"所在的语法格式也逐渐向更广的方向发展,"其"还可以指示动词后面的名词。并且,"其"不仅可以指示名词,还可以指示形容词的程度,如:

(14)静女其娈,贻我彤管。(《诗经·邶风·静女》)

(15)北风其凉,雨雪其雱。(《诗经·邶风·北风》)

(16)虽有君命,何其速也?(《左传·僖公二十四年》)

王引之《经传释词》指出这种"其"字为"状事之词"②。王引之从语法角度揭示了"其"修饰形容词的功能。定语位置上的"其"仅具有指示功能,而不具备称代功能。

指示代词"其"的称代功能是由主谓间的表肯定、强调义的语气副词转化来的,如:

(17)天方授楚,楚之羸,其诱我也。(《左传·桓公六年》)

(18)a.人之所不学而能者,其良能也。所不虑而知者,其良知也。(《孟子·尽心上》)

---

① 相关引例参见张亚初《引得》(1148页),华东师范大学《金文引得》(殷商西周卷227页、春秋战国卷98页)。

② 王引之.经传释词[M].长沙:岳麓书社,1984:108.

b. 人虽欲自绝，其何伤于日月乎？多见其不自量也。(《论语·子张》)

例(17)既可以理解为"上天准备把天命赐给楚国，楚国裁军，肯定是诱骗我们的"，亦可理解为"上天准备把天命赐给楚国，楚国裁军，这是在诱骗我们"。例(18a)既可以理解为"人不待学习便能做到的，肯定是良能之人；不待思考便知道的，肯定是良知之人"，亦可理解为"人不待学习便能做到的，这是良能之人；不待思考便知道的，这是良知之人"。若作第一种解，则"其"为语气副词，若作第二种解，则"其"为指示代词，有指示和称代两种作用。这种两可的解释，正是语义渐变性的表现。而例(18b)中"其"只能理解为指示代词。从例(17)、(18)中，我们大致可推测出"其"从语气副词到指示代词的演变过程。

"是"是从指示代词用法经由判断动词，从而衍生了语气副词用法，这是大家所公认的。对"其"，我们认为它是从语气副词发展而来的，与"是"的语法化方向相反。这种假设可能会引起大家的反对，但我们也必须正视这样一个事实：语言中确实存在着与语法化相反的演变过程，如李宗江曾对"也"由语气词向语气副词的演变过程进行了探讨，语气词的虚化程度显然要高于语气副词①；张萍对"以"由介词到动词(认为义)的演变过程进行了探讨。有人讲这种现象称为"逆语法化" 现象，也有人称之为"反语法化"现象。无论哪种称呼都反映了这样一个事实：汉语词汇史上，尽管语法化或者虚化是词汇发展演变的主流，但我们也不能排除另外一个演变方向的存在。无论哪种发展方向，都是人们对语言运用的结果。

从"其"的实际运用过程来看，"其"的指示代词用法中称代功能不太常见，指示代词"其"在实际使用过程中主要体现的是指示功能。具体表现为：上古汉语中"其"主要用于充当定语，而极少充当主、宾语。现代汉语方言中也有与此类似的地方，很多方言中表指示的词语，也是仅具有指示功能，而较少具备称代功能，如：

(广西宾阳话)表示近指的基本指示成分的 ku^{33} 和表示远指的 na^{22} 不能单用。它们都需要在后面加上各种各样的成分才能成词，如 ku^{33} 个阵，na^{22} 个阵。宾阳话中的基本指示成分只有指示功能，没有称代功能，把它们称为指示词更合适。②

(广西南宁白话)指示代词只有指示作用，没有替代作用，如"阿啲系书，噜啲系笔(这是书，那是笔)"必须用量词"啲"，不能说"阿系书，噜系笔"。③

(上海话)表处所的远指代词"海头"用法特殊，不能单用，一般必须接指明处所的成分才能进入句子，如"伊拉囡儿辣辣我老太婆海头学缝纫"。

(福建长汀客话)单个儿指示代词"女、解"不能做主语、宾语。如，* 女系桃哩

① 李宗江. "也"的来源及其对"亦"的历时替换[J]. 语言研究，1997(2)；张萍. 汉语"以"研究[D]. 南京大学，2010.

② 覃东生. 宾阳话语法研究[D]. 南宁：广西大学，2007：22.

③ 林亦，覃凤余. 广西南宁白话研究[M]. 桂林：广西师范大学出版社，2008：268.

树(这是桃子树)* 解系梅哩树(那是梅子树)。

(海南海口话)“即(近指)、许(远指)”不能单独做主语和宾语,不像“这、那”可以单独出现在主语、宾语的位置上,“即、许”要跟“个”(相当于普通话助词“的”)构成“即(许)+个”的形式称代事物,才能进入句子做主语或宾语。

(广东阳江话)“果”和“那”不能单独做句子成分。普通话“这是那村的客”,阳江话不能说成“果系那村个客”,必须加量词(个,条等),说成“果个系那村个客”。①

二、指示代词“其”指示形容词程度

关于形容词前“其”的性质,我们赞同熊焰的部分观点,认为形容词前面的“其”字仍然是指示代词,用在形容词前指示事态发展的程度。王力指出,“凡词用来特别指出人物或其德行,或行为的方式,德性的程度等,叫做指示代词”②。形容词前的“其”字即是这种用法,是“其”指示代词用法之一,如:

(19)北风其凉,雨雪其雱。(《诗经·邶风·北风》)

(20)静女其姝,俟我于城隅。(《诗经·邶风·静女》)

例(19)即“北风是那么地凉,雪下得是那么地大”,例(20)即“那个温柔贤淑的姑娘是那样美呀……”但我们对熊焰所论“其”的作用不敢苟同。若“其”只起一种咏叹性、谐和音节或衬补音节作用,那么为何有的地方用“其”,有的地方用重言形式?如《诗经·邶风·北风》用“雨雪其霏”,而《诗经·小雅·采薇》篇用“雨雪霏霏”,又《诗经·周颂·执竞》篇有“斤斤其明”,《诗经·大雅·常武》篇有“赫赫明明,王命卿士”等等。若果如熊焰所言,那么为什么在这些地方不用重言形式,而用“其+单音形容词”形式?认知语言学有一个基本的观点,不同的语法结构必然对应于不同的语义结构,不同的语义结构也必然用不同的语法结构来表达。既然“雨雪其霏”与“雨雪霏霏”的语法结构不同,那么,二者之间的语义结构也必然不相同,二者必然也不会有相同的语义值。王显提到重言与“其”字式有区别,“其”跟形容词单字结合之后,起着加强形容的作用③,但他未能指明“其”的性质。

形容词在数量上具有连续性特征,因此它的数量特征是最难描写的。形容词有两个显著的特征,一是它无法进行线性量度,二是其数量具有很大的主观性。而单音形容词加上指示代词则不同,它们可以直接说明事物的性质或状态,如下面的这些例子:

---

① 上海话、福建长汀客话、海南海口话、广东阳江话采自黄伯荣.汉语方言语法类编[M].青岛:青岛出版社,1996:487、494、498、506.

② 王力.词类[M]//王力文集(第三卷),济南:山东教育出版社,1985:223.

③ 王显.《诗经》中跟重言相当的有字式、其字式、斯字式和思字式[J].语言研究,1959(4).

(21)击鼓其镗。(《诗经·邶风·击鼓》)

(22)静女其姝……静女其娈。(《诗经·邶风·静女》)

(23)泛泛其景。(《诗经·邶风·二子乘舟》孔疏云:"观之泛泛然,见其景之去。"王引之《经义述闻》谓景读如憬,远行貌)

(24)硕人其颀。(《诗经·卫风·硕人》)

(25)其祁孔有。(《诗经·小雅·吉日》毛传云:"祁,大也。")

(26)兕觥其觩。(《诗经·周颂·丝衣》觩,弯曲貌。)

(27)子孙其湛。其湛曰乐。(《诗经·小雅·宾之初筵》)

(28)丝衣其紑。(《诗经·周颂·丝衣》)

(29)角弓其觩。(《诗经·鲁颂·泮水》)

(30)束矢其搜。(《诗经·鲁颂·泮水》)

上面这些句子中的指示代词"其"又什么作用呢?我们拟用沈家煊、完权提出的"可及度"、"指别度"这两个概念来对单音形容词前的"其"字的作用进行阐释说明。

可及度:说话人推测,听话人听到一个指称词语后,从头脑记忆中或周围环境中搜索、找出目标事物或事件的难易程度。容易找出的可及度高,不容易找出的可及度低。①

指别度:说话人觉得,他提供的指称词语指示听话人从头脑记忆中或周围环境中搜索、找出目标事物或事件的指示强度。指示强度高的指别度高,指示强度低的指别度低。②

"其"的作用在于提高目标的指别度。前面我们已经谈到,形容词在数量上具有连续性,其表达的数量的大小具有很大的主观性,而"其"的作用就在于提高形容词的指别度,从而提高形容词的可及度,同时,"其"凸显了它后面的形容词所表达的量之大。正如邓昌荣所说:"带这个'其'的句子一般都表达说话者对人或事物性状向着程度高或深的方向描述。这类'其'有表示程度深一层、高一级的作用。"③如果我们说"北风凉",加不加"其"的区别如图1所示:

加粗黑线表示凸显,不加"其"仅仅是对自然现象的描写,而加上"其"后则凸显形容词"凉","其"的作用是强调或突出交际双方都很明确地知道的事件或者状态。凸显与主观化是相伴相随的,凸显本身就是在原有内容基础上的主观化过程,凸显后的成分与原来未被凸显的成分比较来说,前者的主观性更强。因此这种用法的"其"要比用来修饰名词的"其"语法化程度要高。

---

① 沈家煊,完权.也谈"之"字结构和"之"字的功能[J]语言研究,2009(2):5.

② 沈家煊,完权.也谈"之"字结构和"之"字的功能[J]语言研究,2009(2):5.

③ 邓昌荣.《诗经》中指示代词'其'指示程度的意义和作用[J].语言研究,2003(1):40.

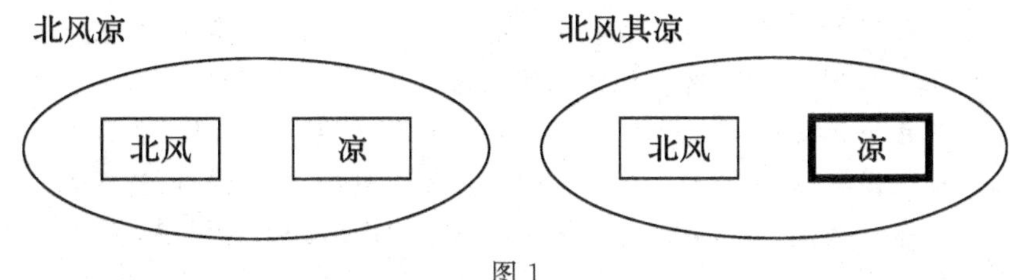

图 1

上面我们对不带“其”的单音形容词和加上“其”的单音形容词之间进行了比较，下面我们对所谓的“其”字式与重言式进行比较。张颖慧认为使用重言能够更加突出强调形容词所表示的性质或状态，与其相对应的变式重言中的“其”、“斯”、“彼”与形容词结合后，有强调作用，重言结构与变式重言作用相当①。我们不赞同这种观点，形容词的重迭式给形容词确立了一个量②，但这个程度单从形容词的重迭形式来看我们还是不能判断出它量的大小，因为形容词的重迭式所表示的量具有伸缩性，只有将其置于具体的语言环境中，我们才能判断出它表示的是大量还是小量。比如它有时表示一个较高的量，比如“写得大大的”、“挂得高高的”，有时似乎又是一个较小的大量，如“大大的眼睛”、“高高的个子”。上面说的是现代汉语形容词重迭的情况，那么古代汉语中的重言形式呢？

(31)a. 蓼彼萧斯，零露湑兮。(《诗经·小雅·蓼萧》毛传：“蓼，长大貌。”)

b. 蓼蓼者莪，匪莪伊蒿。(《诗经·小雅·蓼莪》毛传：“蓼蓼，长大貌。”)

(32)a. 简兮简兮，方将万舞。(《诗经·邶风·简兮》毛传：“简，大也。”)

b. 降福简简，威严反反。(《诗经·周颂·执竞》毛传：“简简，大也。”)

从毛传对《诗经》中形容词的解释中，我们可以看出，他们往往将单音节形容词和它们的重言形式的意义等同起来，如“蓼”与“蓼蓼”均是“长大貌”，“简”与“简简”都是“大也”，这种解释方法对于我们了解单音节形容词和其重言式的区别没有多大帮助。南北朝时期，刘勰在《文心雕龙·物色》中谈到《诗经》中的重言式形容词时，是这样说的：“是以诗人感物，联类不穷。流连万象之际，沈吟视听之区。写气图貌，既随以宛转；属采附声，亦与心而徘徊。故灼灼状桃花之鲜，依依尽杨柳之貌；杲杲为日出之容，瀌瀌拟雨雪之状；喈喈逐黄鸟之声，喓喓学草虫之韵。皎日嘒星，一言穷理，参差沃若，两字穷形。并以少总多，情貌无遗矣。”从这一论述中，我们可以看出，重言式形容词主要是用来描摹“情貌”的。同时，重言式形容词描摹事物情貌还往往具有具象特征，就是某一重言式形容词往往具有特定的描写对象。如下列一组重言式形容词：

① 张颖慧.《诗经》重言研究[D].兰州大学，2006：44.

② 石毓智.汉语语法[M].北京：商务印书馆，2010：264.

(33)a. 蒹葭苍苍，白露为霜。(《诗经·秦风·蒹葭》毛传："苍苍，盛也。")
b. 麻麦幪幪，瓜瓞唪唪。(《诗经·大雅·生民》毛传："幪幪然，茂盛也。")
c. 芃芃棫朴，薪之槱之。(《诗经·大雅·棫朴》毛传："芃芃，木盛貌。")
d. 瞻彼淇奥，绿竹猗猗。(《诗经·卫风·淇奥》毛传："猗猗，美盛貌。")
e. 疆埸翼翼，黍稷彧彧。(《诗经·小雅·信南山》毛传："彧彧，茂盛貌。")
f. 菶菶萋萋，雝雝喈喈。(《诗经·大雅·卷阿》毛传："梧桐盛矣，凤凰鸣矣。")

虽然例(33)中"苍苍"、"幪幪"、"芃芃"、"猗猗"、"彧彧"、"菶菶"、"萋萋"描写的都是茂盛的状态，但这些重言式描写的对象都不一样，a句中"苍苍"描写蒹葭的茂盛，b句中"幪幪"描写麻麦的茂盛，c句中"芃芃"描写树木的茂盛，d句中"猗猗"描写绿竹的茂盛，e句中"彧彧"描写黍稷的茂盛，f句中"菶菶"、"萋萋"描写梧桐的茂盛，这些重言式形容词都具有各自所描写的对象。此外，即使同样描写植物的叶子，随着植物的变化，所使用的重言式形容词也不一样，如：

(34)a. 桃之夭夭，其叶蓁蓁。(《诗经·周南·桃夭》毛传："蓁蓁，至盛貌。")
b. 东门之杨，其叶牂牂。(《诗经·陈风·东门之杨》毛传："牂牂然，盛貌。")
c. 有杕之杜，其叶菁菁。(《诗经·唐风·杕杜》毛传："菁菁，叶盛貌。")
d. 维柞之枝，其叶蓬蓬。(《诗经·小雅·采菽》毛传："蓬蓬，盛貌。")
e. 葛之覃兮……维叶莫莫。(《诗经·周南·葛覃》朱熹《诗集传》："莫莫，茂密貌。")

例(34)中每个句子中重言式形容词都是描写植物叶子茂盛的，但重言式形容词都有各自的对象，如a句中"蓁蓁"描写桃叶的茂盛，b句中"牂牂"描写杨叶的茂盛，c句中"菁菁"描写杜叶的茂盛，d句中"蓬蓬"描写柞叶的茂盛，e句中"莫莫"描写葛叶的茂盛。从例(33)、(34)中，我们可以看出，重言式形容词描写的对象都非常具体，概括性较弱，很难表达量的特征。而"其＋单音形容词"则能凸显形容词的量，更能突显事物的本质属性，如"硕人其颀"是用来极言美人身材之修长的，重言结构所起的突出强调作用没有所谓的"变式重言"来得强烈。

单音形容词、重言式、"其＋单音形容词"这三种结构对形容词所表示的状态或性质的突出强调作用是依次递增的，可及性及指别度也是依次递增的。这种用法的"其"并不限于《诗经》，在《诗经》同时代的先秦文献中以及两汉以后的文献中，我们都还能看到"其"的这种用法。

(35)曾子曰："十目所视，十指所指，其严乎！"(《礼记·大学》)
(36)五世其昌，并于正卿。(《左传·庄公二十二年》)
(37)及神农氏结绳为治而统其事，庶业其緐，饰伪萌生。(《说文解字叙》)
(38)其明甚著。(《汉书·五行志》)
(39)我虽鄙耇，心其好而；我徒侃尔，乐亦在而！(《汉书·韦贤传》)

(40)嗷嗷之声,其可哀也。(柳宗元《兴州江运记》)

三、"其十单音形容词"中"其"为指示代词的其他证据

古汉语中用来提高形容词指别度的不只有"其"一个,还有"之",如:

(41)心之忧矣,如匪澣衣。(《诗经·邶风·柏舟》)

(42)所可详也,言之长也。(《诗经·鄘风·墙有茨》)

(43)缁衣之宜兮,敝予又改为兮。(《诗经·郑风·缁衣》)

(44)子不我思,岂无他人。狂童之狂也且。(《诗经·郑风·褰裳》)

(45)子之汤兮,宛丘之上兮。(《诗经·郑风·宛丘》)

(46)巧言如簧,颜之厚矣。(《诗经·大雅·瞻卬》)

(47)桃之夭夭,灼灼其华。之子于归,宜其室家。(《诗经·周南·桃夭》)

(48)被之僮僮……被之祁祁。(《诗经·召南·采蘩》)

(49)鹑之奔奔,鹊之强强。(《诗经·鄘风·鹑之奔奔》)

(50)泌之洋洋。(《诗经·陈风·衡门》)

(51)氓之蚩蚩,抱布贸丝。匪来贸丝,来即我谋。(《诗经·卫风·氓》)

(52)汉之广矣,不可咏思。江之永矣,不可方思。(《诗经·周南·汉广》)

(53)士之耽兮,犹可说也。女之耽兮,不可说也。(《诗经·卫风·氓》)

(54)子之汤兮,宛丘之上兮。洵有情兮,而无望兮。(《诗经·陈风·宛丘》)

(55)子之清扬,扬且之颜也。展如之人兮,邦之媛也。(《诗经·鄘风·君子偕老》)

同"其"一样,"之"的这种用法不仅在《诗经》中存在,在先秦乃至两汉及之后的一些文献中也存在这种用法,"之"的这种用法的使用范围要比"其"广得多,如:

(56)齐庄公袭莒于,杞梁死焉,其妻迎其柩于路而哭之哀。(《礼记·檀弓下》)

(57)颜渊死,子哭之恸。(《论语·先进》)

(58)哭颜渊恸者,殊之众徒,哀痛之甚也!(《论衡·问孔篇》)

(59)凤兮!凤兮!何德之衰?往者不可谏,来者犹可追。(《论语·微子》)

(60)牿之反复,则期夜气不足以存。(《孟子·告子上》)

(61)得道者多助,失道者寡助。寡助之至,亲戚畔之;多助之至,天下顺之。(《孟子·公孙丑下》)

(62)何许子之不惮烦?(《孟子·滕文公上》)

(63)何先生之备邪?(《庄子·山木》)

(64)皇天之不纯命兮,何百姓之震愆。(《楚辞·哀郢》)

(65)彼尧舜之耿介兮,既遵道而得路。何桀纣之猖披兮,夫唯捷径以窘。(《楚

辞·离骚》)

(66)蚓无爪牙之利、筋骨之强,上食埃土,下饮黄泉,用心一也。(《荀子·劝学》)

(67)今夫子累德积义怀美之日久矣,奚居之隐也?(《荀子·宥坐》)

(68)齐王按戈而却曰:"此一何庆吊相随之速也?"(《战国策·燕策一》)

(69)君过矣!不若长安君之甚!(《战国策·赵策四》)

(70)何秦之智而山东之愚耶?(《战国策·齐策一》)

(71)鬼侯有子而好,故入之于纣。纣以为恶,醢鬼侯。鄂侯争之急,辩之疾,故脯鄂侯。(《战国策·赵策三》)

(72)人主之子,骨肉之亲也……无劳之俸,而守金玉之重也。(《战国策·赵策四》)

(73)子何绝我之暴也?(《晏子春秋·内篇杂上》)

(74)亡一羊,何追者之众!(《列子·说符》)

(75)相国何大罪,陛下系之暴也?(《史记·萧相国世家》)

(76)武帝下车,泣曰:"大姊,何藏之深也!"(《史记·外戚世家》)

(77)则吾斯役之不幸,未若复吾赋不幸之甚也。(唐·柳宗元《捕蛇者说》)

现代汉语中"之"还存在这种用法,而"其"指示形容词程度的用法已经消失。

(78)活动发展之迅速,反响之强烈,涉及面之广泛是活动组织者始料未及的。(《人民日报》1995年12月16日)

上古汉语中,指示代词"彼"也有这种用法,但用例很少,如:

(79)何彼襛矣?唐棣之华?(《诗经·召南·何彼襛矣》)

(80)何彼襛矣?华如桃李。(《诗经·召南·何彼襛矣》)

这种语境中的"彼"有人解释为语助词,也有解释为通"不"的,也有解释为只带形容词的,而崔达送则否定了这几种解释,他认为,这几种解释均与《诗经》文例不合,也与上古语法不协[①]。但他对这种用法并没有给出解释。单独从这两个用例,是很难看出其中"彼"的用法,但将其放在整个上古汉语中来看,我们就能明白"彼"的用法,来看类似语境中的"其",如:

(81)何其久也?必有以也。(《诗经·邶风·旄丘》)

(82)既见君子,云曷其忧?(《诗经·唐风·扬之水》)

同这两个用例一比较,我们就能看出例(90)、(91)中"彼"的用法,"彼"同"其"、"之"

---

① 崔达送.《诗经》中"彼"的语法语用功能考察[J].古汉语研究,2004(1):34.

一样，是指示代词，用来强调突出后面的形容词“褷”的。

尽管“其”、“之”、“彼”等加在形容词前提高指别度，增强可及性的作用，但语言表达始终遵循“经济”原则，因此在这一原则的作用下，“彼”用来提高指别度的用法没能得到发展，而在“其”与“之”的竞争中，由于“其”第三人称代词用法的进一步扩展（上古汉语中主要用作定语和附属子句主语，而到了中古汉语时期，“其”还可以用作独立主句主语、宾语、兼语等），从而使“其”的指示代词用法萎缩，进而使得“其”在与“之”的竞争中处于劣势地位，“之”在这场竞争中存活下来。人们在说出形容词的同时加上个能提高指别度的“之”，发现所要表达的语义明确了许多，同时也对于自己所想表达的情感也增强了许多，于是经常加“之”，“之”的使用频率增加了，那么“之”提高指别度的功能就会受到磨损，人们就逐渐不会体会到“之”在这种语境中的性质及作用。于是就会努力寻找别的词语来替代“之”的功能，后来就产生了“的”[①]。而到了现代汉语中，“的”提高指别度的能力变得非常弱，就又产生了另外的表达方式，书面语中我们用“之”来表达，而口语中则用“这（这么）”、“那（那么）”来表达。

（83）涉及金额之大，人数之多，都是建国以来罕见的。（《人民日报》2000 年 11 月 9 日）

（84）我们国家这么大，如果各部门都各行其是，搞自己的政策，那就乱套了。（蒋子龙《开拓者》）

（85）因为父亲整个的人，在她心中是这样清晰，过去的记忆是这样的丰富……（宗璞《三生石》）

（86）而今我谓昆仑：不要这高，不要这多雪。（毛泽东《念奴娇·昆仑》）

“这”、“那”的指示形容词的用法元明时期就已产生，如：

（87）官里恨不休，怨不休，更怕俺不知你那勤厚，为甚俺死魂儿劝不相瞅！（元·关汉卿《西蜀梦》）

（88）这厮那嚚浮诈伪，轻薄谄佞，那里有纳士招贤？那凶顽狠烈，奸猾狡幸，则待篡位夺权。（元·尚仲贤《三夺槊》）

（89）我唱的那七国里庞涓也没这短命，则是个八怪洞里爱钱精。（元·石君宝《紫云亭》）

（90）料着你那细详时，是买不得马。（《朴通事》）

（91）军人夫妇这艰难。（《皇明诏令》）

---

① 关于“的”的这种用法可参看姚振武．现代汉语的 N 的 V 和古代汉语的 N 之 V[J]．语文研究，1995(2)(3)；沈家煊，王冬梅．“N 的 V”和“参照体—目标”构式[J]．世界汉语与教学，2000(4)；王远杰．定语标记“的”的隐现研究[D]．北京：首都师范大学，2008．

另外，我们将"其"释为指示代词，也有语言类型学上的支持，在英语我们也可看看到指示代词修饰形容词的用法，如：

(92)I have done only that much.

我仅仅做了这么多呀。

(93)If it is that bad, we can't use it.

如果这件东西这么差，我们不能用它。

以上三例中，我们从不否定 that/this 的指示代词性质，因而我们将古汉语中单音节形容词前的"其"看作指示代词是不无道理的。

第二节　"其＋N/NP"中"其"的语法化

指示代词"其"有指示、定指功能，随着语境的变化，"其"逐渐发生虚化。本节主要对"其＋N/NP"格式中"其"的虚化进行探讨。因对于仅具备定指功能的"其"有人称之为定冠词，因而在对"其"的语法化进行探讨之前，我们有必要对指示代词和定冠词联系与区别作一说明。

一、指示代词和定冠词的联系与区别

指示代词具有指示功能和定指功能，定冠词是语言中专门用来标记名词有定性，并带有一定的句法强制性的标记。世界上有指示代词的语言很多，但有定冠词的语言并不多，很多语言都是用指示代词来将所描写对象的内容确定。

从有冠词的语言来看，冠词来源于指示代词，一般由指示代词虚化而来。吴福祥根据跨语言的演变模式和单向性路径演变模式对某些语法演变的方向做出预测，汉语中修饰性的指示代词(指示代词＋名词)如果发生演变，最有可能的演变方向是定冠词，这是因为"指示代词＞定冠词"是人类语言普遍发生的单向性路径①。指示代词和定冠词都具有定指功能，这是指示代词向定冠词语法化的基础之一。那么，如何确定一个指示代词已经由指示代词虚化为定冠词了呢？关于判定指示代词已经语法化为定冠词的标准，有不同的看法。

Greenberg(1978)提出了两条判定指示代词已经语法化为定冠词的标准：

①在表达有定意义的名词性成分中强制出现；②可用于依赖语境和普遍共享知识获得有定地位的对象，或用于世界上唯一存在的对象，如"太阳"之前。

---

① 吴福祥.汉语语法化研究的当前课题[J].语言科学，2005(2).

Himmelmann(1996)通过跨语言考察,指出了指示代词和冠词的区别:

①指示词不可用于唯一的所指对象,如:* this/that sun;* this/that queen,但是冠词可以;②指示词不用于由于概念关联(frame-based)而确定的对象,比如,如果上文中出现了 tree,在下文中如果指称这个树的枝干不能用 this/that branch,而要用 the branch。[①]

方梅通过对北京话中"这"和"那"语法化的研究提出了汉语中确认一个指示词依然是指示词还是已经虚化为冠词的尺度。她认为,指示词在如下四种情况下把一个指称属性不十分确定的名词身份确定化,这种指示词在用法上已经与定冠词相同,从功能上看已经虚化为冠词。这几种情况是:

①"指示词+专名"构成通指性成分;②在通指名词前,整个名词性短语指某一类对象,而不是语境中或言谈现场中具体的个体;③只用在光杆名词或相当于光杆名词的"的"字式以及黏合式偏正结构的前面,不用再数量名结构或含有描写性定语的组合式偏正结构之前;④在非回指名词前,名词的所指是由于概念关联而确定的对象,而不是上文中已经出现的确定的对象。[②]

陈玉洁提出了判断语言中的指示词是否语法化为冠词的标准:

①句法上的强制性;②语义泛化;③语用功能弱化和改变;④语音弱化。[③]

并说:"判断一个语言中指示词是否语法化为冠词,指示功能的弱化和距离语义特征的消失是非常重要的参考标准,但也只能作为辅佐标准。最主要的标准,是看语言中 NP 的有定、无定特征是否出现了强制性的标记形式。"

通过以上诸位学者的研究,指示代词语法化为定冠词后,至少有这样两个表现:第一,句法上具有强制性;第二,出现新的表现形式或语音弱化,前者如英语中的 the,后者如北京话中的"这"(方梅,2002)。当然,指示代词的冠词化是一个连续统,我们只能说哪种功能成分具备多少冠词特征,而不能说出,哪种语言中的冠词是标准冠词,也不能说具备所有冠词特征的成分才能称作一个冠词。因为冠词也是一个原型范畴,也有典型和非典型的区别。

英语中的定冠词 the 来源于指示代词 that,这一问题学界已无疑义,Diessell(1999)从语用角度对定冠词的来源进行了推测,认为定冠词来源于具备回指功能、作定语的指示代词。许多语言没有定冠词,但近些年来,越来越多的语言学家认为,在某些没有定冠词的语言中,指示代词已经产生了冠词化的倾向,甚至有些语

① 方梅.指示词"这"和"那"在北京话中的语法化[J].中国语文,2002(4).

② 方梅.指示词"这"和"那"在北京话中的语法化[J].中国语文,2002(4).

③ 陈玉洁.汉语指示词的类型学研究[M].北京:中国社会科学出版社,2010:132-134.

言中的指示代词已然可以看作定冠词。但对于汉语中某些用法中的"其"能否看作定冠词我们持保留态度,我们认为,汉语中"其"出现了冠词化倾向,但还不能称之为定冠词。

二、"其+N/NP"中"其"的语法化

(一)"其"用于通指名词前

指示代词"其"主要用作定语,其功能主要与其后的名词共同指称一个在说话人看来是听话人和说话人双方确知的对象。上古汉语中,指示代词"其"用于名词性成分前,一般表示远指[①],"其"在"其+N/NP"格式中实现了从指示代词到定指词的转化,"其"语法化为定指词后,失去了指示功能,仅留存定指功能。转化后"其+N/NP"指称的尽管仍是说话人和听话人双方确知的对象,但这个对象在上文中并没有出现。试比较下面一组例子:

(1)a. 客曰:"人有鬻矛与楯者,誉其楯之坚,物莫能陷也,俄而又誉其矛曰:'吾矛之利,物无不陷也。'人应之曰:'以子之矛陷子之楯何如?'其人弗能应也。"(《韩非子·难势》)

b. 大叔完聚,缮甲兵,具足乘,将袭郑,夫人将启之。公闻其期,曰:"可矣。"(《左传·隐公元年》)

c. 子墨子言:古者民始生,未有刑政之时,盖其语,人异义。是以一人则一义,二人则二义,十人则十义。其人兹众,其所谓义者亦兹众。(《墨子·尚同上》)

d. 仆诚以著此书,藏之名山,传之其人,通邑大都,则仆偿前辱之责……(西汉·司马迁《报任安书》)

例(1)中,a句中的"其人"义为"那个人",回指前文中所提到的鬻矛与楯者,这个例子中的"其"还没有丧失指别义;而c句中"其人"义即"人",它并不特指上下文中提到的某个人,"其"已经丧失了指别义。之所以会产生这种差别,是因为"人"的指称属性不同:a句中"人"是单指,所以该句中的"其"还有一定程度的指别义;b句中,"其"既可以看作是指示代词,指示上文中大叔袭郑。但因为上文中没有提到大叔袭郑国之具体日期,因此该语境中"其"的指示功能已经很淡,"其"的定指功能凸

① 关于指示代词"其"的性质,有多种看法,有人认为是远指代词,如杨树达(1930)、杨伯峻(1981)、潘允中(1982)、黄盛璋(1983)、何乐士等(1985)、史存直(1986)、白兆麟(2004)、向熹(2010)等;有人认为是兼指代词(既可以表示近指又可以表示远指),如洪波(1991)、《古代汉语虚词词典》(中国社会科学院语言研究所编);有人认为是特指代词(指称那些比较具体确定的事物或情状),如王力(1958)、郭锡良(1989)、崔立斌(2004)等;还有人认为是古指称词,如姚振武(2004)。

显，这是语法化渐变性特征的体现；而c句中的“人”是类指、通指，“人”作为一个类别名词，只有一种，因而不再需要指别，此句中的“其”也就失去了指别义，从这个角度看，“其”的角度仅在于表示类别，这符合方梅所说的第二条标准，因而“其”具有定冠词的唯定指特征，但这种用法的“其”用例较少，并且不具备句法使用上的强制性，因而还不适宜称为定冠词；d句中“其”传统的观点认为表示特指或泛指，其实这种句子中“其”的作用同c句中一样，d句中“其”后同样是通指名词，“其”的作用在于将“人”的范围确定，d句中“其人”并不直指言谈现场中的某个对象，也不回指上文中某个对象，而是将“人”的范围圈定，指称一类人，指称“那些志同道合的人”，因此这一例中“其”也已经虚化，成为定指标记。

像“藏之名山，传之其人”中“其”的这种用法，Himmelmann(1996)称之为指示代词的“认同用”(“认同用”指的是说话人认为听话人能够依赖双方的共同的经历辨别出说话人所指对象，而所指并不出现在现场或指示代词所在的上文中)，并指出指示代词的认同用，并不同于所谓的定冠词“认同用”，指示代词的人通用所依赖的背景是特定的、个人化的，而定冠词所依赖的是普遍共享知识[①]，如：

(2)a. 小李：至少你要告诉我，那个女孩是谁？

小王：哪个女孩？

小李：昨天和你在咖啡厅聊天的那个女孩。

b. The moon was very bright last night.

昨晚的月亮非常明亮。

例(2a)中“那个女孩”是小王和小李听说双方所共享的背景信息，是比较个人化的知识。而例(2b)中moon在所叙述语境中属于某一社团所共享的知识。古汉语中用于“认同指”的“其”也是如此，如：

(3)a. 子曰：“非其鬼而祭之，谄也。见义不为，无勇也。”(《论语·为政》)

b. 曰：“王无异于百姓之以王为爱也。以小易大，彼恶知之？王若隐其无罪而就死地，则牛羊何择焉？”王笑曰：“是诚何心哉？我非爱其财而易之以羊也。宜乎百姓之谓我爱也。”(《孟子·梁惠王下》)

例(3b)中“其财”是孟子和齐宣王共同所知的对象，指称“用于祭钟的财物”，而(3a)中“其鬼”也是听说双方共知的对象，听说双方以外的人若要确认“其鬼”的所指，必须通过上下文语境才能判断，再如：

(4)富与贵，是人之所欲也；不以其道得之，不处也。贫与贱，是人之所恶也，不以其道得之，不去也。(《论语·里仁》)

---

① 陈玉洁.汉语指示词的类型学研究[M].北京：中国社会科学出版社，2010：28.

(5)学经莫速乎好其人,隆礼次之。上不能好其人,下不能隆礼,安特将学杂识志、顺《诗》《书》而已耳,则末世穷年,不免为陋儒而已!(《荀子·劝学》)

(6)夫道者虚设,其人在则通,其人亡则塞者也。非兹是,无以理人,非兹是,无以生财。(《管子·君臣上》)

例(4)"其道"指称"正道,合适的法则";例(5)"其人"指称"贤明的君主";例(6)"人"通指人类,"其人"指称"贤能的老师";例(4)～(6)中"其+N/NP"的所指对象并没有出现在上下文中,而是我们对上下文中的进行解读,从而解读出来的。如例(2)中,"其鬼"虽然是第一次出现,但我们并不会误解它的所指,引文后文中有"谄也",那么"其鬼"当是"适合(自己)祭祀的鬼神",而不是其他的鬼神,"其"的作用,就在于将后面名词的范围限定,也就是把后面的名词定指化,其余各例类此。

尽管 Himmelmann 所说的两种认同用有不同之处,但我们要提出的是汉语认同用中的"其"已经不是指示代词,指示代词的典型功能是表指别和定指,比如"子贡欲去告朔之饩羊。子曰:'赐也,尔爱其羊,我爱其礼。'"(《论语·八佾》)中"其"用于"羊"之前作用除了将"羊"的范围圈定,同时将"羊"与其他的羊区别开来,是"用于祭祀的羊",而不是其他的羊,"羊"在文中有回指作用。而认同指中的"其"所修饰的名词在上文中并没有出现,"其"不具备回指功能,同时"其"不具备指别功能,"其"的作用在于将后面名词的范围圈定。此时的"其"我们称为定指词。

例(3)～(6)中"其"用于通指名词前均表示类指,英语中定冠词 the 也可以用于名词前表类指,如:

(7)The poodle is a popular house pet.

卷毛狗是很多人都喜爱的宠物。

(8)The motor car has been with us for almost a century.[①]

汽车问世已经近百年了。

那么我们是不是就此可以说汉语中用于通指名词前的"其"已经是定冠词了呢?我们的回答是否定的。我们可以将汉语中用于通指名词前表类指的"其"同英语中用于通指名词前表类指的 the 进行比较,我们就可以发现,汉语中"其"用于通指名词前表类指和英语中定冠词用于通指名词前表类指并不相同,汉语中"其+通指名词"所指称的对象往往是通指名词的一部分,如例(4)中"其道"指称"合适的法则",是"道"中的一个类别,"道"与"其道"是包含与被包含的关系,而英语则不同,the poodle 指的就是所有的卷毛狗,对卷毛狗的性质没有限定。这种用法中的"其"似乎还带有一定的指示功能,因此不能称之为定冠词。

① 例(7)～(8)选自《牛津高阶英汉双解词典(第四版)》。

(二)"其"用于重出通名前

"其+N/NP"中N/NP为重出通名,"其+N/NP"指称上文已经出现的对象。"其"修饰重出通名的用法至迟西晋时已经产生,这种修饰通名的用法在汉译佛经中体现得较为明显,如:

(9)其光明中有自然百千叶莲花,大如车轮,其莲花出亿百千光明,皆普彻照。(西晋·竺法护《佛说德光太子经》)

(10)严交露帐,其交露帐出妙音声。(西晋·竺法护《佛说普耀经》)

(11)时四天王闻彼地居诸天诸仙发大声已,其四天王所在诸天传闻此语。(隋·阇那崛多《佛本行集经》)①

(12)有一日,普请次。有一僧忽闻鼓声,失声大笑,便归寺。师曰:"俊哉,俊哉!此是观音入理之门。"师问其僧:"适来见什摩道理,即便大笑?"僧对曰:"某师适来闻鼓声动,得归吃饭,所以大笑。"(《祖堂集·百丈和尚》)

从句法功能上看,"其+重出通名"多作主语,究其原因可能是由汉语的句法语义原则决定的,一般来说,汉语主语位置上的名词往往是已知信息的,宾语位置上的名词往往是未知信息。"其+重出通名"指称的是上文出现的已知信息,"重出通名"是已知信息,"其"的功能是标记这种定指性,因而"其+重出通名"常常位于主语位置,而通名的首次出现位置往往是在宾语位置上,用来标识自己的新信息身份。英语中定冠词the也有修饰重出通名以表明人或事物的定指性的用法,如:

(13)A tall man is coming here with a book under his arm. The man is our English teacher.

一个胳膊下夹着一本书的男人向这边走来,这个男子是我们的英语老师。

(14) I saw a Chinese book on the teacher's desk yesterday. I thought that the book must be our Chinese teacher's.

昨天我在老师的桌子上发现一本语文书,我想这本书应该是我们语文老师的。

(15) I have a dog. The dog is very cute.

我有一只狗,这只小狗非常可爱。

(16) Suddenly, he saw a house at the foot of the mountain. And curiosity made him approaching the house.

突然,他在山脚下发现一座房子,强大的好奇心驱使他向那房子走去。

---

① 例(9)~(10)以及例(24)~(29)转引自魏培泉.汉魏六朝称代词研究[M].台北:中央研究院语言研究所,2004:38.

例(13)～(16)中"the＋重出通名"或作独立句主语，或作从句主语，例(16)中"the＋重出通名"作宾语。再来看一个例子：

(17)譬如一师，有二弟子。其师患脚，遣二弟子，人当一脚，随时按摩。其二弟子常相憎嫉。一弟子行，其一弟子捉其所当按摩之脚，以石打折。彼既来已，忿其如是，复捉其人所按之脚，寻复打折。(《百喻经·师患脚付二弟子喻》)

例(16)中"其弟子"指称的并不是前文所讲的"一弟子"，而是"二弟子"中除了"一弟子"另外的一个弟子，这个"其"分析为指示代词或第三人称都是不正确的，此处的"其"作用是用来标记"一弟子"的有定性的，另外又可以通过"其"将所指不同的"一弟子"分开。英语中 the 也有这种用法，如：

(18)There are two rooms. One is mine, and the other is my parents'.

这里有两个方面，一个是我的，另一个是我父母的。

虽然"其＋重出通名"中"其"与英语定冠词 the 的功能已经基本相当，但两者在使用过程中有一个非常重要的差别：英语中重出通名前必须加 the；而汉语中"其"则不存在这种强制性。如例(12)中"其僧"表定指，而下文中"僧"依然表定指，但没有加上定指标记"其"。从是否具有句法使用上的强制性上来讲，汉语中修饰重出通名的"其"还不能被称作定冠词。并且汉语中修饰重出通名的"其"具有回指功能，也就是说还有一定的指别意义，比如例(12)中"其"还有将此僧与彼僧区分开来的作用，从这一角度来说，"其"也不能看作定冠词。

因为汉语自身的性质，汉语的自然组配原则默认主语位置上的名词性成分是定指的，汉语中重出通名前的"其"就显得有些冗赘，因而"其＋重出通名"这种格式在汉语中的使用频率会逐渐减少。何继军对宋代禅录中"其＋重出通名"格式进行了研究，指出"唐宋语录中'其＋重出通名'的万字使用率随着时间的推移是递减的……到了南宋的《五灯会元》，'其'修饰通名的万字使用率已明显比《祖堂集》降低了许多，可见'其'修饰重出通名的用法到南宋已趋衰落"[①]。

"其＋重出通名"这一格式的逐渐减少一方面是由于汉语本身特征使然，另一方面是由于汉语中出现了与其功能相同的语词，那就是由指示代词"这"、"那"虚化而来的定指词。

(19)师游南州时与王太傅一房坐，时有一沙弥揭帘欲入，见师与太傅，便放帘抽身退步。师云："者沙弥好吃二十棒。"太傅云："与摩则延玭罪过。"师云："无佛法不是这个道理也。须子细好！"僧问中塔："沙弥过在于何，打二十棒？"塔云："更添三十棒，沙弥又无过。"(《祖堂集·玄沙和尚》)

① 何继军.《祖堂集》"其＋N/NP"格式中"其"的功能及流变[J].古汉语研究，2011(2).

(20)王之夫人,名有相者。夫人容仪窈窕,玉貌轻盈,如春日之夭桃,类秋池之荷叶。盈盈素质,灼灼娇姿;实可漫漫,偏称王心……这夫人仪容既丽,妇德弥章(彰),有日月处皆智(知),满乾坤而尽许。(《敦煌变文·欢喜国王缘》)

(21)引着小员外,蹑足行来,看时,见柱子上缚着一人,婆子把刀劈开了那人胸,取出心肝来。(《清平山堂话本》)

三、"其+N/NP"中"其"的进一步语法化

(一)"其"用于专有名词前

词义虚化总是从实到虚,然后再朝着更虚的方向发展,"其"也不例外。上文谈到"其"可以用于通指名词或重出通名前,此后N/NP还扩展到专有名词。专有名词是世界上独一无二的人或事物等,本身具有定指性,已经不需要加上定指词,因此用在专有名词前的"其"不仅丧失了指别功能,还失去了定指功能。吴福祥认为,这种"其"是"仅具有强化话语组织的连贯性功能的语词"①。"其"用在专有名词之前,至迟春秋时期已经产生,如:

(22)反先王则不义,何以为盟主?其晋实有阙。(《左传·成公二年》)

(23)齐环怙恃其险,负其众庶,弃好背盟,陵虐神主,曾臣彪将率诸侯以讨焉,其官臣偃实先后之。(《左传·襄公十九年》)

(24)今天降祸灾于周室,余一人仅亦守府,又不佞以勤叔父,而班先王之大物以赏私德,其叔父实应且憎,以非余一人,余一人岂敢有爱?(《国语·周语中》)

指示代词"其"本来就具有话语组织的功能②,这时它的指示意义也并没有完全消失,"其"还有距离义,但这种距离义已经由可丈量的距离引申至抽象的距离,比如例(22)~(24)中均是"其"的内容对于"晋、官臣偃、叔父"来说均是消极内容,因此,此处的"晋、官臣偃、叔父"均是说话人情感上疏远的对象,因此"其"还显示出一定的距离特征。但这种距离意义已经很弱,我们将这种用法的"其"称为话语标记词,是增加句子连贯性的一种手段,是一种功能类别,对话语片段的命题意义不产生任何作用。

中古汉语时期,在佛经文献中使用频率较高,如:

---

① 吴福祥.敦煌变文12种语法研究[M].开封:河南大学出版社,2004:13.

② Halliday和Hasan把衔接关系分为照应(reference)、替代(substitution)、省略(ellipsis)、连接(conjunction)和词汇衔接(lexical cohesion)五类,其中前三类都和指示代词有关。参看陈玉洁.汉语指示词的类型学研究[M].北京:中国社会科学出版社,2010:34.

(25)其大目如来无所著等正觉亦欢乐作是名，四天王亦欢乐为是名，天帝释及梵三钵亦欢乐作是名。(《阿閦佛国经》)

(26)其额真国王典主阎浮利天下。(《佛说德光太子经》)

(27)其白净王性行仁贤。(《佛说普耀经》)

(28)其难陀后次太子来，欲入城内。(《佛本行集经》)

其实佛经文献中"其"也暗含一定距离意义在内，佛经中讲述的人物多与事件讲述时间具有一定的距离，讲述者使用远指示代词"其"也就和容易理解了。正如我们在现代汉语中指示和我们现在生活的年代具有一定时间距离的人物时，我们也倾向于用远指示代词"那"，如：

(29)你说那李白先生能喝多少酒啊？这个谁也说不清，他自己说了"会须一饮三百杯"，好家伙！不过他喝多少酒，却不象刘伶那样让人称道，问题是他只要是喝醉了酒，最好是喝得烂醉，就能写出很好的诗来，而且越醉就写得越好。(《戴高山文集》)

(30)那曹操能耐大。(相声《一肚子〈三国〉》)

(31)想当初有配享颜、曾、思。那孔夫子与颜回彼此盘道，圣人所说话，颜回一概不懂。说："徒儿真乃愚人也。"(相声《愚人》)

我们认为，用于专有名词前的"其"并不像吴福祥所言仅具有"强化话语组织连贯性的功能"，这种用法的"其"还具有强调后面专有名词的作用，用以将听话人的注意力转移到专有名词上面来。"其"用于专有名词前的用法到晚唐五代时期仍然存在，如：

(32)须臾对奏："火坑掘了。"其大王差壮士，令拥耶输、罗睺母子出于宫门，推入火坑。其耶输云道："我既在王宫，即是新妇；若道拥入火坑，便是罪人。"两步作一步急行。其耶输告使者："欲略歇坐片时，得否？"使者答曰："若放夫人命即不得，歇息片时即一任。"其耶输到火边。(《敦煌变文·悉达太子修道因缘》)

(33)过去迦叶佛与释迦牟尼佛授记，其释迦牟尼佛与弥勒佛授记："汝于来世，当得作佛。"(《敦煌变文·悉达太子修道因缘》)

但在不同的文献中出现的频率并不相同，何继军对大致相同年代的《祖堂集》和《敦煌变文》进行了统计，发现《敦煌变文》中"其"用在专有名词前的数量是《祖堂集》的六、七倍[①]。至于原因是什么，何继军只是说"可能和文献的性质有关"[②]，这种判断是正确的。《祖堂集》是语录性质的，多为对话，而《敦煌变文》是一种说唱文学，是

① 何继军.《祖堂集》"其+N/NP"格式中"其"的功能及流变[M].古汉语研究，2011(2).

② 同上。

话本的一种形式，是寺院里用通俗语言解说佛经的俗讲，这种俗讲往往对话语组织的连贯性有一定的要求，而由指示代词虚化而来的"其"则刚好符合了这一条件，因而《敦煌变文》中专有名词前用"其"的数量要高于《祖堂集》中专有名词前用"其"的数量。"其"用在专有名词前的用法到了宋代禅宗语录中几乎消失了，《景德传灯录》、《古尊宿语要》、《五灯会元》中几乎不存在这种用法。我们对宋代其他性质的文献也进行了考察，发现其他文献中也有"其"用在专有名词前的现象，如：

(34)其石敬瑭是朕懿亲，合施极谏，既兹错误，宜示省循，可罚一月俸。浑公儿决脊杖二十，仍销在身职衔，配流登州。小儿骨肉，赐绢五十匹、粟麦各百石，便令如法埋葬。兼此后在朝及诸道州府，凡有极刑，并须子细裁遣，不得因循。(《旧五代史·唐书·明宗纪》)

(35)李靖曰："两国来往，惟务诚实。据靖所见，先将燕京六州二十四县为定，岁交契丹银绢之数。其平、滦等州别作一头项再觅去，或肯时亦不可知。若一概言之，徒苦往来。"(《三朝北盟会编》)

专有名词前的"其"失去了指别义，定指义也已淡化，因而其虚化程度要高于重出通名前的"其"。因为专有名词前"其"仅具有强化话语组织之功能，随着使用次数的增加，"其"的这种功能逐渐磨损，"其"就逐渐变成了一个冗余成分，所以专有名词前加上"其"的这种现象也就越来越少了，但这个过程非常漫长，到了元明时期我们还依旧能看到"其"用于专有名词前的用例，如：

(36)其郝骂儿年及是十一岁，女子郝丑哥一十三岁，未知稼穑。(《元典章》)

(37)其宠权等又不知他家有几何，只莽勒揹要钱物，因此将监禁两月，把生理都误了。(《皇明诏令》)

专有名词前"其"使用的逐渐减少乃至消失还有一个原因是："这"、"那"在五代开始就可以用于专有名词前了，如：

(38)过得一年后这吾辞百丈，便到药山。("吾"为人名，指"道吾"《祖堂集·药山和尚》)

(39)李万卷问："大藏教明得个什摩边事?"师竖起拳，却问："汝还会摩?"李公对云："不会。"师云："者李公，拳头也不识。"(《祖堂集·归宗和尚》)

(40)这难陀在院闷闷不已，思量道："阿谁能待得世尊！"(《敦煌变文·难陀出家缘起》)

(41)说这惠远，家住鴈门，兄弟二人，更无外族。(《敦煌变·文山远公话》)

(42)这有[相]夫人颜貌平正，又复能歌。(《敦煌变文·欢喜国王缘》)

(43)到这五矾山，被贼打一铁查，劫了罄尽。(《张协状元》)

(44)他是贬从那潮州去，无聊后，被他说转了。(《朱子语类》)

(45)所谓"激怒"者,只是苏秦当时做得称意,后去欺那张仪。(《朱子语类》)

"这"、"那"用于专名前在现代汉语中仍然使用,如:

(46)丽琳偷眼看这姚宓,她长得十分匀称,五官端正,只是穿了这种灰色而没有式样的衣服,的确看老。(杨绛《洗澡》)

(47)你瞧那边站着那杨重没有?那是犹太人,也是头八百年就来了。憋着跟这淘金受教育呢,来了就不爱走。(王朔《一点正经没有》)

对于用于专有名词前的"这、那",吕叔湘(1985)指出:"指示上文说过的人或事物,当名词本身已经有定,无须指别的场合,'这、那'的意义就已经相当虚化了,其作用相当于其他语言里的有定冠词。"但这种用法的"这、那"往往还有距离意义,像例(46)中,"姚宓"的位置定距离"丽琳"的距离较近,"丽珠偷眼看这姚宓"前有"另一个苗条的就站起来,到柜台边接过许彦成归还的书,为他办理还书手续",当时"丽珠"和"许彦成"就在一起,那么由此可推断出"姚宓"和"丽珠"的位置较近,因此,"姚宓"前用指示代词"这";而例(47)则很明显,"其"还具有空间距离意义,因为"那杨重"前面由"那边",则提示了"杨重"与说话人的距离较远,因此用远指示代词"那"。

从语用角度来看,"其+专有名词"具有比较强的话语关联功能,如:

(48)汉高皇帝大殿而坐,招其张良附近殿前。张良蒙诏,趋至殿前,汉王曰:"前月二十五日夜,王陵领骑将灌婴,斫破项羽营乱,并无消息。拟差一人入楚,送其战书,甚人堪送书?"(《敦煌变文·汉将王陵变》)

例(48)中"其张良"处于宾语位置,从名词的确定性来讲,"张良"与"其张良"的所指相同,因而"其"的指别功能并不明显。但是有无"其",整句话的连贯性却不一样。例(48)"招其张良附近殿前"这句话的目的,并不是仅仅将这一动作行为叙述出来,而是借此引入新的谈论对象"张良"。这一问题我们可以用可及性理论来进行解释。Ariel对英语、希伯来语、汉语等多种语言中的有定名词短语进行了研究和分析,认为传统意义上的"已知"范畴的名词性成分实际上是一个可及性程度不等的连续统,根据名词性短语的类型,其形成的连续统由高到低如下:完整姓名+修饰语>完整姓名>长的有定描述名词短语>短的有定描述名词短语>姓氏>名字>远指代词+修饰语>近指代词+修饰语>原指代词(+NP)>近指代词(+NP)>重读代词+手势>重读代词>非重读代词>附着化代词>极高可及性标记(包括省略空位、反身代词和一致性标记等)。Ariel还进一步认为,指称成分的"可及性"并不仅仅是听话人一方的事情,相反,说话人为了使听话人能够最大限度地接收和理解自己想传达的信息,在组织话语的过程中会充分考虑不同类别和不同形式的话语成分的可及性程度问题,可及性由此首先变成了说话人的话语选择和话语组织策略，成为一种重要的语用手段[①]。根据可及性理论，我们知道，专有名词的可及性较低，在例(48)中也是以新信息的身份出现的，正如 Ariel 所说，某个所指对象在语篇较远的上下文中出现过或存在于大脑的百科知识系统中，与当前话语的关联度就会比较低，激活的难度就会比较大。而当说话人或叙述者提及这个人，要对这个人进行评价或介绍、说明，这就存在一个如何激活新信息(即所提及的人)，提高话语关联度，即说话人或叙述者如何使听话人更好更快地接受所传递的信息的问题。"其"就是提高可及性的一个标记，它的使用可以增强后面名词的显著度，引起听话人或读者的关注，从而使专有名词成为话中的一个新的谈论对象。"招张良附近殿前"中专有名词前加上远指代词"其"就使得"张良"这一信息更加显著，从而使听话人或读者更高效率地接收信息。

以上谈论是用于宾语位置上的"其＋专有名词"，当"其＋专有名词"用于主语位置上，指示代词"其"还兼有话题标记之功能，如：

(49)行者却请张日用："与我书偈，某甲有一个拙见。"其张日用与他书偈曰……(《祖堂集·弘忍和尚》)

(50)先是三品将军，姓陈，字慧明，星夜倍程，至大庾岭头。行者知来趁，遂放衣钵，入林，向磻石上坐。其慧明岭上见其衣钵，向千已手抬之，衣钵不动，便自知力薄，即入山觅行者。(《祖堂集·仰山和尚》)

这两个例子的共同点在于"其＋人名"中的人名在上文中近距离处已经出现。例(49)中"张日用"处于"行者—请—张日用"这样一个"话题—说明"叙述线索中，中心人物是"行者"，"张日用"只是叙述中的次要信息，听话人或读者对他的关注较低，因而其信息值也不高。而到了下句中"张日用"成了句子的话题，这对听话人或读者来说，显得有些突兀。典型的话题是一个已知信息，原在于交际双方的百科知识系统中，因而往往具有较高的可及性，"张日用"虽然在上文中已经出现，但因其信息值较低，不符合典型话题的默认要求。"其"的作用就是增加"张日用"的显著度(即可及性)，使其显得更像一个典型的话题。话句话说，此处的"其"具有引入新话题，即典型话题标记的功能，同时，"其"的使用还使话题的转换显得更加自然，使上下文的关联更加紧密。例(50)亦是如此。

(二)"其＋N/NP"在宾语位置上的语法化

《汉语大词典》认为"其"有助词用法，相当于"了"、"着"，即现代汉语中的时态助词，所举例为：

(51)于三月十五日，天子亲到御园，向东南打其一弹。(元·无名氏《抱妆盒》)

① 洪波.周秦汉语"之$_s$"的可及性及相关问题[J].中国语文，2008(4).

(52)我当年同兄弟阮肇上天台山采药，只为日暮，迷其归路。(元·王子一《误入桃源》)

(53)不幸夫主亡逝已过，只有一个孩儿，年长八岁，俺娘儿两个，过其日月。(元·关汉卿《窦娥冤》)

将例(52)、(53)中"其"看作时态助词是合适的，但例(51)则不行，表面上看例(51)中"其"可视作"着"可行，这是《汉语大词典》编纂者断章取义的结果，我们将例(51)所在语篇补充完整：

(冲末扮殿头官领校尉上，诗云)君起早，臣起早，来到朝门天未晓。长安多少富谊家，不识明星直到老。某乃殿头官是也。方今大宋宗皇帝，山河一统，万国来朝。主圣臣贤，民丰国富。只因天子即位以来，未有太子，以此圣心时常不乐。昨日太史官王宏奏道：夜观天象，太子前星甚是光彩。如今时逢春季，百花盛开，正是成胎结子之候。合该着尚宝司打造金弹丸一枚，于三月十五日，天子亲到御园，向东南方打其一弹。令六宫妃嫔，各自寻觅。但有拾得金丸者，因而幸之，必得贤嗣。天子准奏。

这是太史官观星象后向宋宗皇帝提出的建议，是未然之事，"向东南打其一弹"中"其"无论是释为"了"还是"着"都是不妥的。另外这样的例子无法解释，如：

(54)陆机《与长沙顾母书》，述从祖弟士璜死，乃言："痛心拔脑，有如孔怀。"心既痛矣，即为甚思，何故方言有如也？观其此意，当谓亲兄弟为孔怀。(《颜氏家训·文章》)

(55)忽时寿州界内，有一群贼，姓白名庄。说其此人，少年好勇，常行劫盗，不顾危亡，心生好杀。(《敦煌变文·庐山远公话》)

例(54)、(55)中"观其此意"、"说其此人"都是时态不明显的叙述话语，因而将"其"视为时态助词不太恰当。尽管将例(52)、(53)中"其"视为时态助词能讲通，但从"其"的历时发展线索来看，我们认为这种观点并不正确[①]。对于动宾之间的这种"其"，已有学者论及，袁宾认为这种"其"是动词后缀[②]，江蓝生、曹广顺称这种用法的"其"为"语助词"[③]，吴福祥认为这种用法的"其"是"不负载任何语义—语用信息的虚语素"[④]，没有指明"其"的词性。《现代汉语词典》中"其"字条谈到"忘其所以"，认为"其"是指示代词，是指示代词的虚指用法。

其实例(51)～(53)中"其"的用法，仍是从"其＋N/NP"格式中而来，"其"用作

① 这也是我们在前文中一直强调的问题，"通"不一定"对"。

② 袁宾.近代汉语概论[M].上海：上海教育出版社，1992：161.

③ 江蓝生，曹广顺.唐五代语言词典[M].上海：上海教育出版社，1997：292.

④ 吴福祥.敦煌变文12种语法研究[M].开封：河南大学出版社，2004：13.

指示代词和第三人称代词时均可用于这种格式中,如:

(56)孔子曰:"见善如不及,见不善如探汤,吾见其人矣。"(《论语·季氏》)

(57)有鄙夫问于我,空空如也,我叩其两端而竭焉。(《论语·子罕》)

例(56)、(57)中"其"分别为指示代词和人称代词,均用作定语,均具有回指性,例(57)中"其"回指"见善如不及,见不善如探汤",例(56)中"其"回指前文中"鄙夫"。我们认为像上文中"向东南打其一弹"、"迷其归路"中"其"当来源于"其"的指示代词用法,因为从某些所谓的"虚指"用法中的"其"还具有指示代词的痕迹,如:

(58)a. 已经十月,耶输降下一男。父王闻之,拍案大怒:"我儿雪山修道,不经一年已来,新妇因何生其孩子?"遂遣武士,殿前穿一方丈火坑,满坑着火,令推新妇并及孩子入于火坑。(《敦煌变文·太子成道经》)

b. 到雪山已经时久,耶输降下一子。父王闻之,拍手大怒道:"我儿山间苦行,近及六年,因何有此孩子!"(《敦煌变文·悉达太子修道因缘》)

"父王"说话时,"孩子"可能不在身边,距离说话人较远,因而例(58)中"其"还可以看作指示代词,指示上文中所提到的"耶输所生之子",但"其"的指示功能已变得很弱,定指功能凸显。来看下面的例子:

(59)净能引皇帝直至娑罗树边看树。皇帝见其树,高下莫恻(测)其涯,枝条直赴三千大千世界。其叶颜色,不异白银,花如同云色。(《敦煌变文·叶净能诗》)

(60)歌利王[时],割截身体,节节支解。尸毗王时,割股救其鸠鸽。月光王时,一一树下,施头千遍,求其智慧。宝灯王时,剜身千龛,供养十方诸佛,身上燃灯千盏。萨埵王子时,舍身千遍,悉济其饿虎。悉达太子之时,广开大藏,布施一切饥饿贫乏之人。(《敦煌变文·太子成道经》)

(61)其世尊见于香盖,便知耶输母子被父王推入火坑,遭其此难。(《敦煌变文·悉达太子修道因缘》)

(62)王陵谓灌婴曰:"下手斫营之时,左将丁腰,右将雍氏,各领马军百骑,把却官道,水切(楔)不通。陵当有其一计,必合过得!"灌婴谓王陵曰:"请大夫说其此计!"(《敦煌变文·汉将王陵变》)

例(59)中,"树"即在皇帝眼前,"其"不可能是远指,也不具备指别功能,"其"只有定指功能。例(60)中"鸠鸽"、"智慧"、"饿虎"均是第一次出现,所指并不明确,"其"的加入就是使其所指明确。例(61)、(62)中动词宾语有近指代词"此"修饰,更能证明"其"不是指示代词。以上者三种情况,有一个共同特点,那就是N/NP所指称的对象都有某种不确定性(针对非回指名词而言),或者确定性不强(针对回指名词而言),加上虚化的"其"之后,N/NP就获得了某种有定性,或者使得原来的有定性增强了。可以认为此处的"其"是有定性的标记,这正是定指词所具备的功能。

由此我们在来看"迷其归路"和"过其日月"中"其",问题就迎刃而解了,这两例中的"其"也是定指标记,"其"使得"归路"、"日月"的范围确定,"其归路"指"归家之路","其日月"指"无夫家依靠的日子"。再如下列两例中"其"也是这种用法。

(63)岳神便屈,使人直入殿前,言:"太一传语,因何辄娶他生人妇,离他夫妇,失其恩爱?"(《敦煌变文·叶净能诗》)

(64)大王忽见,遂问美人:"此个孩子是那公众孩子?"美人奏言:"此是遮月前火坑烧不杀罗睺之子。"大王见之,由(犹)有宜(疑)心。其世尊在灵山会上,观见大王有其宜(疑)心,恐更遭苦难,遂修书一封,速差捷寂(疾)鬼使,乘一朵黑云,直至王宫空中,坠在大王案上。(《敦煌变文·悉达太子修道因缘》)

伴随着"其+N/NP"经常占据宾语位置,N/NP的范围逐渐扩大,宾语位置中的N/NP还可以是专有名词,如:

(65)楚王唤其魏陵曰:"劳卿远路,冒涉风霜。"(《敦煌变文·伍子胥变文》)

(66)皇帝既被有相夫人再三频问,唯唯惆怅,转转悲啼,良久,大王语其有相夫人:"朕无余事惆怅,夫人适来作舞之时,朕见夫人耳边,有一道气色,此气色案于世书图籍,号曰死文;却后七日,夫人必死。朕今已见,恐丧夫人,不免心中忧怀惆怅。"(《敦煌变文·欢喜国王缘》)

甚至可以是包含数量词或数量概念的名词性成分或指称化的谓词性成分,如:

(67)其王弟贪恋歌乐,不听奏对。将师兄关门立其六日,慢易三宝,不敬师兄。(《敦煌变文·悉达太子修道因缘》)

从语义的角度来看,这些宾语所表达的信息是不定的(尽管"六日"所指是确定的,但用在此处只是为了说明关"师兄"时间之长),它们本身不能指称某个人或某类人或物。这种用法的"其"主要起强调功能,不能再看作定冠词。汉语中"他"也有这种用法,如:

(68)今夜里弹他几操,博个相逢。(《董解元西厢记》卷四)

(69)三杯两盏淡酒,怎敌他晚来风急!(李清照《声声慢》)

梁银峰称这种用法的"他"为"标补词(引导主语补足语、标语补足语、宾语补足语的词)"①,类似于英语中的关系代词that,是由定指功能的定冠词"他"进一步语法化而来。

上文中我们所谈到的"打其一弹"中"其"也是这种用法,我们姑且用"标补词"来称呼它,但这种用法的"其"并不像吴福祥所说的是"不负载任何语义—语用信息

① 梁银峰.东汉至唐五代时期"他+N"格式中"他"的语法功能及其流变[J].语言科学,2011(3).

的虚语素",它还具有一定的强调功能。但"打其一弹"这种用法并不多见,大致是受到标补词"他"的影响的缘故,"他"的标补词用法在现代汉语中仍然存在,如:

(70)明天我要睡他个昏天暗地。

(71)这件事我一定要搞他个一清二楚。

从其来源上看,"迷其归路"、"打其一弹"中"其"本来是后面名词性成分的前附成分,而从韵律上看,它却便成了前面动词的附着形式,而这种用法的"其"前面的动词又常常是单音节的,而汉语多是双音节韵律词,有些人把它看看作是词缀或语助词也就不足为怪了。

四、"其+N/NP"格式中"其"的流变及原因

(一)指示代词"其"的流变

"其"最早是表肯定的语气副词,西周中期逐渐出现指示代词用法,多作定语,如:

(72)子贡欲去告朔之饩羊。子曰:"赐也,尔爱其羊,我爱其礼。"(《论语·八佾》)

"其"表远指,指示前文所提到的"羊"。在"其+N/NP"这一格式中,"其"还衍生出第三人称代词用法,如:

(73)子谓公冶长:"可妻也。虽在缧绁之中,非其罪也。"以其子妻之。(《论语·公冶长》)

例(73)中第一个"其"称代"公冶长",第二个"其"称代"孔子"。以往认为"其"的"特指"用法,我们认为是"其"由指示代词进一步虚化的结果,"其"作为指示代词具有指别和标识有定两种功能,但"其"的"特指"用法中指别功能已经不明显,如:

(74)子曰:"吾自卫国反鲁,然后乐正,雅颂各得其所。"(《论语·子罕》)

例(74)中"其"的作用在于圈定"所"的所指,将"所"定指化,"其所"指称"合适的处所"。汉代时,"其"进一步虚化,衍生出了修饰重出通名和专名两种用法,如:

(75)佛哀国人,欲令解脱,即化二城,变为琉璃;其城洞达,内外相照。(《修行本起经》)

修饰重出通名的作用是将重出通名所指个体明确化,如例(74)中"其城"即指前文所说"二城",修饰重出通名的"其"还有一定的指别功能。专有名词本身就是有定的,不需要再定指了,这种"其"就又发生了进一步的虚化,仅具备话语组织与强调

之功能，如：

(76)且看法师解说义段，其魔耶夫人自到王宫，并无太子，因甚于何处求得太子，后又不恋世俗，坚修苦行？(《敦煌变文·悉达太子修道因缘》)

综上，我们可以看出"其+N/NP"中"其"的虚化线索(见图2)：

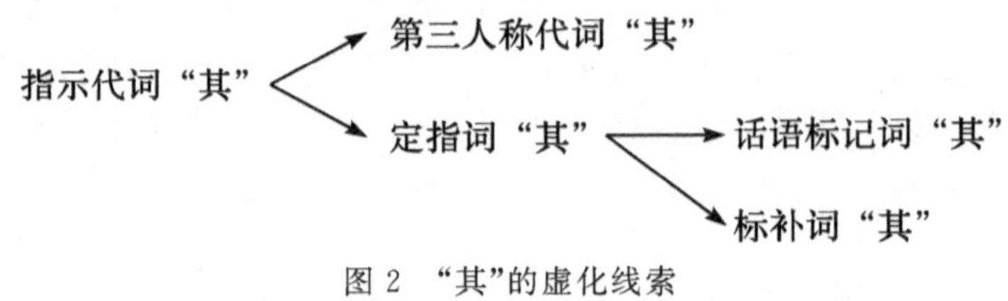

图2 "其"的虚化线索

(二)"其"由指示代词到定指词再到话语连接标记/标补词虚化的原因

其"由指示代词到定冠词再到话语连接标记虚化的原因主要有以下两点：

1. 内部原因

"其"由指示代词到定指词再到话语连接标记，"其"本具有的指示性、定指性等功能逐渐消失，这符合人类对事物认识由具体到抽象的认识过程。另外，这种变化也有语言类型学上的依据，英语中的定冠词 the 就是由指示代词 that 语法化而来的。汉语中也有许多类似的情况，汉语中指示代词"夫"、"彼"、"这"、"那"以及旁指代词"他"都分别衍生出来了定指词和话语标记词用法①。汉语"其"的语法化过程即是"其"的冠词化过程，但由于冠词化的"其"不具备句法使用上的强制性及独立语音形式，并且在有些用法上还具有一定的距离意义，因此，认同指和用以修饰重出通名的"其"不能被称作定冠词，是指示代词"其"语法化的产物。这种语法化过程可以称作"其"的冠词化过程，与英语中指示代词冠词化过程不同的是，汉语"其"在冠词化过程中已经到了修饰重出通名的进程，但在句法上不具备强制性，使得"其"不能成为定冠词。但从另外一个角度来讲，"其"的冠词化程度又高于英语中指示代词的冠词化程度，英语中"其"不能用来修饰指人专有名词，而汉语中"其"已发展到这一过程。另外标补词"其"的产生也具有类型学上的依据，英语中的标补词 that 也是由指示代词 that 虚化而来。

2. 外部因素

因为"其"的定指化用法在东汉汉译佛经中使用频率非常高，尽管"其"的定指

① 可参看梁银峰《古汉语中的标补词"夫"初探》、《东汉至唐五代时期"他+N"格式中"他"的语法功能及其流变》，魏培泉《汉魏六朝称代词研究》，何继军《〈祖堂集〉"这(者)""那"的指示功能及其虚化轨迹》。

用法在上古汉语中已经出现，但并未出现用在重出通名之前的这样的比较成熟的定冠词用法。既然是在汉译佛经中出现频率较高，那么梵汉对译势必对“其”的虚化造成了影响。何继军对此进行了阐述，我们认为非常精当，兹录如下：

梵汉语言接触像催化剂一样，加速了“其”的虚化……梵语等印欧语系的语言表达定指的手段以及话语连接形式多样：一是通过性、数、格等变化来表达，二是通过小品词来引导，三是可以像汉语一样通过词汇手段来标记；而汉语不依赖形态变化。结果，译师在翻译佛经时，只能以汉语的词汇形式与梵语的多形式对译，“其”的出现就是一例。先秦中土汉语是指示代词及定指词“其”，与梵语代词、定指代词 tat/ayam/iyam/idam/as ā u/adas 等有相似之处，这为译经僧人找到了对译的通路，于是译师们用“其”翻译原典中的代词、定指代词。当遇到性、数、格、人称变化以及小品词等来标记定指词或话语连接标记时，译师们也用“其”来对译……这种用法逐渐在僧侣和信徒中使用，又通过佛教传播，影响到与佛教有关的俗文学作品，因此，在唐五代禅录以及敦煌变文中大量使用。

第三节　“其”助词用法的产生及功能

本章第二节对指示代词“其”在“其＋NP”中的语法化过程进行了探讨，本节拟对“其”从指示代词到助词用法的产生进行探讨。

一、“其”的结构助词用法

（一）“NP_1其NP_2”中“其”的语法化

王力、高名凯、俞敏都曾指出结构助词和指示代词的历史渊源关系。王力说：“介词（即关系词）‘之’字和代词‘之’字同出一源。在最初的时候，指示代词“之”放在名词后面复指，表示领有。”高名凯说：“大约规定词的来源……可能也是指示代词引申出来的。‘麟之趾’也许竟是‘麟这趾’引申出来的‘麟的趾’的意思，现在口语中还有说‘你这管笔真好’，去代替‘你的笔真好’。”俞敏说：“‘公侯之宫’本是‘公侯这所宫’，弱化成表示‘规定’关系的虚词。”[①]以上所说的“介词”、“关系词”和“规定词”指的都是我们现在所说的结构助词，其前的定语是领属性定语。这类定语后面的结构助词在先秦早期都是指示代词，具有复指定语的作用。“其”的结构助词用法来源于它的指示代词用法，如：

① 王力．汉语史稿[M]．北京：中华书局，1980：335；高名凯．汉语语法论[M]．北京：商务印书馆，1986：290、303；俞敏．经传释词札记[M]．长沙：湖南教育出版社，1987：154．

(1)孟侯,朕其弟,小子封。(《尚书·康诰》)(《经传释词》:"其,犹之也。")

(2)凡是其属,太师之任也。(《大戴礼记·保傅》)

(3)周公其后。(《尚书·大诰》)

(4)a.吾观晋公子之从者,皆足以相国。(《左传·僖公二十三年》)

b.吾观晋公子其从者三人,皆国相。(《列女传·曹僖氏妻传》)

例(1)中的"其"字可理解为指示代词,复指前面的"朕",表强调,在强调的同时,在语义上"其"还有连接前后词语之功能。这句话中的"其"也可理解为结构助词,意为"我的弟弟"。例(2)似乎只能理解为结构助词,"其"的强调、复指功能已消失。如同现代汉语中结构助词"的"可以省略一样,结构助词"其"形成之后,定语和中心语之间的"其"也可以不用。例(4)中"其"、"之"句法语义环境完全相同,足见b句中"其"为结构助词。

(二)指示代词"其"语法化为结构助词的原因

复指功能的弱化是指示代词"其"向结构助词转变的内在因素,但这一内在因素并不是决定作用,其决定作用的可能是平行虚化的强大作用。"汉语词汇单位平行虚化现象的根源是句法语义因素对词汇单位的强制性制约作用","平行虚化有两种类型,一种是实词意义相同,分布的句法语义环境相同,因而出现平行虚化;另一种情况是实词意义不同,而分布的句法语义环境相同,也出现平行虚化"①。"之"是上古汉语中典型的结构助词,关于它的语法化过程已有多人论及,它从指示代词向结构助词语法化过程的完成是在"NP_1+X+NP_2"格式中完成的,如:

(5)关关雎鸠,在河之洲。(《诗经·周南·关雎》)

"之"在上古汉语中衍生出结构助词用法之后,指示代词用法仍然存在,如:

(6)之子于归,宜其室家。(《诗经·周南·桃夭》)

(7)之二虫又何知?(《庄子·逍遥游》)

而"其"由指示代词向结构助词语法化的过程也是在这一格式中完成的。应该说,"NP_1+X+NP_2"是指示代词向结构助词语法化的基式,除了指示代词"之"、"其"在这一格式中完成了向结构助词的转化外,指示代词"厥"在"之"的带动下也衍生出结构助词的用法,如:

(8)a.余其敢对扬天子之休。(驹尊)

b.对扬天子厥休。(同簋)

c.对扬朕宗君其休。(琱生簋二)

---

① 洪波.论平行虚化[M]//汉语史研究集刊(第三辑).成都:巴蜀书社,2000.

例(8)a 句中用"之",b 句中用"厥",c 句中用"其"。近代汉语中的结构助词"个"也是由其指示代词用法语法化而来,如:

(9)观者满路旁,个是谁家子?(《寒山诗》)

(10)但只硬把定中间个心,要他不动。(《朱子语类》卷五十二)

例(9)中"个"为指示代词,例(10)中"个"为结构助词。"的"(元明之前被写作"底"),在魏晋南北朝一直到唐宋时期常用作指示代词或疑问代词,如:

(11)个人讳底?(《北齐书·徐之才传》)

(12)柳映江潭底有情。(《柳》)

(13)竹篱茅舍,底是藏春处。(《蓦山西词》)

"的"到晚唐敦煌变文时期才产生了结构助词用法。从这几个典型的结构助词的来源来看,"其"的结构助词用法当是从其指示代词用法语法化而来,这不仅符合人们认知从具体到抽象的发展规律,同时也与历史上汉语结构助词衍生的过程相符。

"其"、"厥"的语法化应该是由于"之"语法化的强大类推作用而发生的,"其"、"厥"的结构助词用法毕竟不是它们的主要用法,它们以结构助词身份也如昙花一现,在结构助词"之"的排挤下,也逐渐消失了。但在一些方言中,"其"的结构助词用法依然存在,福州话中"其"有作为结构助词的用法,大概是古汉语"其"在福州话中发生了进一步的语法化。如"其"和它前面词语构成短语,修饰体词。学生其簿簿(学生的本子)、我其书包(我的书包)、旧其棉袄里(旧的棉袄里)、趁其钱(赚的钱)、蜀瓶其酒(一瓶子的酒)、汝寄来其批(你寄来的信)、乡下其三只(乡下的三只)、嫩其三堵(小的三间)、会跳其七头(会跳的七头)、伊寄来其五箱(她寄来的五箱)[①]。

二、"其"的衬音助词用法

这一部分我们主要对《诗经》"击鼓其镗"、"坎其击鼓"、"咥其笑矣"以及《楚辞》"路曼曼其修远兮"中的"其"的性质及功能进行探讨。关于这一问题学界有不同的看法,最早对这种"其"进行讨论的是王引之,他在《经传释词》中说"'其',状事之词也……有先言其状而后言其事者,若'灼灼其华'、'殷其雷'、'凄其以风'之属是也"。后来裴学海承袭了"状事之词"的说法。王力《古代汉语》教材中认为形容词之前的"其"是词头,对形容词之后的"其"没有说明。赵仲邑认为像"温其如玉"、"路曼曼其修远兮"之"其"均为形容词后缀[②]。

① 梁玉璋.福州方言的"其"和"过"[J].福建师范大学学报,1997(4).

② 赵仲邑.古代汉语[M].桂林:广西人民出版社,1984:282.

在对"其"的这一问题进行讨论之前，我们有必要先谈谈词缀和助词的区分问题，这实际上是一个比较难解决的问题。由于受传统"语助词"概念的影响，不少论著常将一些词缀纳入助词的范围，然后使得词缀和助词之间的界限难以划清。我们对此的区分是，从单位大小上来看，词缀是不成词语素，是比词小的单位，而助词是词；另外，从它们与所在句子的关系来看，因为词缀一般是词法中的概念，一般与所在句子没有直接关系，而助词常常会对句子的结构、语气或者时态产生影响。

既然词缀是词法中的概念，那么假设"其"真的是词缀，那么"其"在句中则没有词汇意义，仅是一种附加成分。诚如熊焰所言"其"若是词缀，便是一种词汇现象，"语言中的词汇现象，一般来说是具有一定的语言社会性的，并且在语言发展历史中或多或少或明或隐地会具有其承继性，这就是说，一定时代的语言词汇现象，在与之时代相同相近或在其前后的文献语言中会有普遍性的反映的"①。如果认为"其"像"然、如、若、尔"等一样的词缀的话，那么"其"的这种词缀用法为何在同时的其他文献中几乎不存在呢？况且这种用法的"其"在《诗经》或《楚辞》中并非像词缀那样没有任何意义。另外从《楚辞》中"其"和其他功能相等的词语的对比，我们也可以看出"其"并不是词缀，如：

(14)a. 九嶷缤其并迎。(《离骚》)

b. 九嶷缤兮并迎，灵之来兮如云。(《九歌·湘夫人》)

(15)a. 芳菲菲其弥章。(《离骚》)

b. 芳菲菲兮满堂。(《九歌·东皇太一》)

(16)a. 纷总总其离合兮。(《离骚》)

b. 纷总总兮九洲。(《九歌·大司令》)

(17)a. 日月忽其不淹兮。(《离骚》)

b. 平原忽兮路超远。(《九歌·国殇》)

例(15)～(17)a、b 句均是"其"与"兮"相对，明显的，"兮"不是词缀，那么"其"当也不是词缀。

有的论著之所以会将"其"看作词缀，大概是因为我们用现代汉语的语感进行认知的结果。现代汉语词汇以双音节为主，当我们用现代汉语语感对"暵其干矣、慨其叹矣、暵其修矣、条其啸矣、暵其湿矣、啜其泣矣"等进行解读的时候，就默认地认为"暵其、慨其、暵其、条其、暵其、啜其"等是一个整体式语言单位，不能解释"其"的性质与作用，就想当然地认为"其"是词缀了。

我们认为这种语言环境中"其"是衬音助词，"其"的存在对句子的语气产生了一定的影响。因用于形容词后的"其"多见于《诗经》、《楚辞》及少数韵文中，因此我

① 熊焰. 先秦韵文"其"字代词虚用说[J]. 古汉语研究，1997(2).

们应该从《诗经》、《楚辞》文体角度来认识“其”的性质。

《诗经》、《楚辞》属于诗歌体裁，不同于散文，“散文的产生较晚于诗歌，它是语言和逻辑进一步发展的结果，而以文字为其必要条件，未有文字，早有诗歌，而散文则产生于既有文字之后。由于社会生活的需要，促进了散文的发展”[①]。闻一多甚至将“诗”与“歌”作了进一步的区分，“‘歌’的本质是抒情的，现在我们说‘诗’的本质是记事的……古代歌所据有的是后世所谓诗的范围，而古代诗所管领的乃是后世史的疆域……歌诗的平等合作，‘情’‘事’的平均发展，是诗第三阶段的进展，也正是《三百篇》的特质”，但《诗经》除了承继古诗记事的功用外，更多地继承的是古歌的抒情传统，“因为其中的‘事’是经过‘情’的泡制然后再写下来的”[②]。

《诗经》的结集源自我们古代采诗的传统。《礼记·王制》云：“天子五年巡守。岁二月东巡守……命太师陈诗以观民俗。”《汉书·食货志》中对这一传统也有记载，“孟春之月，行人振木铎，徇于路以采诗，献之太师，比其音律，以闻于天子。故曰王者不出牖户而知天下”，因而《诗经》的多数篇章源于各地的民谣，也就是朱熹所说的“里巷歌谣之作，所谓男女相与咏歌，各言其情者也”，有些歌谣经过乐师谱乐，便成为当时贵族用于祭祀、典礼或宴饮的歌了。马瑞辰云：“《诗》三百篇，未有不可入乐者。”顾颉刚更是断言“《诗经》所录全为乐歌”，徐中舒先生进一步指出：“《诗经》为鲁国工歌之底本。”袁梅也说“《诗》在西周初期至春秋中期，是一种配乐配舞的乐歌”[③]，并且这种乐歌是民歌，《诗经》三百篇多来自于民歌，十五国风更是如此，“风就是个地方的乐调，‘国风’就是各种土乐的意思。古人说‘秦风’、‘魏风’、‘郑风’，如同今人说‘陕西调’、‘山西调’、‘河南调’”[④]，《诗经》中的诗歌虽然经过的文人的加工，但仍保留了民歌质朴的特色。

诗歌和歌谣中通常会使用衬字以使音节更加和谐，节奏更加齐整。关于衬字，朱光潜曾谈到：“‘衬字’在文义上为不必要，乐调曼长而歌词简短，歌词必须加上‘衬字’才能与乐调合拍，如《诗经》《楚辞》中的‘兮’字，现代歌谣中的‘咿’‘呀’‘唔’等字。歌本为‘长言’，‘长言’就是把字音拖长。中国字独立元音字少，单音拖长最难，所以必须拖长时衬上类似元音的字如‘呀’(a)‘咦’(e)‘啊’(o)‘唔’(oo)等以凑足音节。”我们在现代民歌中仍然可以看到衬字的使用，现代民歌中通常使用“那”、“那个”[⑤]，比如陕北民歌《赶牲灵》“走头头的那个骡子哟，三盏盏的那个灯；哎呀，

① 游国恩.中国文学史(第一册)[M].北京：人民文学出版社，1963：15－18.

② 闻一多.歌与诗[M]//闻一多全集·文学史编.武汉：湖北人民出版社，1993：5－15.

③ 马瑞辰.毛诗传笺通释(卷一)[M].北京：中华书局，1989；顾颉刚.论《诗经》所录全为乐歌[J].北京大学国学门周刊，1925(10)～(12)；徐中舒.豳风说[M]//历史语言研究所集刊(第六本第四分).南京：江苏古籍出版社，2008；袁梅.诗经译注[M].青岛：青岛出版社，1999：18.

④ 余冠英.诗经选·前言[M].北京：人民文学出版社，1979.

⑤ 朱光潜.诗论[M].上海：上海古籍出版社，2001：11.

戴上了那个铃子哟，哇哇得的那个声"，信天游《我的哥哥当了红军》"山丹丹那个开花哟背洼洼红。羊肚子那个手巾哟三道道兰"，山东民歌《沂蒙山小调》"人人那个都说沂蒙山好，沂蒙那个山区哎好风光。青山那个绿水哎多好看，风吹那个草低见牛羊"。衬字是民歌中不可分割的重要组成部分，对诗歌的思想感情的生动表达起到了非常重要的作用。这些衬字使得诗歌词与词在结构上更加连贯、自然，唱起来上口，听起来入耳。

了解了民歌和歌谣的特点，我们再来重新审视《诗经》中"其"的话，问题就迎刃而解了。《诗经》是乐歌，其句子大多是四字句，形成"二二"节拍，每个节拍以两个音节为一个停顿，无论是吟诵还是配乐歌唱，节奏都和谐鲜明。当四言句中某个节拍只有一个音节时，要使其中的歌词和音乐曲调相和谐，就必须加入一定的衬字，这样听起来才更加优美动听。如果说用于形容词前的"其"还有一定的指示功能的话，那么用于形容词后的"其"则失去了指示功能，变成了衬字。如"咥其笑矣"(《卫风・氓》)、"暵其干矣"(《王风・中谷有蓷》)、"嘅其叹矣"(《王风・中谷有蓷》)、"温其如玉"(《秦风・小戎》)、"温其在邑"(《秦风・小戎》)、"坎其击鼓"(《陈风・宛丘》)、"亟其乘屋"(《豳风・七月》)、"宛其死矣"(《唐风・山有枢》)、"嘤其鸣矣"(《小雅・伐木》)、"芸其黄矣"(《小雅・裳裳者华》)、"翩其反矣"(《小雅・角弓》)、"依其在京"(《大雅・皇矣》)、"烂其盈门"(《大雅・韩奕》)等等，这些用例均属"×其××"结构。熊焰对《诗经》中一些此类的用法翻译成了现代汉语，我们认为翻译得非常恰当，如：

(18)击鼓其镗——敲起鼓来那个咚咚地响。

(19)温其如玉——温温和和那个像美玉。

(20)坎其击鼓——叮咚咚那个敲起鼓。①

熊焰认为这种用法的"其"不再有实在的、明确的指代性，在句中只是起一种咏叹性、谐和音节或衬补音节的作用②。我们认为这种说法大致是正确的，同时这种衬字往往还有连接上下文的作用，这是因为指示代词"其"具有篇章连接功能，"其"的虚化用法也应该有这种功用。

确认了《诗经》中形容词后"其"为衬音助词后，《诗经》中"凄其以风"这一难解之例也就迎刃而解了。《邶风・绿衣》："絺兮绤兮，凄其以风。"《传》曰："凄，寒风也。"《笺》云："絺绤所以当暑，今以待寒，喻其失所也。"《传》对"以"字不加解释，《笺》则以"以待寒"来释"以风"。通过上文我们对"其"的判断，"凄其以风"属于"×其××"结构，而此结构中"其"前多为形容词，因此，我们认为"凄"不是"寒风"，当

---

① 熊焰.先秦韵文"其"字代词虚用说[J].古汉语研究，1997(2).

② 熊焰.先秦韵文"其"字代词虚用说[J].古汉语研究，1997(2).

为"寒冷"。陈奂《诗毛氏传疏》释"凄"为"寒意",又以"以御寒风"来释"以风"。以"寒意"释"凄",甚得诗意,而以"以御寒风"释"以风"则恐未能得其矣。"×其××"结构中"其"后面多为动词或动词性结构,那么"以风"当为动词性结构,"以"就不能是连词了。"以"当读为"sì",通"似"。《易·明夷》:"内难而能正其志,箕子以之。"陆德明《经典释文》云:"以之,郑、荀、向作'似之'。"高亨注:"按'以'借为'似'。"《邶风·旄丘》:"必有以也。"《仪礼·特牲馈食礼》注引作"必有似也"。《左传·襄公三十一年》:"令尹似君矣,将有他志。"孔颖达疏引服虔云:"言令尹动作以君仪,故云'以君矣'。"这是因为服虔所见本子"似"作"以"。明代时,"以"还有通"似"之例,如明代刘侗、于奕正《帝京景物略·西堤》中有"水底偶平不平,而声以鸣不鸣"。以此可见"以"通"似"可相通。将"以"释为"似","凄其以风"结构正如"温其如玉",对其解释也很通畅,"絺兮绤兮,凄其以风"即为"絺绤,凉得那个似寒风"。

《楚辞》也是民歌,朱谦之在《中国音乐文学史》中即说:所谓《楚辞》,实即南方长江流域一带民歌的结晶①。《楚辞》和《诗经》也有密切的关系,这一问题已有多人论及,因而其中也运用了大量的衬字,"其"即是其中一个,我们试着将其译为现代汉语如:

(21)日月忽其不淹兮,春与秋其代序。(《离骚》)——日与月急匆匆那个不停息呀,春与秋那个交替无止境。

(22)故众口其铄金兮,初若是而逢殆。(《九章·惜诵》)——众口诽谤那个黄金也销熔呀,自古以来都是这样那个谗言多成灾。

(23)霰雪纷其无垠兮,云霏霏而承宇。(《九章·涉江》)——冰珠雪花纷纷扬扬那个无边际呀,低云浓雾那个绕门窗。

(24)心之不怡之长久兮,忧与愁其相接。(《九章·哀郢》)——心难受那个长又久呀,忧愁那个相接连。

正因为《诗经》、《楚辞》中有一部分"其"是衬字,它们只是为了方便与乐曲谐和演唱而加的衬字而已,而这些衬字在散文或其他文体中很少见,因此很容易被看作词缀。后代的歌词往往与音乐分离,因而现在的研究者很容易用散文或其他文体中"其"的用法来判断《诗经》、《楚辞》中的"其","其"也就成了一个随文释义的音节助词了。

《诗经》和《楚辞》中形容词后面的"其",不仅具有和谐乐曲的作用,更有篇章连

---

① 朱谦之.中国音乐文学史[M].上海:上海人民出版社,2006:124.

接，增强句子感叹语气的作用，正因为如此，后代的辞赋作用中也常常使用"其"字，以使整个句子更加流畅，语气更加突出，如：

(25)夜曼曼其若岁兮，怀郁郁其不可再更。（司马相如《长门赋》）

(26)鞠巍巍其隐天，府而观云霓。（张衡《南都赋》）

(27)山原旷其盈视，川泽盱其骇瞩。（王勃《滕王阁序》）

(28)步栖迟以徙倚兮，白日忽其将匿。（王粲《登楼赋》）

“其”人称代词用法的产生及其功能

论文第二章、第三章对“其”语气副词、指示代词、连词等用法的产生及功能进行了谈论，本章主要对人称代词“其”的产生过程进行讨论，并对目前有人认为“其＋NP(他日吾见蔑之面，今日吾见其心矣)”中“其”不是人称代词而是所属格标记这一观点进行辨正。

第一节　人称代词“其”产生及其功能辨正

以往研究者只是简单说明“其”的人称代词用法来源于其指示代词用法，未能说明指示代词向人称代词演变的基础，另外对人称代词“其”的功能的认定也需进行辨正。本节即对这些问题进行阐述。

一、人称代词“其”的产生

在对人称代词“其”的产生过程进行论述之前，我们有必要对人称代词这一词类的主要特征进行阐述说明。通常认为，代词就是用来“替代”的词，邢福义说：

> 在任何宽泛的范围内，代词可以游移地指代某一需要指代的对象。世界上任何人都可以称“我”，任何事物都可以问“什么”，任何人或事物都可以用“这/那”指代，一个代词，或代甲，或代乙；要进入指代语境之后才能确定下来。①

但“替代”这种说法并不能揭示代词的本质特征，若代词仅有“替代”功能，那么所有的实词都应该称作“代词”才行。关于这一问题，吕叔湘发表过看法，他认为“代词

---

①　邢福义.汉语语法三百问[M].北京：商务印书馆，2002：108.

有指示和替代两种作用,替代的时候同时也指示,指示的时候可不一定也替代。"[①]此外,张静对此也进行过讨论:

说"我"、"大家"、"自己"、"别人"等是有代替作用的词,那么"今天"、"群众"、"人"等不是也都可以说有代替作用吗?回答可能是:"我"具有不定性,可以代替任何一个说话人的名字,"大家"也只是代替许多人的名字。那么"今天"不是也有不定性,可以代替任何一天的名字吗?"群众"不是也代替许多人的名字吗?为什么不把"今天"、"群众"等叫代词?[②]

由此看来,"替代"并不是"代词"的特色,事实上,学术界之所以把"代词"单列为一类是因为它的指别功能,而非"代替"功能,因此,有些人会把"代词"称作指示代词。

对代词的本质特征进行辨正之后,我们再来看人称代词"其"的来源也就较为容易了,人称代词"其"来源于指示代词"其"。

(1)有子曰:"其为人也孝弟,而好犯上者,鲜矣;不好犯上,而好作乱者,未之有也。君子务本,本立而道生。孝弟也者,其为仁之本与!"(《论语·学而》)

(2)工欲善其事,必先利其器。(《论语·卫灵公》)

例(1)中"其"既可理解为指示代词,也可以理解为第三人称代词,例(2)中"其"既可以理解为指示代词,也可以理解为第三人称代词。若理解为第三人称代词,则例(1)中"其"用作主语,既具有指示功能,又具有称代功能。例(2)中"其"用作定语,主要起指示功能。这种理解上的两可性,是语法演变渐变性的体现。

二、"其+NP"中"其"的性质

"其+NP"中NP可以是一般名词,也可以是通称名词或专有名词,此处讨论的是"其"后为一般名词时,"其"的性质。

(一)"其+NP"中"其"的性质

关于我们通常看作人称代词"其+NP"中的"其",最近一种观点认为"其"是所有格标记。"跟我们所熟悉的所有格标志'之'以及现代汉语中的所有格标记'的'的性质一样……'其'是所有格标志'之'的变体,两者构成互补分布,'之'用在领属名词和被领属名词之间,'其'用在领属名词不出现的句法条件下",并用俞敏从汉

① 吕叔湘.语法学习[M].北京:中国青年出版社,1953:47.

② 张静.语言·语用·语法[M].郑州:文心出版社,1994:164.

藏语比较角度得出来的结论来支撑她的看法[①]。但仔细研读二位的文章，我们就会发现，他们还有实质上的不同，俞敏所说的“其”的用法并非仅指它的所有格用法，还包括用于形容词与名词之间，或状语和动词之间的“其”，如“殷其雷”、“坎其击鼓”等这样的句子中的“其”。而吴可颖所说的所有格“其”不仅用于两名词之间，还指领属名词不出现条件下，名词前面的“其”。

吴可颖认为“其＋NP”中的“其”相当于所有格标记“之”或现代汉语的“的”，“其＋NP”是省略了领属名词的领属结构，如“他日吾见蔑之面而已，今吾见其心矣（《左传·襄公二十五年》）中“其心”就剩省略了领属名词“蔑”的领属结构，并举鲁迅作品中的文章来证明这一省略领属名词的领属结构在现代汉语中还存在，如：

(3)因为从那里面，看见了被压迫者的善良的灵魂，的辛酸，的挣扎……（鲁迅《祝中俄文字之交》）

这是赵元任在《汉语口语语法》提到的例子，并说“这据我所见，还是唯一的例子”。当然这不是唯一的例子，现在汉语书面语中还有许多这样的例子，如：

(4)凡是我们在图书馆中不能看见的一切的真，的美，的善，在那里都将随在可得。（《陈望道文集》第1卷440页，转引自《语文建设》，1989年第1期）

(5)一篇作品的思想，的结构，的炼句，的用字，都应该把我们常感觉到的意味儿表现出来。（《〈中国新闻学大系〉小说二集序》，转引自《中国语文》，1982年第5期）

(6)我们从教育的意义上建设“大众语”，就是把落后的“大众”和前进的“大众”所有意识间的冲突、的矛盾，统一起来……（黎锦熙《国语运动史纲·序(一)》）

(7)这比起专一描写本国军队的胜利、的勇敢、的爱国的亚美利加式电影来，也真好像近于真实。（鲁迅《现代电影与有产阶级》）

(8)现代的人，的事，那里会有十分完全，并无缺陷的呢，为万全计，就只好不动弹。（鲁迅《非革命的急进革命论者》）

(9)由此而北，蒙古的风沙，的牛羊，的天幕，又在招邀着我。（朱自清《“海阔天空”与“古今中外”》）

并且吴可颖所言“两者构成互补分布”也并不完全成立，除了像吴可颖所说的“其”也可以出现在两个名词之间的用例外，“之”类领属结构也有省略领属名词的用例，如：

(10)子曰：如有周公之才之美，使骄且吝，其余不足观也已。（《论语·泰伯》）

---

① 吴可颖. *Qi as a Genitive Marker in Early Classical Chinese*[M]//汉语史学报(第十辑)，上海：上海教育出版社，2015：109；俞敏. 汉语的“其”跟藏语的 gji[J]. 燕京学报，1990，37；俞敏. 俞敏语言学论文集[M]. 北京：商务印书馆，1999.

杨伯峻在《论语译注》中对这句话是这样翻译的“孔子说：‘假如才能的美妙比得上周公，只要骄傲而栗色，别的方面也就不值得一看了。’”这是将“才之美”理解为定中关系了。明代李贽在《四书评》是这样评点这句话的，“无周公之‘才’‘美’而‘骄’‘吝’者，岂不愧死！”这是将“之才之美”理解为并列关系。我们认为第二种观点或许更加符合文句的本义，当然这种用法的“之”在上古汉语中比较少见，但在近代汉语和现代汉语中却很常见，如：

(11)乐府之盛、之备、之难，莫如今时。其盛则自搢绅及闾阎歌咏者众。（元·周德清《中原音韵自序》）

(12)两先生之言，足见绍兴人之村、之朴。（明·张岱《陶庵梦忆》）

(13)至于《十错认》之龙灯、之紥姑，《摩尼珠》之走解、之猴戏，《燕子笺》之飞燕、之舞象、之波斯进宝，纸扎装束，无不尽情刻画，故其出色也愈甚。（明·张岱《陶庵梦忆》）

(14)有《水浒》、《金瓶梅》之笔之才，而非若《水浒》、《金瓶梅》之致为风俗人心之害也。（清·闲斋老人《儒林外史序》）

(15)梅之欹、之疏、之曲，又非蠢蠢求钱之民能以其智力为也。（清·龚自珍《病梅馆记》）

现代汉语书面语中“之”仍存在这种用法，如：

(16)大凡背离“实事求是”之人，之事，总是由于不能坚持“务得事实，每求真是”所造成的。（《光明日报》，1982 年 5 月 8 日）

(17)茶房之怕麻烦，之懒惰，是他们的特征。（朱自清《海行杂记》）

(18)全聚德的烤鸭之肥之大，四个人吃一只也够呛。（罗建琳《全聚德》）

(19)而不老实者，或者能言善辩，历数本地经济之不发达，之不过“热”，以提醒上级“压别人可以，压我不行”。（雨晴《不让“会哭的孩子多吃糖”》）

(20)这个句子所描述的“脸变红”是不会发出声音的，单用象声词“唰”来修饰“红”，生动而形象地表现了脸变红的速度之快，之突然。（刘月华等《实用现代汉语语法》）

将吴可颖所举例同上面这几个例子比较我们就会发现，省略领属名词的领属结构中的所有格标记通常是同一个，而吴可颖所举之例通常是前一个用领属标记“之”，而后一个用领属标记“其”。既然“其”作为所有格标记也可用于领属者和被领属者之间，如“孺子其朋”（《尚书·洛诰》）、“罔不配天其泽”（《尚书·多士》）、“朕其弟，小子封”（《尚书·康诰》），那么为何不见“他日吾见蔑其面而已，今吾见其心矣”这样的例子，而均是“之”、“其”领属结构相配使用，或者“其”领属结构独用？

吴可颖认为“其”所有格标记而非人称代词的原因有三：第一，早期汉语“其”从不用于独立句中主语和宾语的位置，仅能处于定语的位置，而其他的人称代词则没有这种句法上的限制。将“其”看作所有格标记能更好地解释“其＋NP”中“其”的功能。第二，将“其”看作人称代词不能很好地解释“其”各用法之间的源流关系。第三，将“其”看作所有格标记有现代汉语方言的支撑。我们认为，吴可颖所说的这三点均有可商榷之处。

首先，上古汉语时期，代词“其”能否作主语？这是学术界一直存在争议的问题。早期的马建忠、杨树达、黎锦熙等都认为，代词“其”可以作主语[①]，但所举例多是“其”作附属子句主语，对于“其”作独立句的情况未能说明。后来，不少学者提出了反驳意见，这方面以王力为代表[②]。随着研究的不断深入，越来越多的学者认为先秦时期“其”可以作主语，但大多是泛泛而谈，仅靠举例的方式来证明自己的观点，朱城从多个角度对“其”能作主语进行了证明，很有说服力[③]。但他们所举之例大多是“其”位于包孕句或分句中的例子[④]，仅有朱城举了几例“其”在独立句中作主语的用例，如：

(21)作《易》者，其有忧患乎？(《易·系辞下》)

(22)虽神农黄帝，其与桀纣同。(《吕氏春秋·情欲》)

(23)居大国之间，而无此四者，其能久乎？(《国语·周语中》)

(24)有臣如此，虽当圣王尚恐夺之，而况混乱之君，其能无失乎？(《韩非子·说疑》)

(25)阳不承获甸，而祇以黩武，臣是以惧。不然，其敢自爱也？(《国语·周语》)

(26)说义听行，其能致主霸王。(《吕氏春秋·序意》)

关于“其”在“其＋VP”中语法功能是主语这一问题，朱城通过“其＋谓语”与“主＋

① 马建忠.马氏文通[M].北京：商务印书馆，1983：49－50；杨树达.词诠[M].北京：中华书局，1979：158；黎锦熙.比较文法[M].北京：中华书局，1957：48.

② 王力.汉语语法史[M].北京：商务印书馆，1989：238－239.姜宝琦(1982)认为，先秦两汉第三人称代词“其”应训释为“名词＋之”，由于“其”含有结构助词“之”，所以，它除了直接修饰名词和名词性词组外，还常常和动词、动词词组组成偏正化的主谓结构，或作句子主语，或作动词宾语，或作全句的时间修饰语。吕叔湘(1943：156)认为，“其”字只是一个领属性的加语，直接否定了“其”的别的功能。后来又在《近代汉语指代词》(1985：14)中指出，“其”字在古代时只用于领格的，汉魏以后常常可以看见非领格的“其”字，这些“其”字可能代表实际口语的“渠”。

③ 因朱城主要讨论的是“其＋VP”格式，并且所举之例大多为“其”用于包孕句或从句中，因此我们将对朱城一文的讨论放在本节的第二部分。

④ 潘允中仅举3例，便得出了“其”从晚周至西汉，就能用于主格了(参见潘允中.汉语语法史概要[M].郑州：中州书画社，1982：83)；易孟醇认为，“其”可以作分句的主语，尽管该分句不是复句的主句，但从句法上来考察，“其”无疑是用来作分句的主语的(参看易孟醇.先秦语法[M].长沙：湖南教育出版社，1989：150－152)；杨伯峻、何乐士认为，先秦时期，其可作包孕句或分句的主语，“其”作独立句的主语大概是在南朝梁时期(参见杨伯峻，何乐士.古汉语语法及其发展(上)[M].北京：语文出版社，1992：122－123)。而吴可颖认为包孕句和从句中的“其”是词组名词化的标记，对于这样的观点，我们将在下文进行批驳。

谓语"在复句中对举的用例，证明了"其"作主语的合理性，又用近指代词"是"作主语表复指与远指代词作主语表复指的用例与"其"所在的类似句式进行了比较，从而得出了"其"作主语具有其合理性①。我们认为，朱城的观点比较合理。另补充数例"其"的独立句中作主语的用例，如下：

(27)桑之落矣，其黄而陨。(《诗经・卫风・氓》)

(28)大道汜兮，其在左右。(《老子》)

(29)郑袖曰："其似恶闻君王之臭也。"(《战国策・楚策四》)

(30)彼天子固然，其无足怪。(《战国策・赵策三》)

(31)鲁不弃其亲，其亦不可以恶。(《国语・鲁语上》)

(32)武王道取尔贵顺，争天下而上让；其取之以力，持之以义。(《商君书・开塞》)

(33)齐荆燕尝亡矣，宋中山已亡矣，赵魏韩皆亡矣，其皆故国矣。(《吕氏春秋・安死》)

(34)故鲁犹可长守，然其亦有一焉。(《晏子春秋・内篇・问上》)

(35)忠于君者，其必伤人哉？(《晏子春秋・外篇上》)

"其"作主语的用法当然也不是凭空产生的，关于"其"作主语用法产生的原因，太田辰夫、王力、柳士镇从不同的角度进行了说明。太田辰夫在《中国语历史文法》提到：

因为经常放在这种句子的句首，渐渐地，它的独立性似乎增加了，于是，'其'就被用作纯粹的主语了。

这样用例中的"其"，他认为已经是主语了。如"其是吾弟与"(《史记・刺客列传》)②王力则说：

这种情况的产生，也是由于当时已经产生了新形式'伊''渠''他'等，著书的人不甘心用当代口语，而用古代的形式。'伊''渠''他'等字既然可以用于主语和宾语，作者就以为古人的'其'字也可以用于主语和宾语了。③

显而易见，王力将"其"用作主语用法的产生归结为是误用的结果。柳士镇从语法功能的角度对"其"作主语的内在理据进行了探索，他认为：

首先看"其"字的句中作用……先秦开始，用为非独立句主语始终是"其"字的重要用法之一。再加以先秦两汉时长期没有用作主语的纯粹第三人称代词，因而

---

① 朱城.先秦时期代词"其"作主语考察[J].语言研究，2003(4)：36-41.

② 太田辰夫.中国语历史文法[M].北京：商务印书馆，1958：100.

③ 王力.汉语史稿[M].北京：中华书局，1980：267.

发展到此期，“其”前缀先在口语中突破非独立句的束缚，用为独立句主语，反之又在较为接近口语的书面材料中反映出来，于是“其”字的用法得到了重要发展。

其次从“其”字充任分句主语来进行分句……单从分句内部的结构关系上进行观察，那么“其”字充任分句主语与充任独立句主语其实并没有什么不同。语言中往往有一种类化现象，既然第三代词“其”字可以用为分句主语，那么同样的一个“其”字为什么不可以在仅是外部条件变化了的情况下，因类化作用而用为独立句的主语呢？再者，古人的语法观念较为粗疏，运用语言的人又不可能都精通语言，当有人于口语中首先将“其”字用为独立局主语时，尽管这不符合前期语法，但既可省去重复名词主语的繁琐，又可以避免省略名词主语的含混，因而自然获得了社会默许，形成“其”字用法的新特点。①

我们认为，柳士镇的解释从语言内部发展的角度来说明“其”在独立句中作主语用法的产生更有说服力。上古汉语中指示代词“其”虽说主要充当定语，但有时还可以用作主语，如：

(36)a.人之所不学而能者，其良能也；所不虑而知者，其良知也。(《孟子·尽心上》)

b.人虽欲自绝，其何伤于日月乎？多见其不自量也。(《论语·子张》)

(37)彼若谋楚，其亦必有丰败也哉！(《国语·楚语上》)

(38)人知用贤之利，不能得贤，其何故也？(《尸子》)

例(36a)中“其”可以理解为表肯定的推断副词，“人不待学习便能做到的，肯定是良能；不待思考便知道的，肯定是良知”，亦可以理解为指示代词，“人不待学习便能做到的，这是良能；不待思考便知道的，这是良知”，这说明了“其”语气副词用法和其指示代词用法之间的关系，例(36a)只能理解为指示代词，并且这一例中指示代词“其”用作主语，称代“人虽欲自绝”；例(37)、(38)中“其”只能理解为指示代词。那么，由此衍生而来的人称代词“其”在独立句中作主语也就是很自然的事情了。因此，应该说，“其”从产生第三人称代词用法开始就能在独立句中作主语，只不过与“其”用作定语的频率相比较而言，用作独立句主语的“其”比较少见罢了。另外，上古汉语中，“其”也可用作句子宾语，如：

(39)不其或稽，自怒曷瘳？(《尚书·盘庚中》)

(40)学圣王之道者，譬其如日；静思而独居，譬其如火。(《贾子·修政语》)

(41)孟尝君使人给其食用，无使乏。(《战国策·齐策四》)

(42)武王梦帝与其九龄。(《论衡·感类》)

① 柳士镇.魏晋南北朝历史语法[M].南京：南京大学出版社，1992：154－155.

这几个例子中"其"均是动词的宾语，都不能用所有格标记来解释。柳士镇认为例(39)、(40)中的"其"是上古用字不规范，"其"假借为"之"的结果。不管"其"用作宾语的功能是其本身所带有的，还是古人用字不规范造成的，将"其"看作所有格标记均不能对"其"用作宾语的情况进行解释。

另外，"其"还可用作兼语，也是不能用所有格标记来解释的，如：

(43)夫吹万不同，而使其自己也。(《庄子·齐物论》)

(44)襄子曰："吾闻之于叔向曰：'君子不乘人于危，不厄人于险，使其城然后攻之。'"(《韩诗外传》六)

再者，将"其"看作是所有格标记很难解释为何"其"后来能独立句中作主语功能。将"其"看作是人称代词并不影响我们对"其"各用法之间的源流关系的解释，这将在整篇论文内容上体现。吴可颖用现代汉语方言来支持自己的观点，但她所举之例均是所有格标记用在领属者和被领属者之间的例子，如：

(45)Tsuŋ kuet ke t□u t□i (客家话)

中国的土地

(46)ŋai ten ke vuk (客家话)

我们的房子

这样的例子仅能证明像"孺子其朋"(《尚书·洛诰》)、"罔不配天其泽"(《尚书·多士》)、"朕其弟，小子封"(《尚书·康诰》)例子中的"其"与现代汉语方言中的所有格标记有语源关系，而不能证明"其+NP"中"其"是所有格标记。

吴可颖还谈到，将"其+名词"中的"其"看作所有格标记能够解释汉语"其"后来指示功能的产生。我们对此不敢赞同，从汉语发展史来看，汉语史上的所有格标记(即通常所称的结构助词)均是从指示代词语法化而来，如"之"在甲骨文时期还不是结构助词，只用作指示代词，后来才产生了结构助词用法。

吴可颖反对将"其+NP"中"其"看作人称代词的另一证据是：在汉语代词系统中，很难找到一个代词既能等同于英语中的"我的、我们的"，又能等同于"你的"、"他的、她的、他们的"。这种观点是不符合汉语代词系统，比如，在现代汉语中，就有这样的人称代词，如人称代词"人家"就有这样的用法，如：

(47)"你这是干嘛呀？""人家手都快断了，还不赶快接住。"

(48)……刚才听你弟弟说，你有了很好的太太，还有了可爱的孩子，像我这样一个游丝似的系在人家的人，何必再来破坏人家的幸福呢？(《田汉剧作选》)

(49)别闹了别闹了，让小李安静一下，人家正事多着呢！

例(47)～(49)中"人家"分别指代第一人称，第二人称、第三人称。还有现代汉语中的"人"也有这种用法，如：

(50)我吃饱了撑得瞎折腾啊,人白天啥都没吃,所以现在才起来搞吃的。

(51)你快点去陪你的公主吧,我可不能耽误人宝贵时间呀。

(52)你看小红多难过呀,你再雪上加霜,叫人怎么过呀?

据此我们也很难否定早期汉语中的"其"就不是人称代词。

因此,在我们认为将"其+NP"中"其"看作指示代词或人称代词较好。关于人称代词"其"在具体语境中不能总指称第三人称的问题我们将在本章第六节进行讨论。

(二)人称代词"其"≠"名词+之"

王力、姜宝琦(1982)认为"其+NP"中人称代词"其"替代的不是一个简单的名词,而是名词加"之"字,这类结构中的"其"可训释为现代汉语的"他的"、"它的"、"他们的"。这种观点代表了当前不少论著与教材的看法。李述之曾对此提出了质疑,"我们既然说'其'是人称代词,这说明'其'称代的是名词,称代的是一个名词内容,在这种情况下,又说'其'隐含一个结构助词'之',这岂不是说人称代词'其'不但称代着一个名词,同时还称代一个结构助词?这是无论如何也说不通的","古汉语第三人称代词'其'是一个特殊的人称代词,它自身带有附着性,所以可以直接后附的名词充当定语,'其'本身并不隐含结构助词'之',训释为'他'、'他们'是正确的"①。

我们赞同李述之的观点,并对此进行补充。我们认为王力由"'其'字是代词,但这个代词总处于'领位'",得出"因此,'其'字等于'名词+之'"难以成立,前后二者之间并没有必然的因果关系。比如,我们说"吾道一以贯之"(《论语·里仁》)、"三人行,必有我师焉"(《论语·述而》)、"叟!不远千里而来,亦将有利吾国乎"(《孟子·梁惠王上》)中"吾道"、"我师"、"吾国"分别等于"吾之道"、"我之师"、"吾之国",但我们并没有因此而说"吾"等于"我+之",王力所言应该是为了当代人理解上的方便而作的阐释。或许,那些赞同"其"等于"名词+之"的学者会说,因为"吾"、"我"等还可用作宾语,并且它们还有作定语时加结构助词"之"的用法,所以,它们不隐含结构助词"之"。但先秦时期"其"也可作宾语,如例(39)~(42),同时还可作兼语式中的兼语,如例(43)、(44),这些都是不能用"名词+之"来解释的。《诗经》中有人称代词"其"后面加结构助词"之"的用法,如:

(53)玼兮玼兮,其之翟也。(《诗经·鄘风·君子偕老》)

(54)瑳兮瑳兮,其之展也。(《诗经·鄘风·君子偕老》)

"其之翟也",孔颖达疏:"其(指夫人)鲜盛之翟衣也。"王引之云:"其之翟,其翟也;

① 李述之.论人称代词"其"及有关句式[J].北方论丛,1983(2):72-77.

之，语助耳。"黎锦熙认为："'其'为领代，例不须'之'字为介；故之为语助，而亦可视为代尾。"[①]吴可颖将此例中的"其"看作所有格标记，"之"为指示代词，并不妥当，"其"并非所有格标记，在上文我们已经讨论过这个问题，不赘述。各种解释中以孔疏最为切合语法之规律，因为上古汉语中，定中之间可以用结构助词，若按常规用法释之讲得通，则不必另寻它解。因而，我们将"之"看作结构助词，"其"为人称代词作定语。"玼兮玼兮"形容贵妇人的翟衣极为盛美。

先秦时期第一人称作定语也有加结构助词"之"的用例，如：

(55)又恶人之有余之功也。(《左传·昭公三十年》)

(56)余弟死，而子来，是而杀余之弟也。(《左传·襄公十四年》)

既然我们不认为"余"等同于"名词＋之"，"其"也存在作定语加结构助词"之"的用法，那么，我们也就没必要说"其"等于"之"了。王力先生曾说"在上古时代，领位不加'之'字"[②]，那么就是说"其"作领格不加结构助词"之"当是正常现象，我们不必因为将"其"翻译成现代汉语一般要添加一个"的"字，就认为"其"等于"名词＋之"，这明显是用语义解释来规定语法性质的做法，这在语法研究中应该回避的。

那么我们应该如何解释"其"这种常作定语并且基本上不加结构助词"之"的现象呢？我们认为，这与人称代词"其"的来源有关，人称代词"其"来源于其指示代词用法，当"其"用以称代人物时，"其"就变为人称代词。而指示代词"其"多作定语，带有一定的附着性，因而由其演变来的人称代词也具有这种附着性，多作定语。这是一个原因，另外跟"其"的语用功能有关，魏培泉认为"'$之_1$'偶尔接在人称代词后，主因可能是用于对比或焦点"[③]。如"余弟不欲往而子召之，余弟死而子来，是而子杀余之弟也"(《左传·襄公十四年》)。指示代词"其"具有强调功能，那么，由其衍生的第三人称代词"其"必然也有强调功能，"其"用作定语时自然就凸显其所修饰的名词的作用，因而，"其"作定语时一般不再需要加上具有强调功能的构助词"之"。

《诗经》中"彼其之子"共16见，其中"其"为何意，多年来未有确解。有人认为"彼"为代词，"其"为助词，起加强语气的作用[④]；也有人认为"彼"和"其"都是代词，

---

① 黎锦锡.三百篇之'之'[J].燕京学报，1926(6)，1930(8)；又载汉语释词论文集[M].北京：科学出版社，1957.

② 王力.汉语语法史[M]//王力文集(第十一卷).济南：山东教育出版社，1990：64.

③ 魏培泉.先秦主谓间的助词"之"的分布与演变[C]//中央研究院历史语言研究所集刊(第七十一本，第三分)，2002.

④ 持这种观点的有：中国社会科学院语言研究所古汉语研究室.古代汉语虚词词典[M].北京：商务印书馆，2000：22；何乐士，敖镜浩，王克仲.古代汉语虚词通释[M].北京：北京出版社，1985：26.

二字同义[①]。中国台湾学者林庆彰、余培林、季旭升认为"彼其之子"中的"其"为春秋时代的氏称[②]，此论一出，前代各家所释之难通之处，得以冰释。

三、"其＋VP"[③]中"其"的性质

关于附属子句中"其"的性质，有多种看法，我们认为将"其"看作是人称代词是最为恰当的。

(一)"其＋VP"不是指称化标记，"其＋VP"不是名词性词组，"其＋VP"是主谓词组

首先，以往认为"其"等于"名词＋之"的学者，他们的立论基于这样的前提：先秦汉语中，主谓短语不能直接充当句子成分，若要充当句子成分，必须在主谓之间加上助词"之"。王力曾明确指出："这种'之'是必需的，不是可有可无的。"[④]在承认这样的语法事实的基础上，很容易得出这样的结论，"其＋VP"作主语或宾语的句子中，"其"指代的是前面的"名词＋之"，因而，"其"不能作主语，只能作定语。但必须也得看到，先秦汉语中，主谓结构充当主语或宾语时不加"之"的现象也很常见，如：

(57)a. 民之望之，若大旱之望雨也。(《孟子·滕文公下》)
　　b. 民望之，若大旱之望云霓也。(《孟子·梁惠王下》)
(58)a. 孟尝君之好士何如？(《吕氏春秋·不侵》)
　　b. 弃疾在蔡何如？(《左传·昭公十一年》)
(59)a. 不患人之不己知，患不知人也。(《论语·为政》)
　　b. 不患莫己知，求为可知也。(《论语·里仁》)
(60)a. 今君闻晋国之乱而后作焉。(《左传·昭公十三年》)
　　b. 楚师闻吴乱而还。(《左传·昭公二十七年》)

例(57)a 中"民之望之"作整个句子的主语，而与其相对的 b 句中的主语则不含"之"。例(58)也是主谓结构作主语用"之"及不用"之"的用例。例(59)、(60)是主谓结构作宾语用"之"及不用"之"的用例。既然主谓结构作主、宾语不一定用"之"，

---

① 持这种观点的有：韩峥嵘. 古汉语虚词手册[M]. 长春：吉林人民出版社，1984：12；楚永安. 文言复式虚词[M]. 北京：中国人民大学出版社，1986：6－7.

② 季旭升.《诗经》"彼其之子"古义新证[M]//《诗经》古义新证. 台北：文史哲出版社，1992：191.

③ 此处讨论的"其＋VP"是位于包孕句或附属子句中的"其＋VP"，不包含独立句中的"其＋VP"。独立句中的"其＋VP"中的"其"一部分是人称代词，作主语的，这样的"其"我们在本节第一部分已讨论；一部分是语气副词，这样的"其"我们在第二章已讨论。

④ 王力. 汉语语法史[M]. 北京：商务印书馆，1989：23.

那么我们就没有必要将"其"等同于"名词＋之"。其次，我们要指出的就是"其"是人称代词，等同于"名词＋之"本身就是一个矛盾的说法，既然是人称代词就只能称代一个名词，又为何说等同于"名词＋之"呢？第三，将位于主、宾语位置上的"其＋VP"看成名词性词组似乎可以成立，因为它们都表示一种状况、一个对象等。但以往的研究大都忽视了"其＋VP"还可作定语这一情况，它们与"其＋VP"有所不同，如：

(61)其生之时，不若未生之时；以其至小求穷其至大之域，是故迷乱而不能自得也。(《庄子·秋水》)

(62)凡人之有鬼也，必以其感忽之间、疑玄之时定之。(《荀子·解蔽》)

不同于"吾见师之出不见其入也"中"其入"，例(61)中作定语的"其生"并非表示一个对象，而是对名词"时"进行修饰。例(62)中作定语的"其感忽"也不同于"吾见师之出不见其入也"中的"其入"，前者是修饰用来修饰名词的，而后者是用来指称一种状况的。修饰性成分在词类上一般对应形容词(印欧语言中尤其如此)，若我们根据以往将处于主、宾语位置上的"其＋VP"看作名词性结构的话，我们似乎又可以将"其＋VP"看作形容性结构。如同"之"，"N＋之＋VP"可作主、宾语，亦可作定语，如：

(63)德之不修，学之不讲，闻义不能徙，不善不能改，是吾忧也。(《论语·述而》)

(64)君子是以知平公之失政也。(《左传·襄公二十六年》)

(65)始臣之解牛之时，所见无非牛者。(《庄子·庖丁解牛》)

以往学者亦是只论"N＋之＋VP"作主、宾语的情况而不论其作定语的情况，如例(63)中"德之不修，学之不讲"作主语，例(64)中"平公之失政"用作宾语，从而得出"N＋之＋VP"是名词性结构。从语言的实际运用来看，"N＋之＋VP"还可用作定语，如例(65)中"臣之解牛"即作定语，我们似乎又可以说"N＋之＋VP"有时还是形容性结构。再如"所"字结构也有用作"名词性结构"和"形容性结构"的用法，如：

(66)魃不得复上，所居不雨。(《山海经·大荒北经》)

(67)巡狩者，巡所守也。(《孟子·梁惠王下》)

(68)有能得若捕告者，亦其所守邑小大封之。(《墨子·号令》)

(69)仲子所居之室，伯鱼之所筑与？(《孟子·滕文公下》)

例(66)中"所"字结构作主语，例(67)中"所"字结构作宾语，例(68)、(69)中"所"字结构作定语。“所”字结构似乎也有名词性和形容词性的两种功能①。

“名词性”和“形容性”这一提法强调是词类和句法功能之间的一一对应关系，比如名词对应主语、宾语，动词对应谓语，形容词对应定语，副词对应状语等。这种做法实际上是用西洋语法来研究汉语，英语中词类和句法功能之间确实存在这种一一对应的关系，而对汉语来说，则不存在这种一一对应的关系。如“吾日三省乎吾身”中“日”是名词充任了状语；“温故而知新”中“知、新”是形容词充任了宾语；“君子不器”中“器”是名词充任了谓语；“学无止境”中“学”是动词充任了主语，“止”是动词充任了定语。再如：

(70)a. 子服景伯曰：‘小所以事大，信也；大所以保小，仁也。背大国，不信；伐小国，不仁。(《左传·哀公七年》)

b. 与不仁人争明，无不胜。(《左传·哀公十六年》)

c. 万章曰：“舜流共工于幽州，放驩兜于崇山，杀三苗于三危，殛鲧于羽山，四罪而天下咸服。诛不仁也……”(《孟子·万章上》)

d. 惜哉！不仁之于人也，祸莫大焉，而由独擅之。(《庄子·渔父》)

例(70a)中“不仁”作谓语，例(70b)中“不仁”作定语，(70c)中“不仁”作宾语，(70d)中“不仁”作主语。同一个“状·中”结构的词组在不同的用例中表现了不同的句法功能。

这种情况在语法研究的历史上曾引发了多次争论，对这种现象有多种说法，无论是“词无定类”说，还是“词类活用”说，又或者是“名物化”、“名词化”等说法的立论基础是词类和句法功能之间具有一一对应的关系，所以用来作主、宾语的名词、动词、形容词都名物化(名词化)了。王力曾提出“词品”说，将词的固有词性和造句时实际实现的词性区分开来词的固有词性称作“词类”，它是“可以在字典中标明的，是就词的本身可以辨认，不必等它进了句子里才能决定的”；而“根据词在句中的职务而分的，我们叫做词品，不叫词类”②。郭锐针对这个问题，提出了区分“词汇层面的词性”和“句法层面的词性”③，与王力的“词类”和“词品”说法类似。“词品”、“句法层面的词性”的提法实际上是“词无定类”的另一称呼，对于问题的解决起不到推动作用。

对于汉语来说，既然词性和句法功能之间没有绝对一一对应的关系，那么，我们就不能完全根据词的功能来断定一个词的词性，我们应将词性和词功能分开来，

① 王力在《中国文法学初探》中解释例(71)说：“第一个‘所’，其所助的动词下有目的格；‘所居’二字(即一词)可视同形容词。介词‘之’字已带形容性用以限制名词‘室’字。”(《龙虫并雕斋文集》第211-212页)

② 王力.中国语法理论[M]//王力文集(第一卷).济南：山东教育出版社，1984：19.

③ 郭锐《表述功能的转化和“的”字的作用》：“词汇层面的词性就是词语固有的词性，需在词库中标明；句法层面的词性是词语在使用中产生的，需由句法规则控制。”

不能把本不属于同一层面的东西放到同一层面上来处理,词性是固定的,词的功能则是相对稳定的,也就是说某类词通常对应某种功能,但有时也能实现另外的功能。由于词性和句法功能不是绝对稳定的关系,我们便不应该用句法功能的同一性去规定词性,比如"游泳"是一个动词,它的基本表述功能是陈述,基本句法功能是做谓语(如"今天我游泳去了");当我们说"我喜欢游泳"时,"游泳"作了宾语,临时实现了表述上的指称功能。我们不应该因为"游泳"作了宾语而认为它就变成了名词。我们认为在词性上,"游泳"仍然是一个动词。

无论是将"其+VP"看作名词性结构,还是将"N+之+VP"、"所"字结构看作名词性结构,都是几十年前"名词化"、"名物化"观点的产物。在语法研究日益强调句法、语义、语用三者密切结合的今天,这种观点越来越不被人们认同,人们更加相信的是处于主、宾语位置上的谓词性成分发生了指称化,而不一定发生了名词化[①]。指称化是语用平面的概念,是表述功能中的一种[②]。

(71)a. 如有不嗜杀人者,则天下之民皆引领而望之矣。(《孟子·梁惠王上》)

b. 民望之,若大旱之望云霓也。(《孟子·梁惠王下》)

c. 民之望之,若大旱之望雨也。(《孟子·滕文公下》)

(71a)中"民望之"的表述功能是陈述,在(71b)、(71c)中均是指称,虽然其表述不同,但它作为主谓结构的性质是不变的。(71c)是"N+之+VP"结构,其性质曾引起广泛的争论,王力等人认为是"名词化"结构,张世禄、柳士镇等不赞同这种看法,而认为"N+之+VP"结构是"偏正化的主谓结构"、"偏正化的主谓词组"[③]。宋绍年的看法则更为准确:"N之VP是自主化的主谓结构,因而它不是名词性成分,而是谓词性成分。"我们赞同宋绍年的观点[④]。实际上,一个结构或者一个句子并没有什么"词性"这样的附加特征。当给一个主谓结构或动宾结构冠以"名词性词组"这样的称呼的时候,这实际上是一种"削足适履"的做法,词性是针对词的,而不能用来对待结构。当一个常用来作谓语的主谓结构或动宾结构充当主语或宾语时,

---

① 胡裕树,范晓.动词形容词的名物化和名词化[J].中国语文,1994(2);朱德熙,卢甲文,马真.关于动词形容词"名物化"问题[J].北京大学学报,1961(4).

② 根据郭锐《论表述功能的类型及相关问题》,"表述功能"指"词语在使用中体现出来的表达模式",是语用平面的概念。表述功能可分为三种基本类型:陈述(表示断言);指称(表示对象);修饰(对陈述和指称的修饰,分为区别性修饰和描述性修饰,前者是限制性的,后者是非限制性的)。关于"陈述"、"指称"、"修饰"的更多知识,可参看朱德熙《语法讲义》、《自指和转指》,陆俭明《八十年代中国语法研究》,朱景松《陈述、指称与汉语词类理论》,马庆株《指称义动词和陈述义名词》,郭锐《现代汉语词类研究》、《论表述功能的类型及相关问题》、《表述功能的转化和"的"字的作用》,陆丙甫《"的"的基本功能和派生功能——从描写性到区别性再到指称性》。

③ 张世禄《古汉语里的偏正化主谓词组》;柳士镇《魏晋南北朝历史语法》。

④ 宋绍年.古代汉语谓词性成分的指称化与名词化[M]//郭锡良.古汉语语法论集.北京:语文出版社,1998.

它占了名词常在的位置，临时实现了名词所具的句法功能而已。而不像“名词性词组”的提法那样，这种观点是说充当主语或宾语的主谓结构或动宾结构本质发生了变化，由“动词性”变成了“名词性”，这种观点是不科学的。因此我们认为应该抛弃“名词性词组”的提法。实质上，无论是一个结构还是一个小句充当了主、宾语，它们的语法性质并没有变化，主谓结构还是主谓结构，动宾结构还是动宾结构，小句还是小句。

古代汉语里，谓词性成分可以比较自由地作主语、宾语，如：

(72)知之为知之，不知为不知，是知也。(《论语·为政》)

(73)劳师以袭远，非所闻也。(《左传·僖公三十二年》)

(74)都城过百雉，国之害也。(《左传·隐公元年》)

例(72)中位第一个“知之”、“不知”作主语，第二个“知之”、“不知”作宾语，均是谓词词成分，例(73)中“劳师以袭远”和例(74)中“都城过百雉”均作句子主语，亦是谓词性成分。它们都没有“名词化”或“名物化”，只是表述功能发生了变化，由陈述转化为指称，如“知之”指称“知道、了解这一行为”，“劳师以袭远”指称“‘劳师以袭远’这一行为”，“都城过百雉”指称“‘都城过百雉’这一现象或状况”。古汉语中，用不用“之”不是一个强制性规则；现代汉语基本没有这样的规则，主谓结构充当主语、宾语、表语都不需要加助词，如“他要来让我很吃惊”、“你怎么知道她很快乐?”、“我听见的是你骂他”。现代汉语书面语也能在古汉语加“之”的地方加结构助词“的”，如“他的到来让整个聚会显得更加热闹”等，早期现代文中这种情况更加常见，如鲁迅《朝花夕拾·二十四孝图》：“但无论他是甚么人，他的吃小孩究竟也还有限，不过尽他的一生。”

由此，我们再来看主、宾语位置上的“其＋VP”。认为“其＋VP”是“名词性”的这种观点，实际上是将词性和句法功能看成了一一对应的关系(主、宾语位置一般对应名词，于是将常作主、宾语的“其＋VP”看作是名词性的)。事实上，汉语词性和功能不是一一对应的关系，若非用一一对应的关系来研究汉语，必然会出现结论上的分歧。由例(57)～(60)我们可以知道，不仅“N＋之＋NP”可以充当主语、宾语，不含“之”的“N＋NP”结构，因而我们也就没必要说“其”等同于“名词＋之”。“其”仅仅是一个人称代词，称代上文出现的人或物。“吾见师之出不见其入也”中“其入”相对于“入”来说是从单个动词变成了主谓短语，仍是谓词性成分，“入”仍为动词。只是句法功能及表述功能发生了变化，由作谓语变成了作宾语，表述功能从表陈述变成了表指称。谓词性成分在汉语中可以较自由地作主语、宾语，故而“其＋VP”充当主、宾语也就是很自然的事情了。

还有人认为附属子句中“其”一部分是人称代词，一部分是助词，将“其＋VP”结构一分为二，这体现了作者对待问题谨慎的态度。但论者对整体指称化的“其＋

VP"的处理则显得不甚恰当，论者一方面说"助词是古代汉语中高度抽象化、高度语法化的一个词类"，但继而又说助词"其"相当于"名词＋助词'之'"[①]，"其"既然是助词，就是没有实义的一类词，就不能说"其"相当于"名词＋之"；既然"其"相当于"名词＋之"，那么它就是一个实词，不是助词。若说"其"是助词，具有指称化的功能的话，那只能如吴可颖(2006)所说的那样，"其"是类似于"之"这样的词呢？[②]那么我们能否因为"其＋VP"常用来作主、宾语，这与"所"字结构、"之"字结构类似，从而认为"其"和"所"、"之"一样，都是助词呢？我们认为，尽管"其＋VP"作主、宾语时，与"所"字结构、"之"字结构一样，均是表指称的，但"其"并不能等同于"所"、"之"，因为"其＋VP"不仅具有指称的表述功能，还具备陈述的表述功能，如"作《易》者，其有忧患乎"(《易·系辞下》)，"其"可看作人称代词，复指前文中的"作《易》者"。我们在前文已经谈到，吴可颖的立论基础是上古汉语中"其"从不在独立句中作主语或宾语，而在本节第一部分我们已经通过语言事实对吴可颖的立论基础进行了反驳。既然其立论基础已不可靠，那么吴可颖由此得出的"其"是助词的观点也是站不住脚的。

还有一个问题需要在这里进行讨论，还有人认为"其＋VP"不仅可用于自指，还可用于转指，转指时间[③]，如：

(75)其出也，窃藏以逃，尽用以求纳之。(《左传·僖公二十四年》)

(76)其既得之也，敲剥天下之骨髓，离散天下之子女，以奉我一人之淫乐。(明·黄宗羲《原君》)

"其＋VP"可转指时间的原因是"其"等于"名词＋之"。对此，我们有不同的看法，前文我们已经谈到"其"不等于"名词＋之"。我们认为"其＋VP"能表时间，并不是因为"其"才产生的作用，而是整个谓词性结构本身所具备的特征。"一个事件(表现在句法上是谓词性结构或是一个叙述句)，总是有时间因素的，因为一个事件、一个动作总是与事件发生联系，它必然存在于一定的时间、空间中，所以时间性总是动作行为的必有特性，因而这也是一个谓词性结构能为其他事件提供时间参照的原因"[④]，如：

(77)及河，闻郑既及楚平，桓子欲还，曰："无及于郑而剿民，焉用之？"(《左传·宣公十二年》)

例(77)中"及河"这一动宾结构即是为"闻郑既及楚平"提供时间参照的，但其中并

---

① 张双棣，张联荣，宋绍年，耿振生. 古代汉语知识教程[M]. 北京：北京大学出版社，2002：280、282.

② 所不同的是"之"用在主、谓俱全的结构中，而"其"用在主语省略的谓词性结构中。

③ 陈坤德. 试论古代汉语的表时结构[J]. 华南师范大学学报，1997(6).

④ 何亮. 中古汉语时点时段表达研究[M]. 成都：巴蜀书社，2007：82.

没有所谓的转指时间的转指标记。吕叔湘指出:"两件事情说在一起,当中多半有时间关系,或是同时,或是先后,但我们不一定注意这个时间关系。"[①]例(75)、(76)中前面的谓词性结构均为后面小句所描述的时间提供了时间参照。例(77)"闻郑既及楚平"就是发生在"及河"这个时候,"及河"本身除了叙述一个事件外,它实际上也表示后一事件发生的时间,或者说为后一事件提供了时间参照,确定了后一时间发生的时间。何亮认为谓词性结构为其他事件提供时间参照时,提供的是一个时点参照,如:

(78)乱作,管夷吾、召忽奉公子纠来奔。(《左传·庄公八年》)

如例(78)"乱作"即是用来确定"管夷吾、召忽奉公子纠来奔"的时间点的。从语言事实来看,谓词性结构亦可为其他时间提供时段参照,如:

(79)郑伯将以高渠弥为卿,昭公恶之,固谏不听,昭公立,惧其杀己也。(《左传·桓公十七年》)

如例(79),"惧其杀己"当是从昭公即位开始一直到昭公去世这段时间,高渠弥一直担心郑昭公会杀害自己。

再回到"其+VP"上来,前文已证实了"其+VP"是谓词性结构,因而它与其他谓词性结构相连时,它能为之提供时间参照,再如:

(80)孔子曰:"其幼也,敏而好学;其壮也,有勇而不屈;其老也,有道而能以下人。"(《说苑·尊贤》)

(81)孔子于乡党,恂恂如也,似不能言者。其在宗庙、朝廷,便便言,唯谨尔。(《论语·乡党》)

(82)齐侯之出也,过谭,谭不礼焉。及其入也,诸侯皆贺,谭又不至。(《左传·庄公十年》)

(83)其出聘也,通嗣君也。故遂聘于齐,说晏平仲,谓之曰:"子速纳邑与政。无邑无政,乃免于难。齐国之政将有所归,未获所归,难未歇也。"(《左传·襄公二十九年》)

(84)及其亡也,岁在娵訾之口,其明年乃及降娄。(《左传·襄公三十年》)

(85)九月,公至自楚。孟僖子病不能相礼,乃讲学之,苟能礼者从之。及其将死也,召其大夫,曰:"礼,人之干也。无礼,无以立……"(《左传·昭公七年》)

(86)初,伍员与申包胥友。其亡也,谓申包胥曰:"我必复楚国。"(《左传·定公四年》)

(87)臣闻:"国之兴也,视民如伤,是其福也;其亡也,以民为土芥,是其祸也。

① 吕叔湘.中国文法要略[M]//吕叔湘文集.沈阳:辽宁教育出版社,2002:320.

楚虽无德，亦不艾杀其民。吴日敝于兵，暴骨如莽，而未见德焉。天其或者正训楚也，祸之适吴，其何日之有?"(《左传·哀公元年》)

如例(81)中"其在宗庙、朝廷"即是为"便便言，唯谨尔"提供时间参照，即"他(孔子)在宗庙、朝廷上的时候，有话便明白而流畅地说出，只是说得很少"。

(二)"其＋VP"与"主＋之＋谓"之间的关系与区别

上古汉语中"其＋VP"与"主＋之＋谓"以作主、宾语为常，这是它们的相同点。"其＋VP"也可用来为另一谓词性结构提供时间参照，"主＋之＋谓"也可为谓词性结构提供时间参照，如：

(88)桑之未落，其叶沃若。(《诗经·卫风·氓》)

(89)晋文公之及于难也，晋人伐诸蒲城。(《左传·僖公十三年》)

(90)媪之送燕后也，持其踵为之泣。(《战国策·赵策四》)

例(88)中"桑之未落"即为"其叶沃若"提供时间参照，用来指明"其叶沃若"的时间点；例(89)"晋人伐诸蒲城"的时间是"晋文公之及于难也"；例(90)"媪之送燕后也"为"持其踵为之泣"提供时间参照。那么这种"主＋之＋谓"形式与"其＋VP"为其他谓词性结构提供时间参照时有何区别呢？前文我们已经谈到，"其＋VP"可为另一谓词性结构提供时间参照，是一切谓词性结构所具备的特征，而并非是"其"在起作用。关于"主＋之＋谓"结构为其他谓词性结构提供时间参照的情况，也有不同看法，朱德熙《自指和转指》认为"之"只用于自指，徐世梁也认为这种情况是"主之谓"结构自指化，"只通过指称该谓词性结构所表述的事件为句子提供参照时间"①。徐江胜认为"之"还可用于转指，如"公之未婚于齐也，齐侯欲以姜妻郑大子忽"(《左传·桓公六年》)，他认为"公之未婚于齐"转指时间，"公尚未娶于齐的时候"②。这个问题牵涉到我们如何看待用于主谓之间的"之"的功能，这个问题已有诸多学者作了讨论，有"三化"说、粘连说、定语标记说、语气说、文体说、高可及性说、高指别度说、高可识度说等③。我们认为"主＋之＋谓"之所以能够用来表示时间，是在与其后的谓词性结构对照的情况下体现出来的，而不是由于"之"的作用从而转指时间的。比如"鸡鸣"这个结构，在"白骨露于野，千里无鸡鸣"(曹操《蒿里行》)中没有任何表时意义，仅用来指称"鸡鸣"这一事件；而在"鸡鸣入机织，夜夜不得息"(无名氏《古诗为焦仲卿妻作》)中因与"夜夜"相对，从而体现了表时的意义。

---

① 徐世梁.《左传》中的时间表达研究[C]//北京青政者论文集，2001.

② 徐江胜.虚词"所"研究[D].南京大学，2010：75.

③ 参看沈家煊，完权.也谈"之字结构"和"之"字的功能[J].语言研究，2009(2)：1－12；傅书灵.也谈"N之V"结构[J].语言研究，2011(3)：86－94.

“主＋之＋谓”在句子中用来指称某一事件，还是用来为另一事件提供时间参照，抑或是用来提示一事件的结果等，均是由其在句中的位置决定的。若“主＋之＋谓”处于主、宾语的位置，那么它就是用来指称某一事件的，如：

(91)且夫水之积也不厚，则其负大舟也无力。(《庄子·逍遥游》)

(92)夫人姜氏既哭而息，见大子之不哀也，不内酌饮。(《左传·成公十四年》)

和以往的看法不同，我们认为，主谓结构自身即可指称化，无须加入其他标记，如“郑侵蔡，是吾忧也”、“吾未闻郑侵蔡也”，如此来看，“之”在“主之谓”结构中的作用并不是用来指称化的(或者如沈家煊、完权所说的“去陈述化”)，我们认为“主之谓”中的结构助词“之”的作用如傅书灵所言，是用来提高可识度的[①]。“主＋之＋谓”中的“之”既然不是指称化的标记，“主＋之＋谓”结构也就谈不上什么转指用法了。“主＋之＋谓”本质上还是谓词性结构，因而可以用在复句中，往往用作依从于主句的从句[②]。为主句介绍时间、条件、原因等背景信息，是复句表达的起始点，“说话人可以通过提高从句可识度的方式来为主句树立一个显性的参照点，这样既为事件的陈述搭好一个平台，也使复句的主从关系更加明晰”[③]。

(93)a.管仲卒，五公子皆求立。(《左传·僖公十七年》)

b.季悼子之卒也，叔孙昭子以再命为卿。(《左传·昭公十二年》)

(94)a.楚师在蔡，晋荀吴谓韩宣子曰：“不能救陈又不能救蔡……”(《左传·昭公十一年》)

b.齐师之在夷仪，齐侯谓夷仪人曰：“得敝无存者，以五家免。”(《左传·定公九年》)

(95)a.不违农时，谷不可胜食也；数罟不入洿池，鱼鳖不可胜食也；斧斤以时入山林，材木不可胜用也。(《孟子·梁惠王上》)

---

① “可识度”是指说话人推测，听话人在听到一个句子(单句、复句)时，在句子环境中对语法单位(词、短语、小句)作定位、定性、定义识别的难易程度。可识度的高低与语法单位的复杂程度有关。简单的单位易识别，其可识度高；复杂的单位不易识别，其可识度相对要低。一般的规则，句子中词的可识度高于短语，短语的可识度一般高于小句。参看傅书灵.也谈“N之V”结构[J].语言研究，2011(3).

② 有个问题需要在这里说明，一些“主＋之＋谓”结构用在其他谓词性结构之前具有表时意义，这是语法界普遍认同的，但它们是一个分句还是作状语，则有不同的看法。王力、朱星、解惠全等认为是分句。杨伯峻、何乐士、李新魁等认为当作时间状语。陈坤德(1997)因翻译时可将在其后加上“的时候”而认为“主之谓”是名词性词组，从而认为它是作状语的。徐江胜(2010)认为“主之谓”结构可转指时间，大概也是由于翻译而导致的结果。也有学者认为汉语中的偏句具有状语的性质，如黎锦熙(1992[1994]:211)就认为“一些副句，实在就是单句的副词附加语的扩张”。我们认为，尽管作主、宾语的“主之谓”结构已经指称化了，但我们很难说用于另一主谓结构之前的“主之谓”结构也指称化了，因而，我们将这个类型的“主之谓”结构看作是分句，与其后的主谓结构形成复句关系，因它们常常是用作偏句的，因而我们称之为“从句”，与之相对的“正句”称为主句。

③ 傅书灵.也谈“N之V”结构[J].语言研究，2011(3).

b. 戎之生心，民慢其政。(《左传·庄公二十八年》)

c. 苟子之不欲，虽赏之不窃。(《论语·颜渊》)

d. 若事之捷，孙叔为无谋矣。不捷，参之肉将在晋军，可得食乎？(《左传·宣公十二年》)

(96)a. 汤武之贤，而犹藉知乎势。(《吕氏春秋·慎势》)

b. 虽鞭之长，不及马腹。(《左传·宣公十五年》)

c. 虽君有命，寡人弗敢与闻。(《左传·隐公十一年》)

(97)泾流之大，两涘渚崖之间不辩牛马。(《庄子·秋水》)

(98)骊姬之爱，乱者五世。(《史记·太史公自序》)

如(93a)中用"管仲卒"这一主谓结构来为"五公子皆求立"提供时间参照，但这种方式可能会引发理解上的差误，(93a)中的前后两小分句之间的关系，我们也可理解为并列的关系；(93b)与(93a)不同，"季悼子之卒也"加入了结构助词"之"，提高了"季悼子卒"这一主谓结构的可识度，并且在该分句后加上一个语气词"也"，与后面的主句划开一段距离，不仅突出了自身的参照点的身份，也使句子的结构更加明晰，语义表达更加清楚。(94b)中"齐师之在夷仪"从与其后的小句关系来看，与(93b)相同，亦是为后面小句提供时间参照。(95)中的各例中的前一分句均是条件从句：(95a)中"不违农时"、"数罟不入洿池"、"斧斤以时入山林"均是条件从句，与其后各主句形成"条件—结果"关系的主从复合句，其中的条件从句均未用结构助词"之"；(95b)"戎之生心"用结构助词"之"提高了"戎生心"这一主谓结构的可识度，同时突出了自身作为条件参照点的身份；(95c)"苟子之不欲"也是假设条件从句，但前面有连词"苟"，可能由于连词"苟"的标示作用，"之"提高可识度的必要性减小，因此，后来的这种从句中若出现了表假设关系的连词，"之"一般就不会出现；(95d)"若事之捷"、"事之捷"均是表假设条件的从句将二者对照，即可看出"若事之捷"也是一个分句，而不是名词化的词组。(96)中"汤武之贤"、"虽鞭之长"、"虽君有命"均是表让步的从句，"汤武之贤"、"虽鞭之长"中的"之"还算不上是纯粹的结构助词，它还带有指示代词的意味，"即使像汤武这样贤明"、"即使鞭子这样长"；(96b)"虽鞭之长"不仅有连词"虽"，也有用来提高可识度的"之"；(96c)连词"虽"已标示了"有君命"这个分句是表让步的，因而就不再用"之"来提高可识度了。王洪君(1987)调查认为，从句中的"主之谓"在东汉口语中已经消失了。由傅书灵的研究我们知道，"主谓"结构作从句时的可识度要高于其作主、宾语时的可识度，因而"主谓"结构作从句时不常用可提高可识度的"之"，所以，早期汉语中"主之谓"从句的数量逐渐衰减，到东汉口语基本上已经不使用了。

为其他分句提供时间参照的"其＋VP"是"主谓"结构作从句的一般用法，而不是由于"其"的指称化作用而使"其＋VP"转指时间了。"其"本身就是一个高指别度的代词。

(99)a. 桀纣之失天下也,失其民也。失其民者,失其心也。(《孟子·离娄上》)

b. 良庖岁更刀,割也;族庖月更刀,斫也。(《庄子·养生主》)

c. 轻辞天子,非高也,势薄也;重争士橐,非下也,权重也。(《韩非子·五蠹》)

徐江胜认为(99a)中“桀纣之失天下”转指原因,“之”是转指标记,“纣之失天下”转指“桀纣失天下的原因”。(99b)中“良庖岁更刀”、“族庖月更刀”与“割也”、“斫也”同样也是结果和原因的关系,但我们并不认为“良庖岁更刀”、“族庖月更刀”发生了转指。若从翻译的角度来看,(99a)翻译成“桀纣失去天下,是因为失去了民众的信任”也很顺畅,若将其作此翻译,“桀纣之失天下”似乎也可以看作是一个自指形式。如此相悖但又均能讲得通的两种理解方式,使我们不得不来重新审视这种格式中“之”的用法。将(99c)同(99a)比照,我们即可发现,这种格式之所以能够用来表原因,并不是因为“之”的作用,而是由前后句之间的逻辑关系而得出的,(99a)中“之”的作用仅是用来提高从句的可识度的。

“其+VP”还可以用作定语,如:

(100)北海若曰:“……其生之时,不若未生之时;以其至小求穷其至大之域,是故迷乱而不能自得也。”(《庄子·秋水》)

(101)荆人欲袭宋,使人先表澭水。澭水暴益,荆人弗知,循表而夜涉,溺死者千有余人,军惊而坏都舍。向其先表之时可导也,今水已变而益多矣,荆人尚犹循表而导之,此其所以败也。(《吕氏春秋·慎大览》)

“其+VP”可用作定语,我们是否也可以像徐江胜所言,“其”是修饰化标记?我们认为大可不必作如此看,上文我们已经论证了“其+VP”就是一个普通的主谓结构(只不过其中的主语是由代词“其”来充当而已),主谓结构是能够充当定语的,如:

(102)丁酉卜,壳贞:我受甫耤在始年?

丁酉卜,壳贞:我弗其受甫耤在始年?(合集900)[①]

(103)晋韩宣子为政聘于诸侯之岁,婤姶生子,名之曰元。(《左传·昭公七年》)

(104)今中国无狗吠之惊,而外累于远方之备,靡敝国家,非所以子民也。(《史记·平津侯主父列传》)

(105)楚兵罢食尽,此天亡楚之时也。(《史记·项羽本纪》)

(106)公薨之月,子产相郑伯以如晋,晋侯以我丧故,未之见也。(《左传·襄公三十一年》)

① 转引自张玉金.甲骨文语法学[M].北京:学林出版社,2001:104.

例(102)～(106)中"甫耤在娟"、"晋韩宣子为政聘于诸侯"、"狗吠"、"天亡楚"、"公薨"均为主谓结构，在句子中充当定语。现代汉语中主谓结构作定语也很常见，如"桃花盛开的季节"、"安徒生写的童话"、"他走的时候"、"我买的书"等等。徐世梁谈到"汉语中，陈述事件和为其他事件的陈述提供参照时间，都是谓词性结构的潜在功能"①，因而"其＋VP"不是转指形式。

"主＋之＋谓"结构也可用作定语，"之"的作用，仍是用来提高定语的指别度，用来强调定语的中心语的性状、属性等，如：

(107)呜呼！无坠天之降宝命，我先王亦永有依归。(《尚书·周书·金縢》)

(108)弗敢不对扬朕辟皇君之赐休命。(《叔夷锺》,《殷周金文集成》01.273)

(109)膺受君公之赐光。(同上《殷周金文集成》01.275)

(110)当魏之方明立辟、从宪令行之时，有功者必赏，有罪者必诛，强匡天下，威行四邻；及法慢，妄予，而国日削矣。(《吕氏春秋·饰邪》)

(111)百里奚之未遇时也，亡虢而虏晋，饭牛于秦，传鬻以五羊之皮。(《吕氏春秋·孝行览》)

(112)魏昭王问于田诎曰："寡人之在东宫之时，闻先生之议曰：'为圣易。'有诸乎?"(《吕氏春秋·审应览》)

(113)子墨子曰："古之民未知为宫室时，就陵阜而居，穴而处，下润湿伤民，故圣王作为宫室……"(《墨子·辞过》)

综上所述，我们认为"其＋VP"中的"其"仍然是人称代词，称代的是上文中出现的人或物，其语法功能是在主谓结构中作主语。尽管"其＋VP"作句子的主、宾语时整体上发生了指称化，但我们不能说"其"作用是用来帮助指称化，一方面是由于一般的主谓结构可以不用任何标记就能发生指称化，另一原因是因为"其＋VP"也可以用于独立句，因而我们不能说"其"是指称化标记。"其＋VP"组成的主谓结构和代词与动词性成分组成的主谓词组是一样的。

第二节　第三人称代词"其"的"移指"现象

"其"、"之"是第三人称代词，但在实际运用中，它们却可以用来指代说话人或听话人。传统的语言学观点将此类现象称为"活用"。关于"其"、"之"字可活用为第一、二人称的说法，肇始于马建忠的《马氏文通》，后来又有吕叔湘《中国文法要略》、杨伯峻《文言语法》、王力主编的《古代汉语》、周法高《中国古代语法·称代编》等。马建忠说"指名代词用以指前文者，'之'、'其'二字最为习用。《韵会》解'其'

① 徐世梁.《左传》中的时间表达研究[C].北京大学春政学者论文集，2001.

为指物之辞，所谓‘物’者，兼人物言，且兼人己言。”[①]吕叔湘也认为：“‘之’和‘其’都有时候代表第一身，‘其’有时候还代表第二身……”[②]王力在谈到这个问题时说“‘之’和‘其’虽然同属第三人称，但是可以灵活运用：有时候是说话人本人自称，有时候是指称对话人”[③]。杨伯峻认为“‘其’有时用来作‘己’字”、“‘之’字，有时候在形式上是第三者，实质上却是指说话者本人……有时还可以指第二人”[④]，“‘其’和‘之’虽然是他称代词，但是古人常常借来指代自己”[⑤]。目前，大多是关于古代汉语语法的书籍采用“活用”说，并且很明确地说是“活用为第一人称或第二人称”。

毛毓松、刘瑞明对学者们所称“其”、“之”的“活用”与我们一般所探讨的词类活用进行了辨析，我们通常所讲的词类活用往往是改变词性和意义的用法，而这种“活用”并没有改变词性[⑥]。因此，我们就不宜再用“活用”说来称呼“其”、“之”指代第一、第二人称的用法，这种用法仅仅是语用上的需要，并没有改变“其”、“之”第三人称的性质，即使要用“活用”一词来称呼这种现象，也必须指明是语用上的活用，以区别于我们通常所讲的语法的活用。王义娜借用 Jesperson 的语言理论对人称代词与其客体指向相背离的指称现象进行了阐释，Jesperson 称呼此类现象为“移指(shifter)”现象，我们认为这个称呼比“活用”更能贴合，并且不易引起误解。因此在下文进行讨论时我们将使用“移指”这一名称。涉及移指现象的古汉语第三人称代词主要有“其”、“之”，本节除了对“其”的此类问题进行分析外，还附带对“之”的相关问题进行考察。

一、人称代词“其”的“移指”分析

人称代词“其”主要用来指代不在说话现场的第三者，但它有时还可以指代说话人或听话人。

(一)“其”移指说话人用例分析

(1)(滕世子)谓然友曰：吾他日未尝学问，好驰马试剑；今也，父兄百官不我足也，恐其不能尽大事，自为我问孟子。(《孟子·滕文公上》)

---

① 马建忠. 马氏文通[M]. 北京：商务印书馆，1983：46.

② 吕叔湘. 中国文法要略[M]. 北京：商务印书馆，1982：158.

③ 王力. 古代汉语[M]. 北京：中华书局，1999：354.

④ 杨伯峻. 文言语法[M]. 北京：北京出版社，1956：51－52.

⑤ 杨伯峻. 文言文法[M]. 北京：中华书局，1963：56.

⑥ 参看毛毓松. “其”、“之”用作第一第二人称质疑[J]. 广西师范学院学报，1983(3)；刘瑞明. 对“之”、“其”第一、二人称说的否定，对“之”、“其”第一、二人称说的否定(续)[J]. 成都师专学报，1994(1)(2).

马汉麟、周秉钧的著作中均提到此例[①]。毛毓松认为此例中的"其"当为指示代词，兼指人、事，指称"(世子)那样的行为"[②]。马建忠释言："'其'，滕文公自谓也。唯'之'字无指与语者。'其'字所指，人己无分。"[③]徐仁甫(1981)认为"其"可以用作"第一人称代词"，也引用了"恐其不能尽于大事"这个例子，并引东汉赵岐的《孟子注》说："父兄百官见我他日所行，谓我志行不足，似恐我不能尽大事之礼，故止我也。"因此，此例中的"其"用为第一人称代词"我"。王力释为"其"为"我之"[④]，该书《凡例》一一云："对于词语的解释，力求跟古代汉语相当的现代汉语。"但在现代汉语中没有"我之"的说法，故王力明了了"其"的所指，但用"我之"来对应古汉语中的"其"似有不妥。我们认为毛毓松的分析不太顺当，"尽于事"的主语当为人，并非是世子之行为，世子之行为是导致世子不能尽于事的原因，而非尽于事的施事。马建忠、徐仁甫、王力等认清了"其"字的所指，但未能在语用上来说明"其"的作用。既然"其"为"世子"自称，为何用"其"而不用"我"字？毛毓松谈到一点，"其"字能将谓语指称化，而"我"不能，"其不能尽于大事"作"恐"的宾语，因此用"其"而不用"我"[⑤]。当然这是很重要的一点，另外不可忽视的是第三人称"其"字用在此处还有其特殊之处。这个例子中的"其"字，主要是用来表达世子的婉转之意的，世子将"其"来指称自己，将自己置于第三人称的位置上，仿佛父兄百官担心的是与自己无关的人，置身事外，既向师傅然友表达了父兄百官对自己的担心，同时，也给自己留了面子，还表达了自己对父兄百官担心自己对丧礼不能尽心一事的态度，他认为父兄百姓的观点并不一定正确，自己并非不能胜任此事，因此，下文世子才会让师傅然友去向孟子咨询这件事。

(2)攻其恶，无攻人之恶，非修慝与？一朝之忿，忘其身，以及其亲，非惑与？(《论语·颜渊》)

汤可敬《古代汉语》谈到此例，另外我们还要加上这句话后面的内容："非修慝与？一朝之忿，忘其身，以及其亲，非惑与？"杨伯峻将这段话译为："批判自己的坏处，不去批判别人的坏处，不就消除无形的怨恨了吗？因为偶然的忿怒，便忘记了爹娘，不是糊涂吗？"[⑥]刘瑞明认为"这两个分句不是并列关系，而是后者申说补充前者：批判那坏处时，别批判别人的坏处"，若此理解尚能讲通的话，那么后文中的"忘其身，以及其亲"中的"其"又当做何种理解呢？我们认为此段话中的"其"应移指说

① 马汉麟. 古代汉语读本[M]. 郑州：中州书画社，1982：155；周秉钧. 古汉语纲要[M]. 长沙：湖南教育出版社，1981：360.

② 毛毓松."其"、"之"用作第一第二人称质疑[J]. 广西师范学院学报，1983(3).

③ 马建忠. 马氏文通[M]. 北京：商务印书馆，1983：47.

④ 王力. 古代汉语[M]. 北京：中华书局，1999：354.

⑤ 毛毓松."其"、"之"用作第一第二人称质疑[J]. 广西师范学院学报，1983(3).

⑥ 杨伯峻. 论语译注[M]. 北京：中华书局，1980：130.

话人。

(3)故敢略陈其愚。

《古汉语基础知识》认为"其""活用"为第一人称代词,指"我"。毛毓松认为"其"之指代词,意为"那种",并通过大量篇幅来论证此观点。我们认为,"其"当为人称代词,指代的对象是"我",即说话人。毛毓松通过《报孙会宗书》来论证了自己的观点,兹录此段话如下:

恽材朽行秽,文质无所底,幸赖先人余叶,得备宿卫。遭遇时变,以获爵位;终非其任,卒与祸会。足下哀其愚蒙,赐书教督以所不及,殷勤甚厚。然窃恨足下不深推其始终,而猥随俗之毁誉也。言鄙陋之愚心,则若逆指而文过,默而息乎,恐违孔氏各言尔志之义。故略陈其愚,惟君子察焉。

毛毓松提到,"若按此说(按,指《古汉语基础知识》将"故敢略陈其愚"之"其"看作是"活用","活用"为第一人称),则'终非其任','足下哀其愚蒙','然窃恨足下不深惟其终始'几句中的'其',也都应视为'活用'为第一人称了,因为这几个'其'字的用法基本相同"。我们认为,毛毓松此论犯了以偏概全的错误,《古汉语基础知识》认为"故敢略陈其愚"之"其""活用"为第一人称,并不等同于《古汉语基础知识》认为这段话中所有的"其"均"活用"为第一人称。毛毓松认为这段话中所有的"其"字均为指示代词,我们认为,将"终非其任"及"然窃恨足下不深推其始终"之"其"看作是指示代词是正确的,但将"足下哀其愚蒙"及"故略敢陈其愚"之"其"看作是指示代词则不太恰当。孙会宗哀怜的应是杨恽的愚笨蒙昧,因此才"赐书教督",而并不是哀怜杨恽"终非其任,卒与祸会"这件事,于情于理,"其"都当指称"杨恽"。指示代词一般都用来指示称代上文中已经出现的人或事,或者是说话人或听话人都知道的人或事,若将"故敢略陈其愚"之"其"看作是指示代词,则"其"在上文没有对应的所指,在语义上我们也不能明确它的所指,若认为"其"指下文要陈述的意见,则于"其"用作指示代词的用法相左,因此我们认为,"故敢略陈其愚"之"其"当指称杨恽。杨恽在写此信时已经被朝廷贬为庶人,而当时他的朋友孙会宗任安定太守,二者地位悬殊,用"其"字自称,是一种自谦的说法,同时也表达了对对方的尊重。

(4)吾充重任,每惧失中,频年以来,不问嘉谋,岂吾开延不勤之咎邪?自今以后,诸掾属治中、别驾,常以月旦各言其失,吾将览焉。(《三国志·魏书·武帝纪》引《魏书》)

这是曹操对他的下属所说的话,前文含有责备的意味——"岂吾开延不勤之咎邪?"原因是"不闻嘉谋",因此在后面曹操就命下属中属于治中、别驾的经常来指出他的过失,然后他在反思自己的不足之处。此处第三人称"其"指代的是说话人"曹操",用"其"而不用其他第一人称代词的原因是,用"其"具有语用表达上的功用,将自己置于第三者的位置，仿佛自己不在说话的现场，让下属不会有畏惧感，可以畅谈“其”的过失，这样也能做到客观。

(5)今肃迎操，操当以肃还付乡党，品其名位，犹不失下曹从事。(《资治通鉴·赤壁之战》)

(6)《论语》倾受到一本，是三十八期，即读一过。倘蒙谅其直言，则我以为内容实非幽默，文多平平，甚者且坠入油滑。(《鲁迅书信集》上卷514—515页)

下文内容是对《论语》的批评，为使对方更加容易接受，同时也为了表达自己谦卑，因而用“其”来指称自己，就好像下文所说内容与自己无关。

(7)虽然，臣愿悉言所闻，大王裁其罪。(《战国策·秦策一》)

刘瑞明谈到，此例应为“大王裁定它的错误，即‘所闻’之事的错误”①。我们认为，“其”当指说话人“张仪”，此句话前面为“臣闻之，弗知而言为不智，知而不言为不忠。为人臣不忠当死，言不审亦当死”，张仪不知自己所言是否正确，但依然冒死直谏，希望大王听完之后再来裁定他的罪，“其”当指张仪，张仪所言并没有什么罪过，有罪的当时说话人张仪。

(二)“其”“移指”听话人用例分析

试看下例：

(8)今子爱谗以自危也，甚矣其惑也。(《左传·昭公二十七年》)

《古代汉语读本》注：“甚矣其惑也”等于说“甚矣，子之惑也。”②毛毓松(1983)认为“其”字为指事之词，“其”，指“爱谗以自危”一事。我们认为，该例中的“其”指令尹子更为恰当，这句话是沈尹戌针对令尹子祸国殃民的行为而发的议论。将“其”释为人称代词，指代“令尹子”，这句话的埋怨的语气会更加强烈，更能凸显令尹子的昏庸。

(9)足下家中百物，皆赖而用也。然其所珍爱者必非常物。(唐·韩愈《答刘正夫书》)

马建忠释言：其，主次，指与语之人，《古汉语纲要》认为此“其”表对称。毛毓松反驳了此观点，认为“其”为指物之词，指“家中百物”。我们认为“其”后名词为一般事物名词时，“其”与后面的名词往往形成领属与被领属的关系，而“家中百物”和“所珍爱者”并不能构成领属与被领属的关系。因而“其”并不指“家中百物”。“足下家中

① 刘瑞明.对“之”、“其”第一、二人称说的否定[J].成都师专学报，1994(1).

② 马汉麟.古代汉语读本[M].郑州：中州书画社，1982：156.

百物，皆赖而用也”当为“您家里的东西，都是经常依赖使用的（都是常物）”，“其所珍爱者必非常物”当为“而您所珍爱的那些，并非常物（不常使用）”。因此，马建忠、《古汉语纲要》的观点当是正确的，“其”当指与语之人。

当然，也有一些例句中的“其”明显并非移指听话人的，但以往的研究著作往往将其视为移指说话人或听话人，如：

（10）其身正，不令而行；其身不正，虽令不从。（《论语·子路》）

余行达认为例（10）中的“其”用于第一人称，相当于“自己的”、“我的”[①]。我们认为分析不甚妥当，《子路》篇中大部分章节都是来探讨如何从政的，本章即是其中之一，“其”当指称“从政者”，故下文有“令”字相接。杨伯峻将此句译为“统治者本身行为正当，不发命令，事情也行得通。他本身行为不正当，纵三令五申，百姓也不会信从”[②]，高小方师将此句译为“在上者自身正了，不用发令百姓就会去做；自身不正，即使发布命令百姓也不会听从”[③]。二位的解释甚为妥切。

（11）民之穷困，而受盟于楚，孤也与其二三臣不能禁止，不敢不告。（《左传·襄公八年》）

《古代汉语读本》注：“其二三臣”等于说“孤之二三臣”，此句当为事后之记，因此，“其”当为指示代词，指代当时的几位臣子。吴昌莹《经词衍释》举此例，认为是指事之词，释为“此也”，“是也”。杨树达《高等国文法》指示代名词远称“其”义诸字条亦举此例。

（12）“贤哉，回也！一箪食，一瓢饮，在陋巷，人也不堪其忧，回也不改其乐。贤哉，回也。”（《论语·雍也》）

其实，这段话中，两个“其”字均是指示代词。第一个“其”字指代“一箪食，一瓢饮，在陋巷”那种穷苦，第二个“其”字指代尽管生活环境穷困，但颜回却享有的那份的独有快乐。

（13）此子材，吾受其赐。不材，吾怨子。（《史记·晋世家》）

《古代汉语读本》注：“吾受其赐”义为“我接受你的恩惠”。毛毓松（1983）对此例有详细论述，认为此句中“其”字当为指示代词，义为“（你培养太子成才的）那种”，是个特指代词，此不赘述。

（14）老臣以为媪为长安君计短也，故以为其爱不若燕后。（《战国策·赵策

---

① 余行达. 古代汉语[M]. 长春：东北师范大学出版社，1989：382.

② 杨伯峻. 论语译注[M]. 北京：中华书局，1980：136.

③ 高小方. 古代汉语[M]. 南京：江苏教育出版社，2009：17.

四》)

汤可敬《古代汉语》、《古汉语基础知识》译为"您爱他比不上爱燕后"。从逻辑上来看,该比较句的比较项当为"对长安君的爱"以及"对燕后的爱",因此,"其爱"当为"(对长安君的)那种爱"。王力主编的《古代汉语》注:"其爱",指对长安君的爱,正确。"其"并不能直接对译为"您"。

(15)足下之贤,虽在穷约,犹不能改其乐。(唐·韩愈《与崔群书》)

马建忠《马氏文通》曰:"其,偏次,指与语之人。"《古汉语纲要》认为"其"表对称。毛毓松认为"其"并非表对称,而指在"穷约"中所保持的那种乐趣。毛毓松的观点甚为妥当。

二、人称代词"之"的"移指"分析

第三人称代词"之"也有移指说话人或听话人的用法,如:

(16)孔子见齐景公,景公致廪丘以为养,孔子辞不受,出谓弟子曰:"吾闻君子当功以受禄。今说景公,景公未之行,而赐之廪丘,其不知丘亦甚矣!"(《吕氏春秋·高义》)

南开大学《古代汉语读本》注:"赐之廪丘"等于说"赐我廪丘"。孔子和弟子讲话时用了"吾",谈到景公不了解自己时以"丘"自称,这符合面对晚辈和对尊不同的人时自己的不同称代。而"赐之廪丘"我们认为既不能像《古代汉语读本》那样,直接易之以"我",也不能像毛毓松所述那样,认为"之"有兼指人、事的作用,"之"是指劝说景公这个人。我们认为,"之"在此处仍为第三人称代词,但所指是"我",即孔子。但在语用上却有其特殊作用。若将"之"直接释为"我",语义上显得生硬,不礼貌,毕竟孔子是在"指责"齐景公,认为齐景公的行为不合理。用第三人称代词"之",好像孔子是在说与自己无关的事情,而实指自己,那么孔子的态度也就显得更加客观合理了。我们可将之译为"还赐给人家廪丘这地方",就显得更加切合孔子本义了。

(17)愿及未填沟壑而托之。(《战国策·赵策四》)

汤可敬《古代汉语》将此句话译为"趁着我没有死(把他)托给您",此做法当是以今律古,翻译并不等于语法。当然单从一个例子我们无法看出"之"的所指,在先秦文献中,我们找到这样的例子,如:

(18)鱼失于渊而不可复得也,人主失其势重于臣而不可复收也。古之人难正言,故托之于鱼。(《韩非子·内储说下》)

(19)公谓晏子曰:"夫狱,国之重官也,愿托之夫子。(《晏子春秋》)

从这两个例子我们可以看出,"托"后面的"之"当为"托"的直接宾语,"托"的间接宾语或用"于"字引介,或直接附于直接宾语之后。因此,汤可敬所译之"您"当是根据文意补出来的内容,"之"当指称触龙的儿子。

三、第三人称代词"其"、"之"移指现象的语用功能

关于第三人称代词用来移指说话人或听话人的语用功能前人已论述的很详尽,张玉金认为"在说话中用第三人称而不用第一人称称呼自己,就是表示感情的疏远、对听话人的尊重、对自我的谦恭"[①]。杨剑桥对此也有详细的论述:

> 中外语言都有这样一种现象,即对人直接称呼"你",既可以表示不尊重,也可以表示亲密、接近;对人称呼"您",则既可以表示尊重,也可以表示疏远、不亲密。与此相似,在三个人称代词中,第一人称和第二人称是当面说话时所用的,说话人与所称说的人距离接近,而第三人称则是背称,说话人与所称说的人距离较远,因此在古代汉语中,当使用第三人称来代替第一人称时,则往往表示自谦和尊重对方……当使用第三人称来表示第二人称时,则往往表示跟对方亲密或不尊重对方。[②]

总之,"其"、"之"移指第一人称或第二人称主要是基于语用的需要,这种语用的需要一直沿用至今,现代汉语中,"人家"一词通常用来指称第三方,但有时也可以称代说话人或听话人。

① 张玉金.西周汉语代词研究[M].北京:中华书局,2006:196.

② 杨剑桥.古汉语语法讲义[M].上海:复旦大学出版社,2010:50.

第五章 “×其”的词汇化

“其”作为指示代词和连词，在语句中，由于汉语双音节化的驱动，与其他一些词的组合呈现出词汇化的趋势。本章主要对汉语史上与“其”相关的一些词语的成词过程进行讨论，以此说明“其”的词素化过程。

第一节 连词“如/若/必其”、“惟/唯其”的词汇化

本节主要对连词“如其、若其、必其、惟其、唯其”的词汇化过程进行探讨。

一、“如/若/必其”的词汇化

实词中的并列式合成词一开始本来是“同义连文”，是并列短语，随着时间的延续和使用频率的增加，逐渐凝固为一个合成词。连词也存在这种并用现象，最初这种同义并用现象是在汉代汉语双音化趋势下产生的，随着时间的延续和使用频率的增加也会逐渐凝固为一个词。假设连词“其”与其他假设连词并用的现象上古时期已经产生，如：

(1)a. 战也。战而捷，必得诸侯；若其不捷，表里山河，必无害也。(《左传·僖公二十八年》)

b. 齐侯曰：“大夫之许，寡人之愿也；若其不许，亦将见也。”(《左传·成公二年》)

(2)a. 若有其人，耻之可也；若其未有，君亦图之。(《左传·昭公五年》)

b. 志父无罪，君实图之！若其有罪，绞缢以戮，桐棺三寸，不设属辟，素车朴马，无入于兆，下卿之罚也。(《左传·哀公二年》)

例(1a)、(2a)中“若其”是假设连词“若”与“其”并用。还有一个问题需要我们注意，

那就是"其"除了用作连词,还可以用作人称代词,那么在具体语言环境中"若其"中的"其"是连词还是人称代词,这就需要我们仔细判断。一般来说,人称代词"其",一般都会有先行词,也就是"其"所称代的对象,如果在具体的语言环境中,我们找不到"其"所对应的先行词,那么"其"就是连词,反之,"其"就是人称代词。如例(1b)、(2b)中"其"前有先行词"大王"、"志父","其"就是人称代词,而(1a)、(2a)中我们在上下文中找不到先行词。(1a)、(2a)中"若其"和(1b)、(2b)中"若其"是同形异构关系。

中古汉语时期,随着汉语复音化的大趋势,语言使用者试图通过同义连文的方式构成双音词,以适应汉语词汇双音化的大趋势。假设连词"其"也不例外,这一时期,假设连词"其"与其他同义连词并用的现象大量涌现,如:

(3)若其不克,成仇弃好,不如因而厚之。(《三国志·吴书·张纮传》)

(4)如其颠沛,此乃命也。(《宋书·杜慧度传》)

(5)苟其不尔,宁可自安仇耻,而责义于余方。(《宋书·自序》)

(6)假其克捷,不知足南抗悬瓠,北捍长社与不?(《宋书·刘勔传》)

(7)若其克获,还迎不晚,设其有难,众弗可还。(《三国志·魏书·袁绍传》裴注引《献帝传》)

(8)倘其不当,亦宜含容,又何罪焉?(《后汉书·孔僖传》)

(9)虽其有救,山道阻险,非行兵之地也。(《三国志·魏书·陈泰传》)

(10)脱其妄作,当赐思罔昧之由。(《宋书·王景文传》)

例(3)～(10)分别是假设连词"其"与"若、如、苟、假、设、倘、虽、脱"等并用。柳士镇认为以上用例中的"若其"、"如其"、"苟其"、"假其"、"设其"等均是并列式双音连词①。我们不赞同这种观点,我们认为"若其"、"如其"、"苟其"、"假其"、"设其"这些形式仍是同义连词的并用形式,而不是并列式合成词。

这就引出了这样一个问题,那就是该如何判断两个并用的连词已经成为合成词。借鉴前人研究成果,我们认为,并列式合成连词(这里只指构词语素都能单独作为一个副词使用,且单独作为一个连词时具有同义关系)的判断标准是:第一,语序稳定;第二,构词成分稳定,也就是说,哪两个构词成分结合起来构成合成词不是随意的,不是若干个具有同义关系的成分只要并用就能够形成合成词;第三,合成连词之后,其构词成分虽然可以单独用作连词,但至少其中一个构词成分作为独立的连词是不太常用的,或者逐渐变得不太常用,甚至不用的。

标准确定之后,我们再来看"若其"、"如其"、"苟其"、"假其"、"设其"等这些并用形式是否已经成词。首先,"若其"还不是合成词,因为中古汉语时期,我们还能

① 柳士镇.魏晋南北朝历史语法[M].南京:南京大学出版社,1992:156-158.

看到"其若"并用的形式，如：

(11)时诸宿德耄旧梵志一切徒众，无不惊怪，作是念言："我诸论士，共彼小儿，议论得胜，不足为荣，其若不胜，大可耻愧。"[三国(吴)·支谦译《撰集百缘经》]

假设连词"其"和"若"有两种并用形式，语序不固定，不符合我们所说的第一条标准。因而中古汉语时期的"若其"还不是合成词。另外，这一时期，可与假设连词"其"并用的连词非常丰富，有"若、如、苟、假、设、倘、虽、脱、令、傥"等，不仅如此，"如、苟、假、设、倘、虽、脱、令、傥"等还可以与其他单音节假设连词并用，如"如或、如使、如令、如若、若苟、若或、若令、若当、若果、若使、苟或、苟使、设或、设令、设使、设当、设若、当使、假如、假使、假设、假令、借使、借令、傥或、脱或、脱若、诚令、即令"等等，这就与我们所说的第二条标准相悖。第三，中古汉语时期，"其"作为假设连词还有一定的使用频率，而与"其"并用的假设连词"若、如、苟、假、设、倘、虽、脱、令、傥"等也在使用，如：

(12)王苟以错为不善，何不以闻？(《汉书·荆燕吴传》)

(13)谢胡儿语庾道季："诸人莫当就卿谈，可坚城垒。"庾曰："若文度来，我以偏师待之；康伯来，济河焚舟。"(《世说新语·言语》)

(14)假有疑，望尔捉吾断臂以来。(《六度集经》)

(15)倘天假其年，人缓其祸，得归死国家，解逋逃之负，泯躯九泉，将复何恨！(《三国志·蜀书·许靖传》)

(16)君脱矜愍，为往报告，见申委曲，家兄闻此，必重相报，所有资材，当不爱惜。(《魏书·李崇传》)

(17)傥天不厌乱，胡羯未殄，鸱鸣狼噬，荐食河北，在荣为福，于卿为祸。(《洛阳伽蓝记》卷一)

(18)若相贼杀者，令部落自相报。不止，诣大人告之，有罪者听出马、牛、羊以赎死；其自杀父兄则无罪；若亡畔，为大人所捕者，邑落不得受之。(《后汉书·乌桓鲜卑传》)

(19)设有非常之变，任章之谋，上负先帝，下悔靡及。(《后汉书·杨震传》)

(20)令天可上，地上安得民！(《后汉书·隗嚣公孙述传》)

这不符合我们所说的第三条标准。从"其"在这一时期的表现来看，我们认为"若其"、"如其"、"苟其"、"假其"、"设其"等词还不是并列式合成词，它们只是汉语词汇双音化大趋势下同义假设连词的并用形式。

近代汉语时期，与假设连词并用的形式仅存"若其、如其、必其"等形式，如：

(21)傥逢天道开通日，誓愿活捉楚平王。捥心并脔割，九族总须亡。若其不如此，誓愿不还乡！(《敦煌变文·伍子胥变文》)

(22)与人交际,当谨之于始。若其人下来不可宗主,则今日莫要亲他。若今日苟且过了,与之相亲,则下来所宗,非其可宗者矣。(《朱子语类》卷二十二)

(23)王以我学问不广,故遣我就边先生处学问,若三年即达,即与我太山主簿,如其不达,退入平人。(《敦煌变文·搜神记》)

(24)若将荆州,复还江东,则放关公还益州;如其不然,主将既失,孤兵必乱,领兵大举,趁机而行,觑荆州一鼓而下,有何难哉!(元·关汉卿《单刀会》)

(25)必其欲得磨勘,请检《山海经》中。(《敦煌变文·燕子赋》)

"其"的假设连词用法基本消失,"其"与"若、如、必"等的语序也基本稳定,因而我们可以将"若其、如其、必其"等看作是并列式假设连词。假设连词"若其、必其"主要见于唐宋时期,此后少见,"如其"在现代汉语书面语中仍在使用,如:

(26)他们个个都知道,知道得都够多。如其是信基督教的他们,就会冲着这盂及刷,说其中有上帝,有耶稣,有"三位一体"。(俞平伯《古槐梦遇》)

(27)农场只有十七八亩地,如其每个学生要天天有工作做,就只有无聊地浇一点水。(叶圣陶《倪焕之》)

现代汉语口语中主要用"假如、如果"等双音节假设连词。

董秀芳以动词性并列式双音词为例,讨论了双音式合成词的词化程度。认为双音式在历时发展过程中有四种词汇化特征:"①存在一个相应的单音同义形式,但组成成分不能换序;②不再有同义的单音对应形式;③意义上发生了由具体到抽象或由泛指到专指的引申;④句法功能发生转化。"这四种词汇化特征可以看作共时并列式双音词词汇化程度的四个等级,由①到④的词汇化程度依次增加。"词汇化的第一步就是顺序固定,再进一步就是在与单音同义形式的竞争中取得胜利……"[①]从"若其、如其、必其"汉语历时的发展来看,它们仅符合第一条特征,因而"若其、如其、必其"等的词汇化程度较低。

二、"惟/唯其"的词汇化

现代汉语中"惟其"、"唯其"均可用作连词,连接原因分句,如:"惟其他是共产党员,应该对他特别严格。""谁不知道杭州有西湖名胜,唯其他有名,所以游览的人甚多。"这两例中"惟其"、"唯其"均是连词,本部分对连词"惟其"、"唯其"的词汇化过程进行讨论。正如杨伯峻所言:"'唯'、'惟'、'维'这三个字本来各有自己的意义,后来因为它们的读音和形状都极相近,尤其作为虚词,这三个字便互相混

① 董秀芳.词汇化:汉语双音词的衍生和发展[M].北京:商务印书馆,2011:120-141.

用。"①从历时的角度看,"惟其"、"唯其"词汇化过程相同,二者均是由连词"惟、唯"和人称代词"其"的跨层次结构词汇化而来。

首先对"惟、唯"的连词用法来源进行讨论,因古汉语中"惟、唯"用法相同,因此在对"惟、唯"连词用法来源进行讨论时,二者不加辨别。

"唯"在甲骨文中已经出现,因其可用于强调句中各种成分,因此一般将甲骨文中"唯"看作助词,这是"唯"的较早的用法,如:

(28)父乙不隹伐祟?父乙隹伐祟?(合集903正)

(29)贞:勿隹王往?贞:惠王往伐𢀛方?(合集615)

(30)辛未卜,壳贞:妇妌娩嘉?王占曰:其惟庚娩,嘉。(合集454正)

例(28)、(29)中"唯"位于命辞中,用来强调占卜者卜问的内容,例(30)中"惟"位于占辞中,用来强调占卜的结果。后引申出范围副词用法,当"唯"所强调的对象在上下文中具有排他性时,"唯"就衍生出范围副词用法,范围副词"唯"可对主语、谓语等成分进行限定,如:

(31)人亦有言,柔则茹之,刚则吐之。维仲山甫,柔亦不茹,刚亦不吐。(《诗经·大雅·烝民》)

(32)非神也,夫唯能使人之耳目,助己视听。(《墨子·尚同中》)

例(31)中"唯"对主语"仲山甫"进行限定,例(32)中"唯"对谓语"能使人之耳目,助己视听"进行限定。裘燮君认为,"唯"与名词性或代词性词语结合,介绍动词谓语所表示的行为动作变化发生的原因时,"唯"是介词②,如:

(33)维子之故,使我不能息兮。(《诗经·郑风·狡童》)

(34)何故不来?不来者,其鲁、卫、曹、邾乎!曹畏宋,邾畏鲁,鲁、卫逼于齐而亲于晋,唯是不来。(《左传·昭公四年》)

我们认为这种用法中的"其"仍是范围副词,范围副词修饰名词是比较常见的现象,如现代汉语中"只","只他一人获得了国家奖学金",而这种"原因—结果"关系当是由于上下文赋予的。其中范围副词"惟、唯"还用以强调指示代词"是、时"等,如:

(35)尔乃迪屡不静,尔信未爱,尔乃不大宅天命,尔乃屑播天命,尔乃自作不典,图忱于正。我惟时其教告之,我惟时其战要囚之,至于再至于三。(《尚书·多方》)

(36)昔我先王熊绎辟在景山,筚路蓝缕以事天子,唯是桃弧棘矢以共御王事。(《左传·昭公十二年》)

① 杨伯峻.古汉语虚词[M].北京:中华书局,1981:182.

② 裘燮君.商周虚词研究[M].北京:中华书局,2008:234.

指示代词"时"指代上文"尔乃迪屡不静，尔信未爱，尔乃不大宅天命，尔乃屑播天命，尔乃自作不典，图忱于正"，"是"指代上文"昔我先王熊绎辟在景山，筚路蓝缕以事天子"，"惟、唯"强调"战要囚之"、"桃弧棘矢以共御王事"的原因。上古汉语中，"惟时、唯是"已经由定中短语进一步凝固成结果连词，如"在今后嗣王，诞罔显于田，矧曰其有所念，于先王勤家诞淫厥泆，罔顾于天显民只，惟时上帝不保，降若兹大丧"(《尚书·多方》)、"敛时五福，用敷锡厥民，惟时厥庶民于汝极，锡汝保极"(《尚书·洪范》)；"吾子淹久于敝邑，唯是脯资竭矣"(《左传·僖公三十三年》)、"吾子惠徼齐国之福，不泯其社稷，使继旧好，唯是先君是敝器、土地不敢爱"(左传·成公二年)。所举四例中"惟时"、"唯是"后面是结果分句，"惟时、唯是"其作用是用来关联结果分句，此时，"惟时、唯是"已经发生词汇化，成为一个连词，义同"以是"，《汉语大词典》失收。

"惟时、唯是"是具有直接关系的句法成分词汇化为双音节连词的，与"惟时、唯是"不同，连词"惟其、唯其"的原型是"范围副词＋人称代词"，二者之间不再同一句法层面上，二者关系是：{维/惟/唯[其＋VP]}，如：

(37)维其有章矣，是以有庆矣。(《诗经·小雅·裳裳者华》)

(38)故强，南足以破楚，西足以诎秦，北足以败燕，中足以举宋。及以燕赵起而攻之，若振槁然，而身死国亡，为天下大戮，后世言恶，则必稽焉。是无它故焉，唯其不由礼义，而由权谋也。(《荀子·王霸》)

(39)夫大乱之本，必起于小奸。惟其小而不足畏，是故其发也常至于乱天下。(宋·苏轼《策别十二》)

例(37)～(39)中"维、唯、惟"均为范围副词，强调原因分句，"其"是原因分句的主语，"维、唯、惟"和"其"不在同一句法层面上。因"维、唯、惟"与"其"常在同一线性结构中出现，这就为其词汇化提供了可能性，当原因分句中主语没有先行词，而只能用名词来充当时，或者"其"无所指称，此时，"其"就摆脱了作为原因分句主语的身份，从而和前面的"惟、唯"词汇化为双音节连词，如：

(40)a. 许市井人耳，惟其无所求于人，尚不可以势屈，况其以道义自任者乎。(《梦溪笔谈·技艺》)

b. 凡事有一半是，一半不是，须要精辨其是非。惟一者，既辨得是非，却要守得彻头彻尾。惟其如此，故于应事接物之际，头头捉着中。惟精是致知，惟一是力行，不可偏废。(《朱子语类》卷七十八)

c. "与天地相似故不违。"上文言易之道"与天地相似"，此言圣人之道"与天地准"也。惟其人不违，所以"与天地相似"。(《朱子语类》卷七十四)

(41)a. 夫六经之道，惟其近于人情，是以久传而不废。(宋·苏轼《诗论》)

b. 故曰："其始不立，其卒不成，惟其不成，是以厌之而愈不立也。"(宋·苏轼

《思治论》)

c.既有此理，便有此气；既有此气，便分阴阳，以此生许多物事。惟其理有许多，故物亦有许多。(《朱子语类》卷九十四)

例(40a)、(41a)中"其"分别称代前文所提到的姓"许"的人及"六经之道"，这两例中的"惟其"还是跨层次结构。而(40b)、(41b)中"其"则无所称代，例(40c)、(41c)中"惟其"后面分别有名词"人"、"理"，"其"亦无所称代，例(40b)、(41b)、(40c)、(41c)中"惟其"已经词汇化为双音节连词，连接原因分句。《汉语大词典》"惟其"条所举首例为明代刘基《郁离子·虞孚》："事故失意之事恒生于其所得意，惟其见利而不见害，知存而不知亡也。"嫌晚，"惟其"至迟在宋代时已经词汇化为一个连词。

再来看"唯其"，《汉语大词典》所举前两例为：

(42)唯其大翫于词，而与世抹摋，人皆劫劫，我独有余。(唐·韩愈《贞曜先生墓志铭》)

(43)纣之至亲岂不多？唯其众叛亲离，所以不济事。(《朱子语类》卷五十)

这两例中"其"还可理解为人称代词，分别称代"孟郊"、"商纣王"，例(42)说的是"因为他(孟郊)全身心致力于文章创作，对世事漠不关心，人世匆匆，唯独他从容自得"，例(43)说的是"商纣王的至亲难道不多吗？因为他众叛亲离，所以不能成事"。这两例中"其"都有所称代，因此，《汉语大词典》举例不当。从我们对手头已有的文献考察来看，"惟其"至迟在宋代词汇化为连词，如：

(44)所可得而言者，唯其归于至当，斯以为圣人而已矣。(宋·苏轼《子思论》)

(45)周之制，万二千五百人而为军。万之有二千，二千之有五百，其数奇而不齐，唯其奇而不齐，是以知其所以为繁且曲也。(宋·苏轼《管仲论》)

例(44)中连词"唯其"位于主语"所可得而言者"与谓语"归于至当"中间，还不是典型的连词，但从例(45)来看，连词"唯其"已经形成。

连词"惟其"和"唯其"在宋代已经形成，但从元至清代，"唯其"不常用。而到了现代汉语中，"惟其"反倒不常用了，人们在书面语中常用"唯其"连接原因分句。

共现连用的跨层结构"惟/唯＋其"向连词"惟/唯其"转化后，主要产生了两方面的结果，即节奏的双音化、指称的虚无化。

节奏的双音化，是说"惟/唯＋其"副词化过程中，双音化起到了一定的促进作用，汉语从汉代开始词汇双音化是大趋势，"惟/唯"、"其"连用，并且是双音节格式。人们为了保持语音上的双音节奏，很自然地将两个结构上本无直接关系的单音成分"惟/唯"和"其"压到一个双音节音步中。节奏的双音化主要是由于人们认知心理上的"组块"机制在起作用，尽管"惟/唯"和"其"本不构成一个句法单位，但由于它们线性相邻，语言使用者就有可能把它们看作一体加以整体处理，而不再对其内部结构作分析，这样就使得“惟/唯”和“其”之间原有的语法距离消失，最终导致双音词“惟/唯其”从旧有的句法构造中脱胎出来。

指称的虚无化，是说“惟/唯其 VP”中“其”本来所指称的对象是明确的、单一的，如例(40a)中“其”指称“姓许的那个人”。“惟/唯其”变为连词后，“其”的指称对象逐渐模糊，乃至彻底消失，从而使得“其”向附着成分转化。

因为近代汉语中“其”的假设连词用法基本消失，“如其”、“若其”、“必其”等合成词的构词理据越来越模糊，有的语法研究著作也将其中的“其”看作词缀①。《现代汉语词典》也将“若其”中“其”看作词缀。Hopper&Traugott 概括了语法化渐变链的三个阶段：词汇项(lexical item)>附着形式(clitic)>词缀(affix)②。关于词缀的特征，已有多人论及，典型的词缀有虚化、附着、定位和附加类型意义等特点，以此来看“若其、如其、必其”中“其”的性质看作词缀是合适的。

第二节 副词“何其”、“更其”的词汇化

本节主要对副词“何其”、“更其”的词汇化过程进行讨论。

一、“何其”的词汇化

《现代汉语词典》(第 5 版)给“何其”标注了词：副词，意为“多么(多带有不以为然的口气)”。本部分即对“何其”一词的成词过程进行探讨，并对“何其”成词的动因进行阐释。

在对这两个问题进行讨论之前，我们要澄清一个问题，姜宝琦认为以下诸例中的“何其”与“何其久也”(《诗经·邶风·旄丘》)中“何其”性质相同，均为指示代词③，如：

(1)守者曰：“此非吾君也，何其声之似我君也！”(《孟子·尽心上》)

(2)仁人无敌于天下，以至仁伐至不仁，而何其血之流杵也！(《孟子·尽心下》)

(3)初，春申君之说秦昭王，及出身遣太子归，何其智之明也！(《史记·春申君列传》)

(4)身被刑法，何其拔兴之暴也！(《史记·黥布列传》)

---

① 席嘉．近代汉语连词[M]．北京：中国社会科学出版社，2010：267．

② Hoppe，P. J. & Traugott，C. E.．*Grammaticalization*[M]．Cambridge：Cambridge University Press，1993．语法化学说[M]．沈家煊，导读．北京：外语教学与研究出版社，2001．

③ 姜宝琦．“何＋其”及其句式的训释[J]．云南师范大学学报，1993(4)．

姜宝琦认为例(1)～(4)中"之"是插在主谓词组之间使其成为名词性词组的助词。我们不赞同这种看法,明显的,主谓词组之间加上结构助词"之"只能作主语或宾语,不能独立成句。显然的,例(1)～(4)中主谓词组加上"之"后是能够成句的,因此,此处的"之"不是结构助词。我们认为例(1)～(4)中"其"是人称代词,"之"是指示代词,"之"作为指示代词可以修饰谓语,这一点我们在第三章第一节中已经论及,此不赘述。来看上面的几个例子,我们将例(1)补充完整为:

孟子曰:"王子宫室、车马、衣服多与人同,而王子若彼者,其居使之然也;况居天下之广居者乎?鲁君之宋,呼于垤泽之门。守者曰:'此非吾君也,何其声之似我君也',此无他,居相似也。"

此例中"其"是第三人称代词,称代"鲁君","何其声之似我君也"即为"怎么鲁君的声音这么像我们国君的呀";例(2)中"其"称代"周武王","何其血之流杵也"即为"怎么他的血(多得)使木杵都漂起来了呀";例(3)中"其"称代"春申君","何其智之明也"即为"怎么他的智慧这么明达哟";例(4)中"其"称代"英布",此例中的主谓短语"其拔兴"指称化,"之"为指示代词,"何其拔兴之暴也"义即"怎么他迅速崛起得这么迅猛哟"。

(一)词汇化前疑问句中"何其"之"其"的性质

关于未词汇化前疑问句中"何其"之"其"的词性,有不同看法。

第一种观点认为"其"是助词。如杨树达《词诠》释《书·大诰》"予曷其不于前宁人图功攸终?"《诗·扬之水》"既见君子,云何其忧?"中"何(曷)其"之"其"为"句中助词无义",杨伯峻认为"'何其'等于'何','其'不过是一个词素,和'何'粘成一个词罢了"[①]。《辞源》:"何其:多么。用疑问表程度。《诗经·小雅·庭燎》:'夜如何其,夜未央。'《左传·僖公十五年》:'二三子何其戚也。'"王述峰也认为"其"是助词[②]。

第二种观点认为"其"是人称代词。如吕叔湘《文言虚字》:"'何其'的'其'本来等于'彼之',但'何其'常连用,渐渐形成一个熟语,沿用到白话里面,更加不能分开了。"

第三种观点认为"其"是指示代词。如南开大学《古代汉语读本》认为"'何其'这是用来表示感叹的习惯用法,'何'是疑问代词,'其'是指示代词","句中作状语,修饰后面作为感叹中心的词语(形容词或动词词组),表示'怎么、那么……''为什么这么……'的意思"。姜宝琦对"何其……也"句式进行了训释,认为该句式是"疑

---

① 杨伯峻.古汉语虚词[M].北京:中华书局,1981:61.

② 王述峰.释"何其"[M].营口师专学报,1988(2);载中国人民大学书报数据中心复印报刊数据.语言文字学,1988(10).

问感叹兼有，以感叹为主的句子"，"'何'表示疑问惊异，训释为'为什么'、'怎么'，'其'表示程度之甚，训释为'那么'、'那样'。它们虽各有所司，但结合紧密，形成了固定的结构，这一结构不应只训释为'多么'"①。

我们赞同第三种观点，关于"何其"不单纯表原因，姜宝琦已有详细论述，此不赘述。我们还可从古书注解中进一步证明"何其"中"其"并非助词无意义。试看下面两个例子：

(5)壹者之来，云何其盱！(《诗经·小雅·何人斯》)

(6)我不见兮，云何盱矣？(《诗经·小雅·都人士》)

朱熹《诗集传》对例(5)的注解为："何不一来见我，如何使我望女之切乎？"对例(6)的注解为："然不可得而见矣，则如何二年不望之乎。"对比朱熹对此二者的注解，我们就可知道"其"在"何其"中具有指示程度之义，而并非助词，无意义。另外杨伯峻对"何其"的说明与其对具体用例的解释有矛盾之处，首先他说"何其"等于"何"，"其"不过是一个词素。继而将"何其久也？必有以也"(《诗经·邶风·旄丘?》)译为"为什么这久？一定有缘由"，将"虽有君命，何其速也"(《左传·僖公二十四年》)译为"虽然你奉君主之命而来，为什么这么快"，若"其"无意义，那么译文中的"这、这么"从何而来，明显的，"这、这么"正是由指示代词"其"来表达的。

另外要说明的一点是关于《辞源》所举例证中的"何其"，《辞源》所举二例中"何其"用法并不相同。如《诗经·小雅·庭燎》："夜如何其，夜未央。君子至止，鸾声将将。"郑笺云："此宣王以诸侯将朝夜起，曰'夜如何其'，问早晚之辞。'其'音基；辞也。"朱熹《诗集传》注曰："'其'音基；语助。王将起视朝，不安于寝，而问夜之早晚曰：'夜如何哉？夜虽未央，而庭燎光矣。'"郑玄和朱熹明确指出，"夜如何其"之"其"为句末语气助词，当然就不能与前面的"何"组合成词。另外，"夜如何其"之"其"与"何其久也"之"其"读音不同，因而用法也就不同。

总之，未词汇化前疑问句中"何其"所在的句子表达疑问兼感叹两种语气，从句法角度来讲，"何其"是一个跨层次结构，形成{何[其＋AP/VP]}格式，"其"作为状语修饰后面的AP或VP，"何"作为状语修饰"其＋AP/AP"，"何"与"其"不是同一句法层面上的成分。

(二)"何其"的词汇化及其动因

未词汇化前"何其"用在句子用表达疑问兼感叹两种语气，"何其"成词后在句中仅表感叹。"何"是疑问代词，"何其"完成词汇化的过程也就是"何"疑问代词功能消失的过程。

① 姜宝琦."何＋其"及其句式的训释[J].云南师范大学学报，1993(4).

“何其”成词过程可能有两种可能：一种可能是“何其”中“何”也表感叹，因为“何”也有表程度的副词用法，那么“何其”是并列式合成词；另一种是“何其”中“何”疑问功能消失，“何”在“何其”中仅有补足音节的作用。我们认为这两个成词过程都存在，因为汉语史上副词“何其”既可以单纯表感叹，不带有不以为然义，也可以带上不义未然义。我们将带有不以为然义的“何其”称为“何其$_1$”，单纯表感叹的“何其”称为“何其$_2$”，下面就对“何其$_1$”、“何其$_2$”的词汇化过程进行探讨。

1.“何其$_1$”的词汇化研究

“何其$_1$”是由跨层次结构{何[其＋AP/VP]}中“何其”词汇化而来。上文已谈到跨层次结构“何其”在问句中一般表达疑问兼感叹语气，如：

(7)晋大夫反首拔舍从之。秦伯使辞焉曰：“二三子何其戚也！寡人之从晋君而西也，亦晋之妖梦是践，岂敢以至？”(《左传·僖公十五年》)

《汉语大词典》认为例(7)中“何其”仅表感叹，我们认为“何其”还带有一定的疑问语气，例(7)是秦、晋两国交战，秦穆公擒获了晋惠公回国时对晋国大夫所说的话，“二三子何其戚也”不仅是表现了晋国大夫的忧伤程度，同时也表达了秦穆公对晋国大夫的忧伤程度的惊异，后文说“寡人之从晋君而西也，亦晋之妖梦是践，岂敢以至”，即“寡人跟着你们国君西行，只是你们晋国的妖梦应验罢了，怎么敢做得太过分呢?”这是客套的外交辞令，将“何”理解为仍带有疑问语气与下文就更贯通，同时“何”的运用也使整个句子带上了不以为然的感情色彩。程度副词“何其$_2$”的不义未然义当是由这种类型的“何其”语法化而来，如：

(8)夫既已杀人伤人矣，又使之得以金赎，则有财者皆可以杀人伤人，而无辜被害者，何其大不幸也！(《朱子语类》卷七十八)

(9)又指夏口曰：“刘备、诸葛亮，汝不料蝼蚁之力，欲撼泰山，何其愚耶！”(《三国演义》第四十八回)

例(8)、(9)中“何其”后面的形容词为“大不幸”、“愚”，为消极形容词，“何其”用在消极形容词前多带上不以为然义。当然，当积极形容词所表示的状态并不是说话者赞同的时候，“何其”用在前面往往也带有不以为然义，如：

(10)这一招何其高也，高就高在大腕们心知肚明，合同中的另一方通常也不可能去缴税。(《让人民给大腕“上课”》《作家文摘》1997 年第 3 期。)

唐代时“何其”已经很少用来表疑问了，“何其”已成为一个比较成熟的表感叹语气的副词。

2.“何其$_2$”的词汇化研究

“何”在唐代时已经产生表程度的副词用法，如：

(11)五城何迢迢，迢迢隔河水。(唐·杜甫《塞芦子》)

(12)入门两眼何悲凉！稚子低眉老妻哭。(金·王若虚《贫士叹》)

“何”表程度的副词用法从何而来？我们认为，“何”表程度的副词用法当是由“何其”而来，因“何其”经常用在疑问句中，“何”表疑问，“其”为指示代词，指示后面形容词或动词性短语的程度，由于二者经常连用，“何”就逐渐感染上了“其”的意义。词义感染是词义演变的一种特殊途径，两个词经常连用，在人们的记忆库中，不断强化它们固定的搭配关系，而逐渐淡化它们不同的语法作用和词汇意义，两个意义本不相同的词在语言通话作用的影响下具有了相同的意义[①]。“何”表程度义的产生应该也是词义感染的结果。

(13)夫子圣者欤？何其多能也？(《论语·子罕》)

(14)故性长非所断，性短非所续，无所去忧也。意仁义非人情乎！彼仁人何其多忧也？(《庄子·骈拇》)

(15)田赞衣补衣而见荆王，荆王曰：“先生之衣何其恶也？”(《吕氏春秋·顺说》)

(16)荆庄哀王猎于云梦，射随兕，中之。申公子培劫王而夺之。王曰：“何其暴而不敬也？”(《吕氏春秋·至忠》)

“何”、“其”经常连用在表感叹疑问语气，久而久之，“何”的程度义也就产生了。“何”表程度义的用法最迟是在汉代产生的。

(17)朔来朔来，受赐不待诏，何无礼也！拔剑割肉，壹何壮也！(《汉书·东方朔传》)

(18)水何澹澹，山岛竦峙。(东汉·曹操《观沧海》)

(19)秦王扫六合，虎视何雄哉！(唐·李白《古风五十首》)

“何”表程度义产生之后，表程度义的“何”与“其”就不是跨层次结构了，此时，二者是并列关系，共同组成状语来修饰后面的中心语。汉语史的研究表明，汉语大规模的双音化始于汉代，而指示程度的“其”在汉语词汇双音化大趋势下也“不甘示弱”，而此时“何”表程度用法也已产生，“何其”连用表程度的用法也就是很自然的事情了，如：

(20)呜呼！又何其闳览博物君子也。(《史记·吴太伯世家》)

(21)始陛下与臣等起丰沛，何其壮也！(《汉书·樊哙传》)

例(20)、(21)中“何其”均不含有不以为然义。

---

① 邓明.古汉语词义感染例析[J].语文研究，1997(1).

冯胜利指出："在韵律构词学中，最小的、能够自由运用的韵律单位是'音步'(foot)，因此韵律词就必须至少是一个音步。汉语最基本的音步是两个音节，就是说，双音节音步是最一般的。"①

(22)此年少盛有才器，听其言论，正似司马犬子游猎之赋，何其磊落雄壮，英神以茂，必能明天文地理变化之数，不徒有言也。(《三国志·魏书·方技传》裴注)

(23)林公见东阳长山曰："何其坦迤！"(《世说新语·言语》)

(24)至如畋狩军旅，燕享刑罚，因民之性，不可卒除，就为之节，使不淫滥尔。归周、孔而背释宗，何其迷也！(《颜氏家训·归心》)

"'音步'分为'自然音步'和'非自然音步'。'自然音步'一般为双音节音步，它的实现不受句法、词汇、语义等方面的限制。同时'自然音步'的实现只能是由左向右，即'右向音步'。相反'非自然音步'的实现则受句法、词汇、意义等方面的限制……"②"何其"为双音节，符合"自然音步"双音节话的要求。另外，"何其"经常处于句首位置，符合"自然音步"由左向右的实现方向。在反复使用过程中，人类认知心理的"组块"过程会投射到"何其"上，这种"组块"心理过程的作用使得"何"与"其"之间的句法关系逐渐变得模糊，最后变为一个在句法上不需要再做分析的单纯的单位，韵律词"何其"也就发展成为词汇系统中的词了。

二、"更其"的词汇化

《现代汉语词典》第5版给"更其"标注了词性——副词，并说明是书面语词。该部分对"更其"的词汇化过程进行讨论。《说文解字·攴部》："更，改也。""更"本为动词，如：

(25)君子之过也，如日月之食焉：过也，人皆见之；更也，人皆仰之。(《论语·子张》)

(26)公孙虿为少姜之有宠也，以其子更公女，而嫁公子。(《左传·昭公三年》)

作为动词的"更"，后面可带宾语，一旦宾语前面有指示代词"其"指称，那么就会出现"更"和"其"并存连用的现象，如：

(27)南蒯谓子仲："吾出季氏，而归其室于公，子更其位，我以费为公臣。"(《左传·昭公十二年》)

(28)张孟谈闻之，入见襄子曰："臣遇知过于辕门之外，其视有疑臣之心，入见

① 冯胜利. 汉语的韵律、词法与句法[M]. 北京：北京大学出版社，1997：2-4.

② 冯胜利. 汉语韵律句法学[M]. 上海：上海教育出版社，2000：93-111.

知伯，出更其姓。"(《战国策·赵策一》)

(29)或曰："欲攻子贡之短也。子贡不好道德而徒好货殖，故攻其短，欲令穷服而更其行节。"(《论衡·问孔》)

尽管例(27)～(29)中，"更"和"其"处于相邻的线性位置上，但副词"更其"中"更"和动词义的"更"没有直接关系，因为副词"更其"中"更"读为去声，和"更改"之"更"读音不同，意义也不同。我们认为副词"更其"之"其"是一个类似词缀的附加成分，我们在对"如其"、"若其"进行探讨时，"其"已经变成一个附着成分，可能"其"在当时是一个常用的附着成分。而程度副词"更"后面多带单音节词，如：

(30)与之，即无地以给之；不与，则弃前功，而后更受其祸。(《战国策·韩策一》)

(31)季布闻言心更大(《敦煌变文·捉季布传文》)

当"更"后面的词语为双音节时，就形成了"1+2"音步，而汉语以双音节音步为常，为保持韵律的和谐性，因此在副词"更"的后面加上了附着成分"其"，如：

(32)兄弟在省里的时候，常常听见中丞说起，浙东的吏治，比起那浙西来更其不如。(《官场现形记》第十三回)

(33)总之教人遇到无挽救的事，是不行的。教人遇着要诅咒出来的事，更其不行的。(《新青年》)

(34)什么嫉妒，不是更其可笑的事么？(《新青年》)

例(32)～(34)中"不如"、"不行"、"可笑"均是谓词性成分，这几例中的"更其"只能分析为表程度的副词。《汉语大词典》"更其"所举首例为鲁迅《且介亭杂文·难行和不信》："不负责任的，不能照办的教训多，则相信的人少；利己损人的教训多，则相信的人更其少。"其实"更其"至迟晚清时期就已经产生这种用法，如例(32)，现代汉语中，"更其"主要用于书面语中，如：

(35)谢谢朋友的忠告，正因为是眼前，我反而更其凄凉了。(沈从文《月下》)

(36)她因为身上的一件淡绿短大衣是充呢的，所以更其坚决地说："现在就是这样呀，装满了一皮包的钱上街去还买不到称心的东西——价钱还在其次！"(张爱玲《等》)

(37)柳离京去往遂州，据说在驿路酒铺中泄露了武昭仪曾是先帝侍妾的宫中隐私，愤怒的高宗下诏命令柳掉转马头，将其贬往更其遥远更其荒凉的荣州去了。(苏童《才人武曌》)

结　论

本论著对汉语中“其”的用法进行了全面而系统的考察。从殷商甲骨文“其”的用法谈起，对“其”的各种用法在汉语各期的表现进行了描写，在此基础上，我们对“其”的时间副词、语气副词、指示代词、人称代词、连词、结构助词、定指词等用法之间的关联进行了探讨，并对“其”语法化及“反语法化”(即“其”由语气副词“实化”为指示代词)过程及动因进行了阐释。

本文的主要结论如下：

(1)殷商甲骨文中“其”主要有时间副词、语气副词两种用法，时间背景分句中“其”主要用作时间副词，占辞中“其”主要用作语气副词，表肯定推断语气。从词义的虚实来看，时间副词是源，语气副词是流，语气副词是由时间副词语法化而来的。

(2)殷商甲骨文中“其＋N＋VP”中“其”为宾语前置标记，这种功能是由于表肯定推断语气的副词“其”衍生出了焦点标记功能，由于“其”性质是语气副词，当说话人想用“其”来强调宾语时，只能将宾语提前，“其”也就成宾语前置的一个标记。但殷商甲骨文中已有“惟”、“惠”宾语前置标记词，因而“其”的这种功能犹如昙花一现。

(3)语气副词“其”基本语气表达的是肯定推断语气，而不是不定揣测语气。不定揣测语气副词不能用于祈使句中，如我们不可以说“你可能去拿一下盐”，只能说“你一定去拿一下盐”。因语气副词“其”首先用于陈述句和是非问句中，然后才用于祈使句中，因而语气副词“其”不可能表不定揣测语气。

(4)语气副词“其”在肯定推断语气的基础上，进一步衍生出表强调、加强语气之用法。当“其”用于意愿陈述句，如“我其克灼知厥若”中，“其”还带有一定的肯定语气在内。当“其”用于祈使句或反问句中时，“其”表加强语气，或加强句子的祈使语气，或加强句子的反问语气，但这种加强语气中往往夹杂着一种委婉意味。“其”之所以会沾染上委婉意味，是因为表肯定推断的语气副词“其”在上古汉语中经常用于是非问句中，表达对肯定推断的疑问，这种用法的增加往往会减弱“其”的肯定程度，从而使“其”带上了一定的委婉意味。因而当“其”用于意愿陈述句、祈使句或反问句中时，除了表示强调、加强语气之外，还往往带有一定的委婉意味。

(5)表肯定推断的语气副词“其”用于特指问句中时，由于特指问有一定的疑问焦点，“其”用于疑问焦点前，表示对真值的强调，由于语用的作用使之衍生出追究、探究义。汉语史上由判断语气进而衍生出追究、探究语气的语气副词“定”、“果”、“竟”、“为”等可以作为平行证据。

(6)语气副词“其”具有标记自然焦点和对比焦点的功能。

(7)表追究、探究语气的语气副词“其”可以用于选择问句，当“其”用于选择问句中的第一分句时，“其”的追究、探究语气还很明显，当“其”用于选择问句的后一分句时，“其”的追究、探究语气逐渐淡化，进而产生出选择连词用法。

(8)语气副词“其”的基本语气是表肯定、判断，最初是用来表示对未来情况所作的肯定和推断等，一般是承接上文作推断，有时也呼应下文作判断，如“其济，君之灵也”，后一分句“君之灵”用以说明判断的原因或根据。当判断的后一部分用以说明在前面判断情况下所应该采取的措施时，“其”的判断语气就消弭了，假设义凸显出来，如“其有不合者，仰而思之，夜以继日”，而“其”所在的分句不能独立，与其后的分句存在依存关系，此时“其”的假设连词用法就产生了。

(9)“其”的指示代词用法是由其表强调的语气副词用法衍生的。指示代词“其”和表强调的语气副词“其”具有语用上的相通性，指示代词“其”用以调节听说双方共同的注意焦点，具有强调的作用。指示代词用以强调名词，而语气副词“其”是非典型副词，也可用来强调名词，如“其豕获”。当“其”用以强调名词的用法达到一定程度，并且“其”所在语境由未然语境变为已然语境时，“其”也就完成了从语气副词向指示代词转化的过程。“是”从指示代词用法历经判断动词，从而衍生出了语气副词用法，若我们对“其”的推断能够成立的话，那么“其”由语气副词到指示代词的过程就是一个“反语法化”过程。

(10)“藏之名山，传之其人”中“其”的特指代词用法，我们称作定指词用法，因为这种用法中的“其”已经没有了指别功能，其主要功能是定指，用以标明“人”的类别，是“志同道合的一类人”，而非其他。中古汉语时期“其”产生用于重出通名前的用法，有人认为这种用法的“其”是定冠词，我们认为修饰重出通名的“其”仍具有一定的指别功能，但指别功能已经比较弱化，这种用法的“其”我们称之为定指词，是由“其”指示代词用法虚化而来。指示代词“其”具备指别、定指功能、话语连接功能，而定指词“其”指别功能弱化或消失，凸显的是定指功能。“夫”、“这”、“那”及旁指代词“他”在汉语历史上都曾衍生出定指词用法。指示代词“其”衍生出定指词用法有语言类型学上的依据，英语中定指标记 the 即是由其指示代词用法语法化而来，梵汉对译对“其”的定指词用法的产生与发展也起到了不可估量的作用。

(11)定指词“其”进一步语法化就衍生了话语标记功能，指示代词“其”具有指别、定指、称代、话语连接功能。当"其"由重出通名进一步扩展用来修饰专有名词时,"其"定指功能消失,指别功能更加弱化,凸显的是话语标记功能,这是指示代词"其"进一步语法化的结果

(12)"北风其凉"中"其"不是词缀也不是助词,而是指示代词,汉语中指示代词"之"、"彼"、"这(么)"、"那(么)"等也有用于形容词前的用法,英语中指示代词 that/this 等也可用于形容词前以加强突出形容词所表程度这一用法可作为"北风其凉"中"其"为指示代词的证据。指示代词"其"用在单音形容词前的功能是用以指示形容词的程度。"其+单音形容词"与形容词重言形式相比,"其+单音形容词"更能凸显形容词量的特征,而重言形容词则不具备这一功能。

(13)"其"的结构助词用法是在"NP_1+X+NP_2"格式中完成的,"其"结构助词用法是由其指示代词用法语法化而来,"其"语法化过程的发生大致是受了"之"由指示代词语法化为结构助词的影响。因"之"的结构助词用法在上古汉语中占优势地位,"其"的结构助词用法受到抑制,但在一些方言中"其"的结构助词用法得到发展,如福州话中还常常用结构助词"其"。

(14)"咥其笑矣"、"路曼曼其修远兮"中"其"既不是词缀,也不是指示代词,而是衬音助词。民歌中往往会加入一些衬字以使韵律和谐,同时还具有篇章连接、增强句子语气的作用。《诗经》和《楚辞》都是民歌性质的,"咥其笑矣"、"路曼曼其修远兮"中的"其"也是这种性质。

(15)"他日吾见蔑之面而已,今见其心矣"中"其"不是所有格标记,并且"其"≠"名词+之",人称代词称代的是一个名词,因而其中不可能隐含一个结构助词"之"。

(16)"孟子,吾见师之出,不见其入也"中"其"不是结构助词,"其"也不是指称化标记。"其"是第三人称代词,"其+VP"可用作句子主语,亦可用作句子宾语,这是主谓结构自身指称化所致,并非是"其"的作用。"其+VP"还可用作另一行为事件的背景分句。

(17)第三人称代词"其"、"之"移指听话人或说话人主要是基于语用的需要,当"其"移指第一人称时往往表示自谦和尊重对方,当"其"移指第二人称时,往往表示跟对方亲密或不尊重对方。

(18)探讨了假设连词"若其、如其"与原因连词"惟/唯其"的词汇化过程。"若其、如其"本为并列式同义连文形式,后来是词汇化为并列式合成词,随着时间的延续,假设连词"其"在语言中不再使用,"若其、如其"的构词理据逐渐模糊,"其"成为附着成分。"惟/唯其"是由"副词+人称代词"跨层词结构词汇化而来。

(19)副词"何其"可能有两种来源:一是由"疑问代词+指示代词"跨层次结构词汇化而来;二是程度副词"何"与指示代词"其"构成的并列式结构词汇化而来。

(20)"更其"与动词"更"无关,它是由于汉语双音韵律词的要求,使得副词"更"

加上了一个附着成分从而发生词汇化而形成的。

(21)汉语虚词“其”的嬗变过程如下(见图 3)：

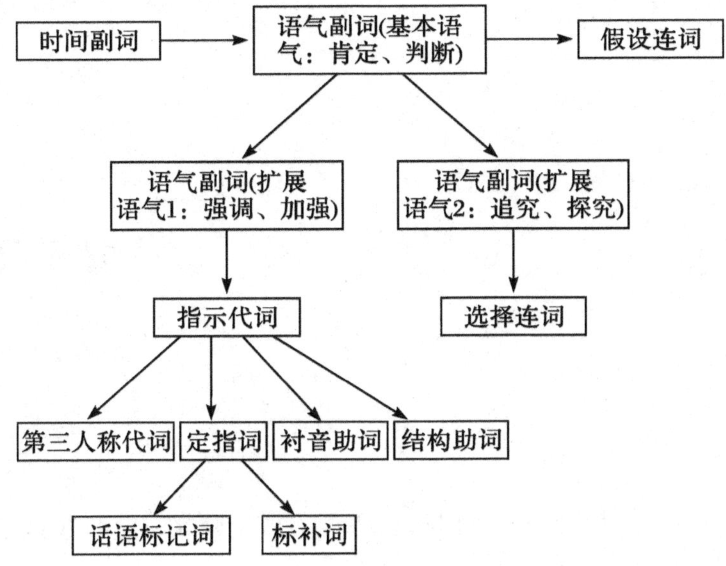

图 3　汉字“其”的嬗变过程

引用语料目

先　秦

[1] 郭沫若.甲骨文合集[M].中国社会科学院历史研究所,编.北京:中华书局,1978－1983.
[2] 彭邦炯,谢济,马季凡.甲骨文合集补[M].北京:语文出版社,1999.
[3] 王世民,等.殷周金文集成(修订增补本)[M].北京:中华书局,2007.
[4] 十三经注疏[M].〔清〕阮元,校刻.北京:中华书局,1980.
[5] 国语集解[M].徐元诰,集解.王树民,沈长云,点校.北京:中华书局,2002.
[6] 老子校释[M].朱谦之,校释//新编诸子集成.北京:中华书局,1984.
[7] 墨子闲诂[M].〔清〕孙诒让,注//新编诸子集成.北京:中华书局,2001.
[8] 商君书锥指[M].蒋礼鸿,注释//新编诸子集成.北京:中华书局,1986.
[9] 庄子集释[M].〔清〕郭庆藩,集释//新编诸子集成.北京:中华书局,1985.
[10] 荀子集解[M].〔清〕王先谦,集解//新编诸子集成.北京:中华书局,1988.
[11] 韩非子集解[M].〔清〕王先慎,集解//新编诸子集成.北京:中华书局,1998.
[12] 管子校注[M].黎翔凤,校注//新编诸子集成.北京:中华书局,2004.
[13] 晏子春秋校释[M].骈宇骞,校释.北京:书目文献出版社,1988.
[14] 吕氏春秋校释[M].陈奇猷,校释.上海:学林出版社,1984年.
[15] 楚辞集注[M].〔宋〕朱熹,撰.上海:上海古籍出版社,2001.
[16] 战国策[M].〔西汉〕刘向,集录.上海:上海古籍出版社,1985.

两　汉

[1] 新书校注[M].〔西汉〕贾谊,撰.阎振义,钟夏,校注//新编诸子集成.北京:中

华书局,2000.
[2] 淮南鸿烈集解[M].〔西汉〕刘安,撰.刘文典,注释.上海:上海书店,1996.
[3] 史记[M].〔西汉〕司马迁,撰.〔南朝·宋〕裴骃,集解.〔唐〕司马贞,索隐.〔唐〕张守节,正义.北京:中华书局,1985.
[4] 新序校释[M].〔西汉〕刘向,撰.石光瑛,校释.陈新,整理.北京:中华书局,2001.
[5] 说苑校证[M].〔西汉〕刘向,撰.向宗鲁,校证.北京:中华书局,1987.
[6] 论衡集解[M].〔东汉〕王充,撰.刘盼遂,集解.北京:中华书局,1959.
[7] 说文解字注[M].〔东汉〕许慎,撰.〔清〕段玉裁,注.上海:上海古籍出版社,1981.
[8] 汉书[M].〔东汉〕班固,撰.北京:中华书局,1983.
[9] 东观汉记[M].〔东汉〕刘珍,撰.吴树平,校注.天津:天津古籍出版社,1987.
[10] 风俗通义[M].〔东汉〕应劭,撰.王利器,校注.北京:中华书局,1981.
[11] 太平经[M].王明,校.北京:中华书局,1997.
[12] 道行般若经[M].〔东汉〕支娄迦谶,译.《大正新修大藏经》卷三,台北:财团法人佛陀教育基金会出版社,1992.
[13] 马王堆汉墓帛书[M].北京:文物出版社,1980.

魏晋南北朝

[1] 六度集经[M].〔吴〕康僧会,译撰.《大正新修大藏经》卷三,台北:财团法人佛陀教育基金会出版社,1992.
[2] 三国志[M].〔晋〕陈寿,撰.〔南朝·宋〕裴松之,注.北京:中华书局,1982.
[3] 抱朴子[M].〔晋〕葛洪,撰.上海:上海古籍出版社,1990.
[4] 搜神记[M].〔晋〕干宝,撰.北京:中华书局,1979.
[5] 搜神后记[M].〔晋〕陶潜,撰.北京:中华书局,1981.
[6] 古小说钩沉[M].鲁迅,编撰.北京:人民文学出版社,1973.
[7] 后汉书集解[M].〔南朝·宋〕范晔,撰.〔清〕王先谦,集解.北京:中华书局,1991.
[8] 世说新语笺疏(修订本)[M].〔南朝·宋〕刘义庆,撰.〔南朝·梁〕刘孝标,注.余嘉锡,笺疏.上海:上海古籍出版社,1993.
[9] 水经注[M].〔北魏〕郦道元,撰.陈桥驿,校.北京:中华书局,2007.
[10] 齐民要术[M].〔北魏〕贾思勰,撰.缪启愉,校释.北京:中国农业出版社,1998.
[11] 颜氏家训[M].〔北齐〕颜之推,撰.王利器,集解.北京:中华书局,1996.

[12] 洛阳伽蓝记[M].〔北魏〕杨衒之,撰.周祖谟,校释.上海:上海书店出版社,2000.
[13] 百喻经[M].〔南朝·齐〕求那毗地,译.南京:金陵书画社,1981.
[14] 高僧传[M]〔南朝·梁〕释慧皎,撰.北京:中华书局,1992.
[15] 宋书[M].〔南朝·梁〕沈约,撰.北京:中华书局,1974.
[16] 南齐书[M].〔南朝·梁〕萧子显,撰.北京:中华书局,1972.
[17] 文选[M].〔南朝·梁〕萧统,编撰.〔唐〕李善,注.北京:中华书局,1977.
[18] 法句譬喻经[M].释法炬,译.《大正新修大藏经》卷四.
[19] 生经[M].竺法护,译.《大正新修大藏经》卷三.
[20] 菩萨本缘经[M].僧伽斯那,撰.支谦,译.《大正新修大藏经》卷三.
[21] 杂宝藏经[M].吉迦夜,撰译.《大正新修大藏经》卷四.
[22] 贤愚经[M].慧觉,撰译.《大正新修大藏经》卷四.

隋唐五代

[1] 佛本行集经[M].〔隋〕阇那崛多,译.《大正新修大藏经》卷三.
[2] 游仙窟[M].〔唐〕张文成,撰.上海:上海书店,1985.
[3] 入唐求法巡礼行记[M].[日本]圆仁,撰.白化文,李鼎霞,校注.石家庄:花山文艺出版社,2007.
[4] 韩愈全集[M].〔唐〕韩愈,撰.上海:上海古籍出版社,1997.
[5] 大唐西域记古本三种[M].〔唐〕玄奘,撰.向达,辑.北京:中华书局,1981.
[6] 全唐诗[M].北京:中华书局,1960.
[7] 全唐文[M].北京:中华书局,1983.
[8] 敦煌变文[M].黄征,张涌泉,校注.北京:中华书局,1997.
[9] 开元天宝遗事十种[M].〔五代〕王仁裕,等,撰.上海:上海古籍出版社,1985.
[10]祖堂集[M].〔南唐〕释静,筠禅,合编.郑州:中州古籍出版社,2001.

宋　元

[1] 旧五代史[M].〔宋〕薛居正,撰.北京:中华书局,1976.
[2] 新编五代史平话[M].〔宋〕佚名,撰.北京:中国古典文学出版社,1954.
[3] 大唐三藏取经诗话[M].〔宋〕佚名,撰.北京:中国古典文学出版社,1955.
[4] 北梦琐言[M].〔宋〕孙光宪,撰.上海:上海古籍出版社,1981.
[5] 太平广记[M].〔宋〕李昉,等,编纂.北京:中华书局,1961.
[6] 景德传灯录[M].〔宋〕释道原,撰.上海:上海书店,1985.

[7] 五灯会元[M].〔宋〕普济,集.北京:中华书局,2003.
[8] 二程语录[M].〔宋〕朱熹,辑.济南:齐鲁书社,1997.
[9] 朱子语类[M].〔宋〕黎靖德,编.北京:中华书局,1988.
[10] 全宋词[M].唐圭璋,编纂.北京:中华书局,1965.
[11] 全宋诗[M].傅璇琮,等,编.北京:北京大学出版社,1991.
[12] 刘知远诸宫调[M].蓝立蓂,校注,成都:巴蜀书社,1989.
[13] 南村辍耕录[M].〔元〕陶宗仪,撰.北京:中华书局,1980.
[14] 元刊杂剧三十种[M].〔清〕黄丕烈,藏.北京:中华书局,1980.
[15] 元曲选[M].〔明〕臧懋循,编辑.北京:中华书局,1979.
[16] 清平山堂话本[M].〔明〕洪楩,编.上海:上海古籍出版社,1987.
[17] 全相平话五种[M].北京:北京文学古籍出版社(影印本),1956.
[18] 元代白话碑集录[M].蔡美彪,编.北京:科学出版社,1955.

明　清

[1] 老乞大谚解[M].[朝鲜]佚名,撰.崔世珍,谚解.《奎章阁丛书》第九.
[2] 朴通事谚解[M].[朝鲜]佚名,撰.崔世珍,谚解,《奎章阁丛书》第八.
[3] 醒世恒言[M].〔明〕冯梦龙,撰.北京:人民文学出版社,1979.
[4] 三国演义[M].〔明〕罗贯中,撰.北京:人民文学出版社,1955.
[5] 水浒传[M].〔明〕施耐庵,撰.北京:人民文学出版社,1980.
[6] 西游记[M].〔明〕吴承恩,撰.北京:人民文学出版社,1980.
[7] 封神演义[M].〔明〕许仲琳,撰.北京:人民文学出版社,1980.
[8] 牡丹亭[M].〔明〕汤显祖,撰.北京:人民文学出版社,1982.
[9] 金瓶梅词话[M].〔明〕兰陵笑笑生,撰.日本大安社影印明万历本,1963.
[10] 拍案惊奇[M].〔明〕凌蒙初,撰.上海:上海古籍出版社,1982.
[11] 官场现形记[M].〔清〕李伯元,撰.北京:人民文学出版社,1957.
[12] 醒世姻缘传[M].〔清〕西周生,撰.上海:上海古籍出版社,1981.
[13] 儒林外史[M].〔清〕吴敬梓,撰.上海:上海古籍出版社,1983.
[14] 歧路灯[M].〔清〕李绿园,撰,郑州:中州书画社,1981.
[15] 红楼梦[M].〔清〕曹雪芹,高鹗,撰.北京:人民文学出版社,1974.
[16] 儿女英雄传[M]〔清〕文康,撰.上海:上海书店,1981.
[17] 海上花列传[M].〔清〕韩子云,撰.北京:人民文学出版社,1982.

现　当代

[1] 鲁迅全集[M].北京:人民文学出版社,1973.
[2] 毛泽东选集[M].北京:人民出版社,1977.
[3] 老舍.四世同堂[M].北京:十月文艺出版社,2008.
[4] 钱钟书.围城[M].北京:人民文学出版社,2003.
[5] 杨沫.青春之歌[M].北京:人民文学出版社,1978.
[6] 张爱玲.连环套[M].广州:花城出版社,2002.
[7] 王朔自选集[M].昆明:云南人民出版社,2004.
[8] 王小波全集[M].昆明:云南人民出版社,2006.
[9] 张中行.文言和白话[M].北京:中华书局,2007.
[10] 王蒙小说选[M].北京:人民文学出版社,2009.
[11] 张炜.柏慧[M].北京:十月文艺出版社,1994.
[12] 张贤亮.习惯死亡[M].北京:作家出版社,2009.
[13] 陈建功,赵大年.皇城根[M].北京:作家出版社,1992.
[14] 梁晓声.似梦人生[M].北京:中国文联出版社,2008.

参 考 文 献

[1] 白平."其"非词头辨[J].山西大学学报,1996(2).

[2] 曹玮.周原甲骨文[M].北京:世界图书出版公司,2002.

[3] 陈鸿迈.辞赋中"其"、"之"的连缀作用[J].中国语文,1984(6).

[4] 陈坤德.试论古代汉语的表时结构[J].华南师范大学学报,1997.

[5] 陈梦家.殷虚卜辞综述[M].北京:科学出版社,1956.

[6] 陈志明.代词"之"、"其"的共性与差异[J].陕西师范大学学报,2004(2).

[7] 程湘清.魏晋南北朝汉语研究[M].济南:山东教育出版社,1992.

[8] 崔达送.《诗经》中"彼"的语法语用功能考察[J].古汉语研究,2004(1).

[9] 崔蕊."其实"的主观性和主观化[J].语言科学,2008(5).

[10] 崔永东.两周金文虚词集释[M].北京:中华书局,1994.

[11] 邓昌荣.《诗经》中指示代词"其"指示程度的意义和作用[J].语文研究,2003(1).

[12] 董秀芳.词汇化:汉语双音词的衍生和发展[M].北京:商务印书馆,2011.

[13] 董志翘,蔡镜浩.中古汉语语法例释[M].长春:吉林教育出版社,1994.

[14] 董作宾.甲骨文断代研究例[M].台北:中央研究院历史语言研究所,1965.

[15] 范晓.三个平面的语法观[M].北京:北京语言大学出版社,1996.

[16] 范晓,胡裕树.有关语法研究三个平面的几个问题[J].中国语文,1992(4).

[17] 范晓,张豫峰,等.语法理论纲要[M].上海:上海译文出版社,2003.

[18] 方梅.汉语对比焦点的句法表现手段[M].上海:学林出版社,2001.

[19] 方有国."之""其"活用浅议[M]//上古汉语语法研究.成都:巴蜀书社,2002.

[20] 方有国.先秦汉语"之"字的语法作用及其发展[M]//上古汉语语法研究.成都:巴蜀书社,2002.

[21] 冯春田.近代汉语语法研究[M].济南:山东教育出版社,2000.

[22] 高本汉.中国音韵学研究[M].赵元任,罗常培,李方桂,译.北京:商务印书馆,1994.

[23] 高名凯.汉语语法论[M].北京:商务印书馆,1986.

[24] 高小方.古代汉语[M].南京:江苏教育出版社,2009.

[25] 高小方,蒋来娣.汉语史语料学[M].北京:高等教育出版社,2005.

[26] 管燮初.殷墟甲骨刻辞的语法研究[M].北京:中国科学院语言研究所,1953.

[27] 管燮初.西周金文语法研究[M].北京:商务印书馆,1981.

[28] 郭爱平.先秦汉语"其"字研究[D].成都:西南大学,2007.

[29] 郭锡良. 汉语第三人称的起源和发展[J]. 语言学论丛,1980(6).

[30] 郭锡良. 汉语史论集(增补本)[M]. 北京:商务印书馆,2005.

[31] 郭锡良. 汉语历代书面语和口语的关系[M]//程千帆先生八十寿辰纪念文集. 南京:江苏古籍出版社,1992.

[32] 郭锡良. 汉语史论集(增补本)[M]. 北京:商务印书馆,2005.

[33] 郭锡良. 古代汉语[M]. 北京:商务印书馆,2002.

[34] 郭锡良. 古汉语虚词研究评议[J]. 语言科学,2003(1).

[35] 何继军.《祖堂集》"这(者)""那"的指示功能及其虚化轨迹[J]. 语文研究,2011(2).

[36] 何继军.《祖堂集》"其+N/NP"格式中"其"的功能及流变[J]. 古汉语研究,2011(2).

[37] 何乐士. 先秦"动之名"双宾语中的"之"是否等于"其"[J]. 中国语文 1980(4). 又载《左传》虚词研究[M]. 北京:商务印书馆,1989.

[38] 何乐士.《左传》的语气副词"其"[C]. 北京市语言学会首届年会论文,1984. 又载《左传》虚词研究[M]. 北京:商务印书馆,1989.

[39] 何乐士. 古代汉语虚词通释[M]. 北京:北京出版社,1985.

[40] 何乐士. 古汉语语法研究论文集[M]. 北京:商务印书馆,2000.

[41] 何乐士. 古代汉语虚词词典[M]. 北京:语文出版社,2006.

[42] 何乐士,敖镜浩,王克仲,麦梅翘,王海棻. 古代汉语虚词通释[M]. 北京:北京出版社,1985.

[43] 何亮. 中古汉语时点时段表达研究[M]. 成都:巴蜀书社,2007.

[44] 洪波. 兼指代词的原始句法功能研究[J]. 古汉语研究,1991(1).

[45] 洪波. 上古汉语指代词书面语体系的再研究[M]//语言研究论丛. 天津:天津教育出版社,1991.

[46] 洪波. 论汉语实词虚化的机制[M]//郭锡良. 古汉语语法论集. 北京:语文出版社,1988.

[47] 洪波. 兼指代词语源考[J]. 古汉语研究,1994(2).

[48] 洪诚. 训诂学[M]. 南京:江苏古籍出版社,1984.

[49] 洪诚. 洪诚文集[M]. 南京:江苏古籍出版社,2000.

[50] 胡朝勋.《楚辞》语间"其"字考释[J]. 古汉语研究,1991(2).

[51] 胡厚宣. 甲骨文合集释文[M]. 北京:中国社会科学出版社,1999.

[52] 胡附,文炼. 句子分析漫谈[M]. 中国语文,1982(3).

[53] 胡光炜. 甲骨文例[J]. 中山大学语言历史学研究所考古学丛书,1928(7).

[54] 胡光炜. 胡小石论文集三编[M]. 上海:上海古籍出版社,1995.

[55] 胡裕树. 现代汉语(重订本)[M]. 上海:上海教育出版社,1995.

[56] 华东师范大学中国文字研究与应用中心.金文引得(殷商西周卷)[M].南宁:广西教育出版社,2001.

[57] 黄盛璋.先秦古汉语指示词研究[J].语言研究,1983(2).

[58] 黄智显.说代词"其"、"他"[J].汉语学习,1992(5).

[59] 霍凯特.现代语言学教程[M].叶蜚声,索振羽,译.北京:北京大学出版社,1996.

[60] 季旭升.《诗经》"彼其之子"古义新证[M]//《诗经》古义新证.台北:文史哲出版社,1995.

[61] 江蓝生,曹广顺.唐五代语言词典[M].上海:上海教育出版社,1992.

[62] 姜宝琦.谈谈与人称代词"其"有关的句式及对"其"的训释[J].中国语文,1982(3).

[63] 姜宝琦."何+其"及其句式的训释[J].云南师范大学学报,1993(4).

[64] 蒋绍愚.古汉语词汇纲要[M].北京:商务印书馆,2005.

[65] 黎锦熙.新著国语文法[M].北京:商务印书馆,1924.

[66] 黎锦熙.汉语释词论文集[M].北京:科学出版社,1957.

[67] 黎锦熙.比较文法[M].北京:中华书局,1986.

[68] 李达良.卜辞之句式及其疑问词[J].联合书院学报,1973(11).

[69] 李娜.殷墟卜辞命辞疑问句性质研究[D].石家庄:河北大学,2009.

[70] 李萍.论魏晋南北朝人称代词"之"和"其"的变化[J].同济大学学报,2002(6).

[71] 李述之.论人称代词"其"及有关句式[J].北方论丛,1983(2).

[72] 李孝定.甲骨文字集释[M].台北:中央研究院历史语言研究所,1991.

[73] 李宗江.汉语常用词演变研究[M].北京:汉语大词典出版社,1999.

[74] 李佐丰.上古汉语语法研究[M].北京:中国传媒大学出版社,2003.

[75] 梁银峰.古汉语中的标补词"夫"初探[J].古汉语研究,2001(2).

[76] 梁玉璋.福州方言的"其"和"过"[J].福建师范大学学报,1997(4).

[77] 廖序东.楚辞语法研究[J].徐州师范学院学报,1980(1).

[78] 廖序东.《楚辞》语法研究[M].北京:语文出版社,1995.

[79] 刘百顺.也谈"动·之·名"结构中的"之"[J].中国语文,1981(5).

[80] 刘复.中国文法讲话[M].上海:北新书局,1932.

[81] 刘坚,曹广顺,吴福祥.论又发汉语词汇语法化的若干因素[J].中国语文,1995(3).

[82] 〔清〕刘淇.助字辨略[M].章锡琛,校注.北京:中华书局,1954.

[83] 刘瑞明.对"之"、"其"第一、第二人称说的否定[J].成都师专学报,1983(1).

[84] 刘瑞明.对"之"、"其"第一、第二人称说的否定(续)[J],成都师专学报,1994

(2).
[85] 柳士镇.魏晋南北朝历史语法[M].南京:南京大学出版社,1992.
[86] 柳士镇.语文丛稿[M].南京:南京大学出版社,1998.
[87] 卢烈红.《古尊宿语要》代词助词研究[M].武汉:武汉大学出版社,1998.
[88] 陆丙甫.从语义、语用看语法形式的实质[J].中国语文,1988(5).
[89] 陆俭明,马真.现代汉语虚词散论[M].北京:北京大学出版社,1985.
[90] 陆俭明.八十年代中国语法研究[M].北京:商务印书馆,2004.
[91] 吕叔湘.助词说略[J].中国语文,1956(6).又收入《汉语语法论文集》(增订本),1984.
[92] 吕叔湘.中国文法要略[M].上海:商务印书馆,1956.
[93] 吕叔湘.吕叔湘全集(第一卷)[M].沈阳:辽宁教育出版社,2002.
[94] 吕叔湘.文言虚字[M].上海:上海教育出版社,1959.
[95] 吕叔湘.汉语语法分析问题[M].北京:商务印书馆,1979.
[96] 吕叔湘.近代汉语指代词[M].上海:学林出版社,1985.
[97] 吕叔湘.语法研究的对象[J].语文研究,1986(4).
[98] 吕叔湘.指示代词的二分法和三分法——纪念陈望道先生百年诞辰[J].中国语文,1990(6).
[99] 吕叔湘.汉语语法论文续集[M]//吕叔湘全集(第3卷).沈阳:辽宁教育出版社,2002.
[100] 吕叔湘,王海棻.马氏文通读本[M].上海:上海教育出版社,2005.
[101] 罗振玉,商承祚.殷虚文字类编[M].刻本,1923.
[102] 骆锤炼,马贝加.《诗经》代词"其"和话题的关系——兼论"其"的语法化[J].语文研究,2003(1).
[103] 马承源.商周青铜器铭文选[M].北京:文物出版社,1987.
[104] 马汉麟.古代汉语读本(修订本)[M].郑州:中州书画社,1982.
[105] 马建忠.马氏文通[M].北京:商务印书馆,1983.
[106] 毛毓松."其"、"之"用作第一第二人称质疑[J].广西师范学院学报,1983(3).
[107] 乃俊廷.甲骨卜辞中"其"字研究[D].台中:静宜大学,2003.
[108] 潘允中.汉语语法史概要[M].郑州:中州书画社,1982.
[109] 裴学海.古书虚字集释[M].北京:中华书局,1954.
[110] 戚雨村,等.现代语言学百科词典[M].上海:上海辞书出版社,1994.
[111] 钱冠连.汉语文化语用学[M].北京:清华大学出版社,1997.
[112] 钱宗武,陈宁."厥""其"在上古的历时演变[J].长沙水电师院社会科学学报,1994(2).

[113] 裘锡圭.说弜[M]//古文字研究(第1辑).北京:商务印书馆,1979.
[114] 裘锡圭.说“㔾凡有疾”[J].故宫博物院院刊,2000(1).
[115] 裘燮君.商周虚词研究[M].北京:中华书局,2008.
[116] 屈万里.尚书今注今译[M].台北:台北商务印书馆,1997.
[117] 任远.选择连词“其”[J].浙江师范大学学报,2002(6).
[118] 沈家煊.“语法化”研究综观[J].外语教学与研究,1994(4).
[119] 沈家煊.现代汉语语法的功能、语用、认知研究[M].北京:商务印书馆,2005.
[120] 沈家煊,完权.也谈“之字结构”和“之”字的功能[J].语言研究,2009(2).
[121] 施关淦.再论语言研究的三个平面[J].汉语学习,1993(2).
[122] 石安石.语义论[M].北京:商务印书馆,1993.
[123] 石毓智.语法化的动因与机制[M].北京:北京大学出版社,2003.
[124] 石毓智,李讷.汉语发展史上结构助词的兴替——论“的”的语法化历程[J].中国社会科学,2003(6).
[125] 石毓智,李讷.汉语语法化的历程——形态句法发展的动因和机制[M].北京:北京大学出版社,2004.
[126] 石毓智.汉语语法[M].北京:商务印书馆,2010.
[127] 宋绍年.古代汉语谓词性成份的指称化与名物化[M]//郭锡良.古汉语语法论集.北京:语文出版社,1998.
[128] 宋绍年,郭锡良.二十世纪的古汉语语法研究[J].古汉语研究,2000(1).
[129] 孙德金.现代汉语书面语中的代词“其”[J].语言教学与研究,2002(2).
[130] 孙锡信.汉语历史语法要略[M].上海:复旦大学出版社,1992.
[131] [日]太田辰夫.中国语历史文法[M].蒋绍愚,徐昌华,译.北京:北京大学出版社,2003.
[132] 唐贤清.《朱子语类》副词研究[M].长沙:湖南人民出版社,2004.
[133] 唐钰明.甲骨文“唯宾动”式及其蜕变[J].中山大学学报,1990(3).
[134] 唐钰明.著名中年语言学家自选集——唐钰明卷[M].合肥:安徽教育出版社,2002.
[135] 唐钰明.其、厥考辨[J].中国语文,1990(4).
[136] 王凡.读《古汉语虚词》[J].中国语文,1983(4).
[137] 王军.汉语语义系统研究[M].济南:山东人民出版社,2005.
[138] 王克仲,黄珊.古汉语教学语法系统刍议[J].中国语文,1995(2).
[139] 王力.中国古文法[D].清华大学国学研究院研究生论文//王力文集(第三卷).济南:山东教育出版社,1985.
[140] 王力.中国文法学初探[M].北京:商务印书馆,1940;龙虫并雕斋文集[M].

北京：中华书局，1980；王力文集（第三卷）[M]. 济南：山东教育出版社，1985.
[141] 王力. 中国现代文法[M]. 北京：商务印书馆，1945；王力文集（第二卷）[M]. 济南：山东教育出版社，1985.
[142] 王力. 中国语法理论[M]. 上海：商务印书馆，1951；王力文集（第一卷）[M]. 济南：山东教育出版社，1984.
[143] 王力. 词类[M]. 上海：新知识出版社，1957；王力文集（第三卷）[M]. 济南：山东教育出版社，1985.
[144] 王力. 汉语史稿[M]. 北京：中华书局，1980.
[145] 王力. 古代汉语[M]. 北京：中华书局，1999.
[146] 王力. 古代汉语常识[M]. 北京：人民教育出版社，1979；王力文集[M]. 济南：山东教育出版社，1990.
[147] 王力. 谈谈学习古代汉语[J]. 广西大学学报，1979；王力文集（第十九卷）[M]. 济南：山东教育出版社，1990.
[148] 王力. 关于古代汉语的学习和教学[J]. 天津师范学院学报，1980(2)；龙虫并雕斋文集（第三册）[M]. 北京：中华书局，1982；谈谈学习古代汉语[M]. 济南：山东教育出版社，1984；王力文集（第十九卷）[M]. 济南：山东教育出版社，1990.
[149] 王力. "之"、"其"构成的名词性词组[J]. 语言研究，1984(2).
[150] 王力. 汉语语法史[M]. 北京：商务印书馆，1989；王力文集（第十一卷）[M]. 济南：山东教育出版社，1990.
[151] 王力. 王力古汉语字典[M]. 北京：中华书局，2000.
[152] 王力. 汉语史稿[M]. 北京：中华书局，2003.
[153] 王力. 古代汉语（校订重排版）[M]. 北京：中华书局，1999.
[154] 王述峰. 释"何其"[J]. 营口师专学报，1988(10).
[155] 王天佑. 连词"与其"词汇化的过程及动因[J]. 语文研究，2011(2).
[156] 王显.《诗经》中跟重言作用相当的有字式、其字式、斯字式和思字式[J]. 语言研究，1959(4).
[157] 王兴才. 试说"其"有"甚"义[J]. 西北民族大学学报，2007(1).
[158] 王义娜. 人称代词移指：主观与客观意识表达[J]. 外语研究，2008(2).
[159] 王引之. 经传释词[M]. 长沙：岳麓书社，1984.
[160] 王云路. 词汇训诂论稿[M]. 北京：北京语言大学出版社，2002.
[161] 王政白. 古汉语虚词词典[M]. 合肥：黄山书社，1986.
[162] 魏培泉. 论先秦汉语运符的位置[J]. In Honor of Tsu－lin Mei：Studies on Chinese Historical Syntax and Morphology// In Alain Peyraube and Sun

Chaofen, eds. Paris:Ecole des Hautes Etudes en Science Sociales,1999.

[163] 魏培泉. 先秦主谓间的助词“之”的分布与演变[C]//中央研究院历史语言研究所集刊(第七十一本,第三分),2002.

[164] 魏培泉. 魏晋六朝称代词研究[M]. 台北:中央研究院语言学研究所,2004.

[165] 吴伯方. 上古汉语“其”字用法的几个问题[J]. 华南师范学院学报,1988(1).

[166] 吴福祥. 敦煌变文语法研究[M]. 长沙:岳麓书社,1996.

[167] 吴福祥. 汉语语法化研究[M]. 北京:商务印书馆,2005.

[168] 吴辛丑. 人称代词“其”的两种罕见用法[J]. 中国语文,1985(4).

[169] 席嘉. 近代汉语连词[M]. 北京:中国社会科学出版社,2010.

[170] 向熹. 简明汉语史(下)[M]. 北京:高等教育出版社,2010.

[171] 谢德三.《吕氏春秋》虚词用法诠释[M]. 台北:文史哲出版社,1977.

[172] 解惠全,崔永琳,郑天一. 古书虚词通解[M]. 北京:中华书局,1972.

[173] 解惠全. 谈实词的虚化[M]//语言研究论丛(第四辑). 天津:南开大学出版社,1987.

[174] 谢惠全. 关于虚词复音化的一些问题[M]//语言研究论丛(第七辑). 北京:语文出版社,1997.

[175] 邢福义. 汉语复句研究[M]. 北京:商务印书馆,2001.

[176] 熊焰. 先秦韵文“其”字代词虚用说[J]. 古汉语研究,1997(2).

[177] 徐丹. 第三人称代词的特点[J]. 中国语文,1989(4).

[178] 徐仁甫. 广释词[M]. 成都:四川人民出版社,1981.

[179] 徐世梁.《左传》中的时间表达研究[C]//北京大学莙政学者论文集,1989.

[180] 徐中舒. 甲骨文字典[M]. 成都:四川辞书出版社,1989.

[181] 许嘉璐. 古代汉语[M]. 北京:高等教育出版社,1982.

[182] 薛恭穆.《楚辞》中形容词副词的后缀[J]. 中国语文,1980(6).

[183] 闫亚平. 人际功能与“人家”所指的扩张[J]. 语言教学与研究,2007(2).

[184] 杨伯峻. 文言语法[M]. 北京:北京出版社,1956.

[185] 杨伯峻. 孟子译注[M]. 北京:中华书局,1960.

[186] 杨伯峻. 文言文法[M]. 北京:中华书局,1963.

[187] 杨伯峻. 论语译注[M]. 北京:中华书局,1980.

[188] 杨伯峻. 春秋左传注[M]. 北京:中华书局,1981.

[189] 杨伯峻. 古汉语虚词[M]. 北京:中华书局,1981.

[190] 杨伯峻. 古汉语中之罕见语法现象[J]. 中国语文,1990(6).

[191] 杨伯峻,何乐士. 古汉语语法及其发展[M]. 北京:语文出版社,1992.

[192] 杨逢彬. 殷墟甲骨刻辞词类研究[M]. 广州:花城出版社,2003.

[193] 杨逢彬,陈练文. 对语气副词“其”单功能性质的考察[J]. 长江学术,2008

(1).
[194] 杨剑桥.古汉语语法讲义[M].上海:复旦大学出版社,1994.
[195] 杨琳.“其”字的一种特殊用法[J].古汉语研究,1989(3).
[196] 杨琳.也谈人称代词“其”[J].中国语文,1990(1).
[197] 杨荣祥.汉语副词形成刍议——以近代汉语为例[M]//语言学论丛(第二十三辑).北京:商务印书馆,1990.
[198] 杨树达.词诠[M].北京:商务印书馆,1928.
[199] 杨树达.高等国文法[M].北京:商务印书馆,1930.
[200] 姚炳祺.“其”字的早期用法[J].学术研究,1983(6).
[201] 姚振武.汉语谓词性成分名词化的原因及规律[J].中国语文,1996(1).
[202] 姚振武.指称与陈述的兼容性与引申问题[J].中国语文,2000(6).
[203] 姚振武.上古汉语第三身范畴的表达及相关问题[J].古汉语研究,2000(6).
[204] 易孟醇.先秦语法[M].长沙:湖南教育出版社,1989.
[205] 易敏.“之”、“其”自指浅析[J].古汉语研究,1994(2).
[206] 余行达.古代汉语[M].长春:东北师范大学出版社,1989.
[207] 于省吾.甲骨文字释林[M].北京:中华书局,1979.
[208] 于省吾.甲骨文字诂林[M].北京:中华书局,1986.
[209] 俞理明.从东汉以前的文献看“者”介入定中之间的过程[J].中国语文,2005(1).
[210] 俞敏.经传释词札记[M].长沙:湖南教育出版社,1987.
[211] 俞敏.汉语的“其”跟藏语的 gji[J].燕京学报,1990,37.
[212] 俞敏.汉藏虚字比较研究[M]//俞敏语言学论文集.北京:商务印书馆,1999.
[213] 〔清〕袁仁林.虚字说[M].解惠全,注.北京:中华书局,1989.
[214] 张伯江,方梅.汉语功能语法研究[M].南昌:江西教育出版社,1996.
[215] 张涤华.汉语语法修辞词典[M].合肥:安徽教育出版社,1988.
[216] 张双棣,张联荣,宋绍年,耿振生.古代汉语知识教程[M].北京:北京大学出版社,2002.
[217] 张先坦.先秦“动·之(其)·名”结构的重新考察[J].重庆三峡学院学报,2002(6).
[218] 张先坦.现代汉语副词分析[M].上海:上海三联书店,2010.
[219] 张谊生.从间接的跨层连用到典型的程度副词——“极其”词汇化和副词化的演化历程和成熟标志[J].古汉语研究,2007(4).
[220] 张谊生.试论连词“及其”的词汇化动因、连接方式及指代歧义[M]//吴福祥,崔希亮.语法化与语法研究(四).北京:商务印书馆,2009.

[221] 张颖慧.《诗经》重言研究[D]. 兰州大学,2006.
[222] 张玉金. 甲骨卜辞中"惠"和"唯"的研究[J]. 古汉语研究,1988(1).
[223] 张金玉. 甲骨文虚词词典[M]. 北京:中华书局,1994.
[224] 张金玉. 论殷墟卜辞命辞语言本质及其语气[M]//中国文字(第廿六期). 台北:艺文印书馆,1996.
[225] 张金玉. 甲骨文语法学[M]. 上海:学林出版社,2001.
[226] 张金玉. 甲骨金文中"其"字意义研究[J]. 殷都学刊,2001(1).
[227] 张金玉. 甲骨卜辞语法研究[M]. 广州:广东高等教育出版社,2002.
[228] 张金玉. 20 世纪甲骨语言学[M]. 上海:学林出版社,2003.
[229] 张金玉. 西周汉语语法研究[M]. 北京:商务印书馆,2004.
[230] 张金玉. 西周汉语代词研究[M]. 北京:中华书局,2006.
[231] 张振羽. "尤其"的词汇化及相关问题[J]. 语言科学,2009(1).
[232] 张之强. 文言虚词研究中的若干问题[M]//张之强,许嘉璐. 古汉语论集(第二辑). 长沙:湖南教育出版社,1988.
[233] 张志公. 汉语语法常识[M]. 北京:中国青年出版社,1953.
[234] 赵诚. 甲骨文简明词典[M]. 北京:中华书局,1988.
[235] 赵诚. 甲骨文虚词探索[M]//古代文字音韵论文集. 北京:中华书局,1991.
[236] 赵宏. 古代汉语中第三人称"其"字活用的语用分析[J]. 贵州大学学报,2006(2).
[237] 赵艳芳. 认知语言学概论[M]. 上海:上海外语教育出版社,2001.
[238] 赵元任. 汉语口语语法[M]. 吕叔湘,译. 北京:商务印书馆,1979.
[239] 中国社会科学院语言研究所古代汉语教研室. 古代汉语虚词研究[M]. 北京:商务印书馆,1999.
[240] 周秉钧. 古汉语纲要[M]. 长沙:湖南教育出版社,1981.
[241] 周迟明. 国文比较文法[M]. 北平:正中书局,1948.
[242] 周法高. 中国古代语法·称代编[M]. 北京:中华书局,1948.
[243] 周生亚. 论上古汉语人称代词繁复的原因[J]. 中国语文,1980(2).
[244] 周生亚. 先秦时期"其"作主语考察[J]. 语言研究,2003(4).
[245] 朱广祁.《诗经》双音词论稿[M]. 郑州:河南人民出版社,1985.
[246] 朱其智. 西周金文"其"的格位研究[M]//古文字研究 24 期. 北京:中华书局,2002.
[247] 朱歧祥. 殷墟甲骨文字通释稿[M]. 台北:文史哲出版社,1987.
[248] 朱声琦. "其"作主语始于何时? [J]. 浙江师范学院学报,1983(1).
[249] 朱谦之. 中国音乐文学史[M]. 上海:上海人民出版社,2009.
[250] 朱星. 古代汉语[M]. 天津:天津人民出版社,1980.

[251] Brinton，Laurel J. & Elizabeth Closs Traugott.. *Lexicalization and Language Change*[M]. Cambridge：Cambridge University Press，2005.

[252] Cinque，G.. *Deriving Greenberg's Universal 20 and its Exceptions*[J]. Linguistic Inquiry，2005，36:315－332

[253] Diessel，H.. *Demonstratives in Crosslinguistic and Diachronic Perspective*[M]. Ph. D. Diss，State University of New York at Buffalo，Buffalo，NY，1998.

[254] Diessel，H.. *Demonstratives Form，Function，and Grammaticalization*[M]. Amsterdam：John Benjamins，1998.

[255] Diessel，H.. *The Relationship Between Demonstratives and Interrogatives*[J]. Studies in Language，2003，27，3：635－655.

[256] Diessel，H.. *Demonstratives，Joint Attention，and the Emergence of Grammar*[J]，Cognitive Linguistics，2006，16，4:463－489.

[257] Greenberg，J. H.. *Some Universals of Grammar with Particular Reference to the Order of Meaningful Elements*[M]. In Greenberg，1990.

[258] Hoppe，P. J. & Traugott，C. E.. *Grammaticalization*[M]. Cambridge：Cambridge University Press，1993. 语法化学说[M]. 沈家煊，导读. 北京：外语教学与研究出版社，2001.

[259] Jesperson，O.. *Language，its Nature，Development and Origin*[M]. London：George Allen and Unwin，1922.

[260] Langacker，Ronald W.. *Foundations of Cognitive Grammar*(*Vol. I，Theoretical Prerequisites*)[M]. Stanford：Stanford University Press，1987.

[261] Malmqvist，G.. 关于古代汉语表达情态的几种方式[J]. 中国语文，1982(2).

[262] Nivison，David S.. *So-called "Modal Ch'i" in Classical Chinese*[N]. A paper presented to the American Oriental Society，Annual Meeting，Berkeley，19 March 1968.

[263] Nivison，David S.. *A New Attempt on "Modal Qi"：Another Notes note on Serruys' "Notes"*[J]. Manuscript dated January and September，1992.

[264] Nivison，David S.. *"Modal Qi" in Shang and Early Zhou Chinese*[N]. A paper presented to the 25th International Conference on Sino－Tibetan Language and Linguistics，Berkeley，15 October 1992.

[265] Nivison，David S.. *"Modal Qi"：Statement for the Sino-Tibetan Workshop*[N]. A paper presented to the 25th International Conference on Sino－Tibetan Language and Linguistics，Berkeley，15 October 1992.

[266] Paul L-M Serruys. *Studies in the Language of the Shang Oracle Inscriptions. Tong Pao*[M]. Vol. LX, 1974.

[267] Paul L-M Serruys.. *Toward A Grammar of the Language of the Shang Bone Inscriptions*(关于[商代卜辞语言的语法)[C]//中央研究院国际汉学会议论文集(语言文字组),1981.

[268] Pulleyblank, E. G.. *Modal qi* 其——*Comment on the Panel*[N]. A paper presented to the 25th International Conference on Sino-Tibetan Language and Linguistics, Berkeley, 15 October 1992.

[269] Pulleyblank, E. G.. *Outline of Classical Chinese Grammar*[M]. Vancouver: University of British Columbia Press, 1995; 又古汉语语法纲要[M]. 孙景涛,译. 北京:语文出版社,2006.

[270] Pulleyblank, E. G.. *The Morphology of Demonstrative Pronouns in Classical Chinese*[C]. In H. Samuel Wang, Feng-fu Tsao, and Chin-fa Lien (eds.), Selected Papers from *The Fifth International Conference on Chinese Linguistics* (held at Tsing Hua University in Taiwan on June 27-29, 1996). Taipei: The Crane Publishing Co., Ltd.

[271] Wu, Keying. *The Syntax and Semantics of Questions and Expressions of Uncertain Outcome in Old Chinese: A Case Study of Oracle-Bone Inscription*[M]. Doctoral Dissertation, University of British Columbia, Vancouver, 2006.

Qi 其 *as a Genitive Marker in Early Classical Chinese*[M]//汉语史学报(第十辑). 上海:上海教育出版社, 2010.

[272] Takashima Ken'ichi. *Subordinate Structure in Oracle Bone Inscruptions With Particular Reference to the Particle CH'i* 其 (甲骨刻辞中的从属结构——特别关于词语"其")[J]. 华裔学志, 1977(33).

[273] Takashima Ken'ichi. *The So-called "Third"-Person Possessive Pronoun jue in Classical Chinese*[J]. Journal of the American Oriental Socialty, 1999.

[274] Takashima Ken'ichi. *The Modal and Aspectual Particle in Shang Chinese*[M]// 高思曼,何乐士. 第一届国际先秦汉语语法研讨会论文集. 长沙:岳麓书社,1994.

[275] Takashima Ken'ichi. *Towards a New Pronominal Hypothesis of Qi in Shang Chinese*, In Philip J. Ivanhoe(ed.) *Chinese Language, Thought, and Culture: Nivison and His Critics*[M]. Chicago and La salle, Illinois: Carus Publishing Company, 1996.

后记

博士论文《汉语"其"之研究》终于要出版了，然而此刻我心中却忐忑不安，因为书稿离理想的版本还有一些距离。博士毕业后已有四年多的时间，然而四年间教学科研任务的繁重、日常生活的琐碎使得我没有多少精力来细细地修改论文。无论如何，书稿终于要面世了，趁此机会，我想对这些年一直支持和帮助我的师友和亲人道一声谢谢。

感谢我的导师高小方教授。没有高老师的鼓励和支持，本书的出版恐怕还要推后。离开母校之后，高老师一直关心我的工作。刚到交大时，教学任务的繁重使得科研没有太大进展，顿感前途渺茫。圣诞前夕发短信向老师问候，并诉说了工作的苦恼，老师的回信字里行间都充满了鼓励，让我对于工作不敢有丝毫懈怠。今年六月我参加由南京大学文学院主办的汉语史学术会议，和师姐张萍专程去看望老师，老师更是鼓励我好好修改论文，尽早出版，为评职称做好准备。回西安后，我就开始着力修改博士论文，俟机出版。十月份，得知论文获得系里资助，第一时间就想到了向高老师索序，没想到高老师仅隔两天就通过邮件将序文发来，足见恩师对学生的支持。

感谢在南京大学求学期间给我提供帮助的鲁国尧先生、刘晓南老师、汪维辉老师、顾黔老师、陈立中老师、陈文杰老师，高情厚谊，深铭于心。

感谢我的同门邢永革、颜丽、徐江胜、薛蓓、张萍、郑益兵、洪一麟、张颖杰，正是在和大家不断的讨论和切磋中，我才得以不断成长。

感谢中文系焦垣生、张蓉、李明德、李慧、杨琳教授，自 2012 年来交大工作以来，诸位先生在工作和生活各方面都给予我很大的关心和帮助。同时也感谢中文系的各位同事，大家的相伴帮助我度过了最难熬的时光。

感谢我的公公婆婆。小儿嘉树尚未出生，公公婆婆就来到西安，帮我们操持家务，孩子出生后更是不辞劳苦、尽心尽力，解除了我们的后顾之忧。

感谢我的父母，由于工作任务的繁重，四年来仅回家三次，而父母从未有过怨言，还时常来电话嘘寒问暖。谢谢父母的理解和支持。

最后，本书的出版离不开责任编辑赵怀瀛先生严谨而细致的审读、校对，书稿的完善离不开他辛苦的付出，谨致谢意。

2016 年 10 月 31 日